Die Liebe in den Zeiten der Entfremdung

Zur Anthropologie und Ideologiekritik des Eros

Die Liebe in den Zeiten der Entfremdung
Zur Anthropologie und Ideologiekritik des Eros

Dieter Matten

Impressum

Die Liebe in den Zeiten der Entfremdung - Zur Anthropologie und Ideologiekritik des Eros, von Dieter Matten, © 2018, 1. Auflage 01/2018, Create Space.

Copyright © 2018 by Author Dieter Matten, Lindenstraße 52, 4750 Weywertz, Belgium.

1. Auflage 01/18

Herstellung: Amazon Distribution GmbH, Leipzig,

ISBN: 978-1984021434

E-Mail: hegelito@hegelito.de

Meiner Frau Ursula gewidmet, die mich immer lieben lässt.
Mein Dank geht an Oda für die liebevolle erotische
Inspiration.

Einleitung

Liebe Liebenden,

denn das sind wir alle, Liebende. Egal wie unglücklich, glücklich, sinnenfroh oder stocksteif wir sind. Selbst wenn man die klassische Einteilung der drei verschiedenen Arten der Liebe von Eros, Philia und Agape zu Grunde legt, wird man kaum einen Menschen finden, der nicht in mindestens einem dieser Bereiche unterwegs ist: der Casanova und die Partymaus, die dem Eros zugewandt ihren Spaß in sexuellen und erotischen Abenteuern suchen, der (Sport-)Kamerad oder die Kampfshopperin, die mit Freunden bzw. Freundinnen dem Prinzip der Philia, der Freundschaft frönen oder der weltabgewandte Heilige und die vergeistigte schöne Seele, die sich einer Idee oder einem Gott vollkommen verpflichtet fühlen und so der Agape ihr Leben geweiht haben. Wir wollen noch weiter gehen und die Liebe begrifflich als formales anthropologisches Prinzip entwickeln, das universal im Leben aller Menschen wirkt und Grundlage jeder Gemeinschaft und sogar jeder einzelnen Handlung ist.

Diese Behauptung, dass jede Handlung eine Tat der Liebe ist, bedeutet natürlich nicht, dass jede Tat „gut" ist. Auch (und gerade) böse Dinge werden häufig aus leidenschaftlicher Liebe heraus motiviert und begangen. Dass ich etwas aus Liebe tue, sagt noch gar nichts über den Inhalt, die Ethik oder die Qualität einer Handlung aus. Ein einfacher Satz wie „ich liebe dieses Mädchen" bekommt abhängig von dem konkreten Zusammenhang vollkommen unterschiedliche Bedeutungen, je nachdem, ob es eine Mutter über ihre Tochter sagt, ein 5-jähriger Schulkamerad über seine Banknachbarin in der Klasse oder ein pädophiler Soziopath über sein aktuelles Opfer! Dennoch kann die Aussage durchaus von allen drei Subjekten ganz ernst gemeint und als wahr empfunden sein.

Auch die so gerne als „nicht menschlich" ins Feld geführten Nationalsozialisten beweisen bei genauerer Betrachtung die These von der anthropologischen Konstante der Liebe, so absurd es sich anhört. Wer einmal die Tagebücher und privaten Briefe der Nazigrößen studiert, der wird die verschiedensten Formen von echter Leidenschaft und Liebe darin am Werke sehen. Die beim Schreiben schon zur Veröffentlichung gedachten Tagebücher von Propagandaminister Doktor Joseph Goebbels, die von meinem früheren Professor Claus-Ekkehard Bärsch in vorbildlicher Weise kommentiert und analysiert wurden, zeigen eine zwar eitle und narzisstische, aber doch tiefreligiöse (Liebes-)Beziehung zu Adolf Hitler, die ihm sinnstiftendes Motiv für alle nur denkbaren abscheulichen Handlungen war. Die messianische Sicht auf den Führer trägt zudem deutlich (latent) homosexuelle Züge, die es auch erklärbar machen, dass Goebbels sich von seinem Idol sogar vorschreiben ließ, mit welchen Frauen er ins Bett, bzw. nicht ins Bett zu gehen hatte. Eine Weile lang scheint man sich sogar die libidinöse Zuneigung von Magda Goebbels geteilt zu haben, als der Führer in den Zeiten vor der Machtergreifung häufig bei Familie Goebbels übernachtetet hat und es vermutlich auch zu intimeren Kontakten in einer klassischen ménage à trois gekommen ist.

Auch der Chefideologe der NSDAP Alfred Rosenberg hat bemerkenswerte Tagebücher hinterlassen, die dazu dienen sollten, nach Abschluss seiner von ihm als historisch erkannten Aufgabe dezidiert Rechenschaft ablegen zu können. Mit einer erkennbar tief empfundenen Überzeugung konstruiert Rosenberg eine paranoide, antisemitische, antibolschewistische Weltanschauung, die zur Überwindung der von ihm verachteten traditionellen religiösen Ideologien führen sollte. In einer ausgeklügelten Verschwörungstheorie suchte er zu „beweisen", dass das Judentum und der Bolschewismus im Prinzip eine einzige historische Gefahr für ganz Europa darstellen. Selbst in Reval, dem heutigen Tallin in Estland geboren, ist seine eigene

„arische" Abstammung – nicht nur wegen seines Namens –
während des Dritten Reiches immer wieder das Ziel von
Spekulationen gewesen. Es hieß allerorten, dass „kein Tropfen
deutschen Blutes in seinen Adern" fließe. Unter seinen
Vorfahren wurden lediglich „Letten, Juden, Mongolen und
Franzosen" vermutet, was damals keine vorzeigbare
Ahnengalerie darstellte! Ob Rosenberg jüdischer Abstammung
war, lässt sich nicht mehr feststellen, da vermutlich systematisch
alle Papiere, die in dieser Richtung Klarheit bringen könnten,
vernichtet wurden, aller Wahrscheinlichkeit nach von
Rosenbergs Dienststelle selbst. Es ist also durchaus denkbar,
dass einer der schlimmsten Antisemiten der NSDAP selbst
fürchtete, dass er Teil der von ihm so verachteten
Bevölkerungsgruppe war. Das hinderte ihn nicht daran, sich mit
religiösem Eifer für seine tief geliebten arischen Völker, zu
denen er zum Teil auch die Balten zählte, einzusetzen. Als
Gegenspieler des von ihm gehassten Goebbels richtete er sich
ehrlich entrüstet gegen jede Großmannsucht, ein in seinen
Augen eitles und falsches „Herrentum", wie es für ihn in den
kitschigen und großspurigen Veranstaltungen unter der Regie
des Propagandaministers repräsentiert war. Mit vermutlich ganz
ernst gemeintem sozialen Engagement und ehrlich
empfundenem Gewissen trat er für eine gerechte Behandlung
der okkupierten Ostvölker ein, solange sie nicht offensichtlich
dem jüdisch-bolschewistischen Teil Russlands angehörten. Die
Ukraine, Estland und Lettland sollten wo möglich arisiert und in
den Bund der zukünftigen germanischen Weltherrschaft
aufgenommen werden. Da galt es Ungerechtigkeiten und
unnötige Brutalität zu vermeiden. Mit der Ausrottung der als
jüdisch-bolschewistisch Identifizierten hatte Rosenberg hingegen
nicht das geringste Problem! Ein fleißiger Gelehrter, der auch im
Nürnberger Prozess, bei dem er zum Tode verurteilt wurde, an
seinen Überzeugungen festhielt. Noch im Gefängnis schrieb er:
„Der Nationalsozialismus war eine europäische Antwort auf die
Frage eines Jahrhunderts. Er war die edelste Idee, für die ein
Deutscher die ihm gegebenen Kräfte einzusetzen vermochte. Er

war eine echte soziale Weltanschauung und ein Ideal
blutbedingter kultureller Sauberkeit." Rosenberg war sozial nicht
sehr umgänglich, Menschen waren ihm nicht geheuer, aber die
Liebe zur Idee der arischen Überlegenheit und die lebenslange
theoretische Auseinandersetzung damit ist ihm nicht
abzusprechen. Agape mit dem falschesten aller Inhalte!

Als Dritter im Bunde sei noch Heinrich Himmler angeführt, so
dass wir zumindest in Ansätzen die drei klassischen
Liebesbegriffe auch im bestialischen Dritten Reich am Werke
sehen: Goebbels mit der (homo-)erotischen Liebe zum Führer,
Rosenberg mit der Liebe zu einer perversen, paranoiden Idee
(Agape) und Himmler, der das Kameradentum in der SS so stark
positiv besetzt hat, dass wir ihn als Beispiel für eine starke Philia,
also die freundschaftliche Liebe heranziehen können. Natürlich
ist es eklig, aber er hat sich tatsächlich die ernstesten Gedanken
darüber gemacht, wie man die SS-Leute vor den Traumata von
Massenerschießungen bewahren könne. Ihm war klar, dass es
schwer war, nach solchen durchgeführten Massakern
„anständig" zu bleiben, wie er es selbst nannte. Die anonymere
und distanziertere Ermordung der Juden mittels Gas oder
Genickschussanlage war offensichtlich zu großen Teilen
fürsorglich und damit liebevoll motiviert, um das Personal in den
Konzentrationslagern von Schuld und drohender Verrohung zu
entlasten! Himmler empfand tiefstes Mitleid mit den Tätern,
aber offensichtlich keinerlei Mitgefühl für die Opfer.

Wenn man die erst 2014 herausgegebenen privaten Briefe von
Heinrich Himmler und seiner Frau Marga Siegroth liest, erkennt
man in der fast beängstigenden Normalität der kleinen
Schäkereien untereinander nicht nur die von Hannah Arendt so
bezeichnete „Banalität des Bösen", sondern auch durchaus einen
liebevollen Umgang zweier Menschen, die sich tief verbunden
fühlen. Nicht nur in den ersten zehn Jahren ihrer Ehe, wo es
von Kosenamen und frivolen Anspielungen nur so wimmelt,
zeichnet sich das Bild einer Paarbeziehung zweier schwieriger

Persönlichkeiten, die sich als Einheit erfahren, die „gegen die Welt" und ihre Schlechtigkeit kämpft. Harmlose SM-Spielereien wurden angekündigt, wenn einer der beiden Mal mit den durchnummerierten, fast täglichen Briefen im Rückstand war („du hast nicht geschrieben, das wird bestraft werden"). Auch später, als Heinrich Himmler mit seiner Sekretärin Hedwig Potthast längst eine Zweitfrau etabliert hatte, mit der er ebenfalls Kinder hatte, erkennt man noch eine Grundliebe, die auch davon nicht zu zerstören ist. Marga, die keine Kinder mehr bekommen konnte, fügte sich in das „Friedelehen"-Prinzip, das Himmler ja für die gesamte SS ausgegeben hatte, um fleißig Soldaten für den Führer zu zeugen, wenn sie auch bedauerte, dass der „Pappi" nur noch so selten zu Hause ist. Für die „Mami" war eigentlich die viele Arbeit und Verantwortung des SS-Chefs die Konkurrenz, wie modern und bürgerlich! Wenn Paare beginnen sich Mami und Papi zu nennen, ist dies sicherlich ein Beleg für das Ende jeder Leidenschaft, aber die häufigen Liebesgrüße in Form von Geschenken, Fotos, Büchern und Aufmerksamkeiten aller Art zeigen auf, wie verbunden sich die beiden auch ideologisch übereinstimmenden Eheleute noch immer fühlten. Vermutlich am Ende mehr Freundschaft als erotische Liebe, aber schon die äußerliche Ähnlichkeit der „Zweitfrau" mit der Gattin spricht Bände.

Himmler schreibt Weihnachten 1927 einen Satz, den er ganz sicher anders gemeint hat, aber den ich als Quintessenz der Aufgabe dieses Buches anführen kann: „Mit irgendeinem Fädchen ist auch der Schlechteste an die Menschlichkeit geknüpft." Genau dies gilt es zu zeigen und zu verstehen, um das auch im Christentum geforderte „liebe deinen Feind" zu begreifen und möglich zu machen. Genau wenn wir dieses Fädchen sehen, verstehen, verfolgen und weiter spinnen, können wir das Unmögliche schaffen, Figuren wie die Nazi-Verbrecher, Kindermörder, Ausbeuter und Psychopathen aller Art als zerstörte Seelen mit einem zutiefst menschlichen Kern zu erkennen und vielleicht sogar zu lieben. Was nicht bedeutet, dass man ihre Handlungen gut heißt oder den Kampf gegen die Umstände aufgibt, die solche Kreaturen erschaffen. Man darf nicht vergessen, dass jede Gesellschaft die Verbrecher und Psychopathen hat, die sie verdient, denn sie produziert sie selber, wie der Mensch immer seine Geschichte selbst macht. Diese Prozesse gilt es aber zu begreifen und wissenschaftlich mit der nötigen Distanz zu behandeln, um am Ende das Menschliche im Unmenschlichen selbst zu entdecken.

Wenn wir es am Ende schaffen, in Goebbels (auch) den klumpfüßigen, schmächtigen Jungen zu sehen, der in einer soldatischen Macho-Umgebung zum Gespött der Kameraden werden muss, in Himmler den kränklichen Außenseiter ohne Kinn und mit einer großen Sehnsucht nach einem friedlichen Leben in der Natur zu erkennen und Rosenberg verstehen als einen vom Schicksal schwer getroffenen Teenager, dem die Mutter zwei Monate nach der Geburt stirbt, dem im Alter von elf Jahren der Vater und nur ein Jahr später auch noch die geliebte Großmutter verstarb, dem also hintereinander praktisch die ganze Familie genommen wurde, dann sind wir auf dem Weg, das wahre Potential der Liebe zu erahnen. Für den Moment ist nur wichtig festzuhalten, dass das Motiv für jede Handlung, auch die schlimmste und schrecklichste, immer die Liebe zum Guten ist. Auch wenn man das solchen Figuren wie Himmler und Goebbels nicht abnimmt, weil sie nicht einmal liebenswert, also „des Liebens wert" aussehen. Doch diese äußerliche Herangehensweise ist wenig zuverlässig! Albert Speer ist der einzige aus der Führungsriege der Nationalsozialisten, der nicht zum Tode verurteilt wurde im Nürnberger Prozess. Aber bei genauer Analyse nicht deshalb, weil er weniger fanatisch oder für weniger Tote verantwortlich war, sondern wohl nur, weil er einfach smarter und harmloser aussah als seine Mordkameraden, weil er Charme und Charisma besaß. Objektiv gibt es keinen Grund für diese Milde.

Niemand steht morgens auf und beschließt „ich bin jetzt böse". Selbst Jürgen Bartsch oder Ted Bundy fanden vor sich selbst Gründe für ihre abscheulichen Taten und niemand in ihrem Umfeld traute ihnen diese Morde zu, denn sie waren beide eher die „Speers" unter den Serienmördern und weniger die Himmlers oder Goebbels'! Von Jürgen Bartsch gibt es spektakuläre Dokumente, die in dem Buch „Jürgen Bartsch Opfer und Täter" von Paul Moor veröffentlicht wurden. Dieser Mann ließ den „Kirmesmörder" ganz nah an sich heran, ihre Briefe und Tonbandinterviews zeigen eine wahrhaftige Liebesgeschichte, die für Außenstehende nur schwer zu begreifen ist. Doch die Erkenntnisse, die man durch die unvoreingenommene Analyse gewinnen kann, sind enorm. Schon deshalb, nicht nur aus humanitären Gründen, die eigentlich selbstverständlich sein sollten, ist der Umgang mit Mördern in den USA barbarisch und ein unverzeihliches Verbrechen. Soziopathen wie Jeffrey Dahmer, Ted Bundy oder John Wayne Gacy müssen wissenschaftlich untersucht werden, sie brauchen psychoanalytische Betreuung, und ganz sicher ist es keine Lösung für zukünftige Fälle von Sexualdelikten, sie zu ermorden. Es gilt zu verstehen, welche Kränkungen und Traumata eine Seele so zerstören können, dass aus Kindern Psychopathen und Mörder werden.

Man könnte nun noch einwenden, dass es doch Handlungen gibt, die aus Hass, dem vermeintlichen Gegenteil von Liebe, begangen werden. Jetzt ist es aber so, dass Hass und Liebe in dialektischer Verbindung stehen. Hass scheint ganz generell das Produkt der Verhinderung von Liebe zu sein. Zumindest das, was man „reaktiven Hass" nennt. Wenn ich etwas leidenschaftlich liebe und es ist bedroht, auch wenn ich mich selber liebe und um mein Leben bedroht bin, dann wird meine Reaktion, der Hass, den ich gegen den Angreifer aufbringe, umso stärker sein, je mehr ich liebe. Nur wer lieben kann, ist auch fähig zu hassen und umgekehrt, wer keinen Hass aufbringt, wenn jemand etwas zerstören will, das er liebt, der kann nicht stark lieben. Der reaktive Hass ist also der gerechte Zorn, der entsteht, wenn jemand mich oder meine Lieben ausbeuten, unterdrücken oder auf irgendeine andere Art angreifen will. Wer also die Gerechtigkeit und Freiheit wirklich liebt, der sollte die Unterdrückung und Ausbeutung mindestens so leidenschaftlich hassen lernen und den täglichen Kampf dagegen in der Rebellion aufnehmen.

Neben diesem reaktiven Hass beobachten wir aber auch immer mehr den sogenannten „charakterbedingten Hass", wobei der einst auch reaktiv gebildete Hass durch Liebesentzug ein dauernder Zustand wird, der nur kleine Enttäuschungen und vermeintliche Abweisungen abwartet, um mit Freude zuzuschlagen. Der ursprünglich mal vernünftige Hass auf eine Bedrohung des Liebesobjektes darf in der Kindheit unter den Bedingungen strenger Eltern nicht ausgelebt werden und wird zum Selbstzweck und somit zur neurotischen oder sogar psychotischen Bereitschaft zur Zerstörung jenseits aller Verhältnismäßigkeit. Dieser vom undurchschauten Über-Ich angelegte charakterbedingte Hass wendet sich nicht gegen die wahren Ursachen des Unglücks, sondern gegen beliebige Objekte, Gruppen und Menschen, die sich in der Regel nicht wehren können, weil sie schwach sind. Das ewig geduckte Opfer autoritärer Eltern lebt seinen verinnerlichten Hass dann ungehemmt als AfD-Mitglied oder als Tyrann in der Partnerschaft aus. Weshalb aus ehemaligen Liebesobjekten auch regelmäßig Opfer von sogenannten Beziehungstaten werden, die konsequenterweise auch „Tötung aus Leidenschaft" genannt werden. Die mit Abstand meisten Tötungsdelikte sind eben solche Beziehungstaten, jeder Ermittler weiß, dass in einem Mordfall der Täter erst einmal im unmittelbaren Umfeld des Opfers zu suchen ist. Nicht der Gärtner, sondern der Ehemann ist meist der Mörder! Das Liebesobjekt verhindert mit seiner Weigerung der Gegenliebe die Liebeserfüllung des Liebenden und wird damit zum Objekt des Hasses: „wenn sie mich nicht will, dann soll sie auch kein anderer bekommen!". Solche Taten können ja nicht als „reaktiver Hass" angesehen werden, um das Geliebte zu schützen, da am Ende das Liebesobjekt, nur weil es die Liebe nicht (mehr) erwidert, selbst zerstört wird.

Spätestens seit Freud wissen wir auch um die Ambivalenz eines anscheinend „natürlichen" und unzerstörbaren Liebesverhältnisses, nämlich dem mit den Eltern. Die geliebte Mutter wird unbewusst gehasst, weil sie den ersehnten Inzest verweigert, der Vater, weil er diesem im Wege steht und ihn zu verhindern sucht, nichtsdestotrotz sind sie in der Regel die ersten und wichtigsten Bezugs- und damit Liebes-Personen eines jeden Kindes.

Schließlich gilt es vorab kurz auf den Einwand zu reagieren, dass es Tätigkeiten gibt, die uns völlig gleichgültig sind und scheinbar zufällig und affektfrei entschieden werden. Freud hat uns auch hier in seinem Aufsatz „Zur Psychopathologie des Alltagslebens" aufgezeigt, dass auf den ersten Blick belanglose Handlungen und Entscheidungen, bis hin zu Missgriffen und Versprechern, durch tiefe Affekte motiviert sind. Also selbst in vermeintlich banalen Alltagshandlungen finden wir bei genauer Analyse zumindest unbewusst Liebe und/oder Hass am Werke, was auf einer empirischen Ebene schon zeigt, dass es keine menschliche Tat ohne Liebe als Motiv und Grund zu geben scheint. Im Folgenden wird dann auch begrifflich abgeleitet, welche anthropologischen Konstanten dahinterstecken.

Liebe als anthropologisches Prinzip

Grundlage dieser Arbeit ist die anthropologische Erkenntnistheorie von Leo Kofler, der in meinen Augen die einzige brauchbare marxistische Theorie zum Wesen des Menschen entwickelt hat. Anthropologie, die Lehre vom Wesen des Menschen, ist in dialektischer Betrachtung keine Aussage über eine ominöse, unveränderliche „Natur" des Menschen, sondern spricht über die formalen Voraussetzungen der

eigentlich menschlichen, damit konkret-historischen Existenz.
Also wenn man so will geht es um die unveränderlichen
Bedingungen für die Permanenz der Veränderung in
menschlichem Leben. Ziel der anthropologischen Erkenntnis in
unserem Sinne sind also nicht positive Inhalte bzw. Aussagen
wie „der Mensch ist von Natur aus böse bzw. sündig", wie es
das repressive Menschenbild des Christentums lehrt, oder auch
das Gegenteil, „der Mensch ist von Natur aus gut und nur die
Zivilisation macht ihn böse", wie es utopische Sektierer
formulieren, sondern die Suche nach erkenntnistheoretischen
Kategorien zur Beurteilung der Frage, nach welchen Gesetzen
historische gesellschaftliche Ereignisse formal ablaufen.

Menschliche Geschichte ist die Geschichte der
Auseinandersetzung des menschlichen Geistes mit der ihn
umgebenden Umwelt. Das ist zu Beginn der Menschwerdung
vor allem die Natur, die als feindliche und zu verändernde
Zwangsherrschaft erfahren wird. Die Instinkte, die es den Tieren
ermöglichen Eins mit der Natur perfekt zu funktionieren, sind
dem Homo Sapiens verlorengegangen. Ein Instinkt ist ein
angeborener Mechanismus, dem das Verhalten des Tieres
zwangsläufig unterliegt, das quasi alternativlos ist. Daher sind
Tiere auch so perfekt ihrem Lebenskreis eingepasst und zwar je
einfacher sie organisiert sind, desto perfekter. Ein angeborenes
Verhalten, das nicht adäquat auf einen gegebenen Reiz mit einer
angemessenen Reaktion antwortet, hat wenige Chancen
weitergegeben zu werden, da in der Natur die meisten Fehler
tödlich sind! Wenn man Tieren einen bestimmten Schlüsselreiz
gibt, erfolgt immer die gleiche Reaktion und zwar bei einfachen
Organismen ohne jeden Lerneffekt bei Misserfolgen. Motten
fliegen seit Menschengedenken in jedes Licht und verbrennen
meist dort, weil sie es immer noch für den Mond halten, der vor
Jahrhunderten die einzige Lichtquelle der Nacht war. Und selbst
weiter entwickelte Säugetiere, wie z.B. Rinder oder Pferde, lassen
sich ihr Leben lang durch einfache Schlüsselreize zur Paarung
auf ein Holzgestell locken und zur Samenabgabe verleiten. Da ist

auch beim 100. Aufhüpfen keine Ahnung von dem „Betrug“ oder gar Einsicht in die Sinnlosigkeit zu erkennen.

Beim Menschen gibt es solche angeborenen Verhaltensmuster gar nicht, bzw. nur rudimentär in der Form von Reflexen, von denen auch noch die meisten lediglich im Säuglingsstadium zu beobachten sind. Es gibt nur sehr wenige Reflexe, die auch noch erwachsene Menschen an sich beobachten können. Da ist zum Einen der Lidschlussreflex, der dazu führt, dass normalerweise Jedermann auf eine Bewegung von außen hin zum Auge das Augenlid schließt, und zwar unwillkürlich, quasi automatisch. Doch selbst so eine grundlegende Reflexbewegung ist beim Menschen noch dem Lernen untergeordnet und somit dem Geist gehorchend, denn sie ist habituierbar, sprich man kann sie sich mit etwas Übung und Geduld abgewöhnen! Jeder Kontaktlinsenträger muss dies tun, er muss lernen, das Auge geöffnet zu halten, obwohl ein vom Finger balancierter Gegenstand direkt die Hornhaut berühren will und wird.

Die einzigen Reflexe, die gänzlich unbeeinflussbar sind und auch nicht „abtrainiert“ werden können, sind die sogenannten „Eigenreflexe“. Das sind in der Regel neuronale Reaktionen, die gar nicht den Weg über das Stamm- oder Großhirn nehmen, sondern innerhalb eines Muskels oder Sehnenkomplexes direkt oder über das Rückenmark, über einen festen Reflexbogen ausgelöst werden. Sie gehen also gar nicht durch den Kopf, das Gehirn und kommen damit auf ihrem Weg auch niemals unter den Einfluss des Bewusstseins. Der bekannteste dieser Reflexe ist der Knie- oder Patellarsehnenreflex, den der Arzt bei jeder Grunduntersuchung mit dem Hämmerchen testet, um zu schauen, ob das grundlegende Nervensystem des Patienten in Ordnung ist. Die Funktion dieses Reflexes ist es ursprünglich, bei einem Tritt oder Schlag in die Kniekehle durch eine schnelle „reflexartige“ Streckung des Knies einen fatalen Sturz zu verhindern. Den gleichen Reflex gibt es übrigens auch im

Ellbogen, dort heißt er Trizepssehnenreflex und zeigt, dass wir alle von Säugetieren abstammen, die mal auf vier Beinen gingen.

Komplexere Reflexe, die vermutlich stammesgeschichtlich als eine Art erworbener Reflexe über Generationen zu quasi „angeborenen" Verhaltensregeln geworden sind, erkennen wir zum Beispiel im Fluchtreflex bei Feuer, oder der scheinbar fast universellen Urangst vor Schlangen und Spinnen. Der Unterschied zu tierischem, instinktivem Verhalten ist aber evident. Es gäbe keine Feuerwehrmänner, wenn dieser „Reflex" nicht habituierbar wäre. Und erst recht gäbe es keine Pyromanen, wenn sich dieses sozialhistorisch angelernte Verhalten nicht sogar in sein Gegenteil verkehren könnte, nämlich auch zur Leidenschaft und Liebe werden kann. Wie übrigens alle Dinge, die Angst machen, potentiell auch Liebesobjekte werden können, weil die Überwindung der Furcht Lust macht, da sie Abfuhr von Spannung bedeutet, was die abstrakteste Definition von Lust ist.

Die Angst vor Spinnen und Schlangen ist vermutlich ein sehr früh in der Menschheitsgeschichte angelernter, also konditionierter Reflex, da in Afrika die größte Gefahr für die Gesundheit genau von giftigen Tieren dieser Gattungen ausging. Da die Wiege der Menschheit im südlichen Afrika liegt und wir so von Beginn der Menschwerdung an darauf Acht geben mussten, um zu überleben, ist diese Angst bis heute weit verbreitet. Jeder weiß, dass aber auch eine große Faszination von diesen fabelhaften Tieren ausgeht, so dass es vermutlich fast so viele Menschen gibt, die Schlangen und Spinnen lieben und in Terrarien bewundern, wie Phobiker, die sie fürchten und hassen. Später dazu gekommene Bedrohungen gleicher oder sogar schlimmerer Art haben es dagegen nicht mehr in das kollektive Unbewusste geschafft, da die historisch weiter entwickelte bewusste Verarbeitung der Umwelt in Institutionen, Traditionen, Dogmen und Paradigmen solch unmittelbare, einfache Lösungen via „Quasi-Instinkt" bereits verhindert hat. So gibt es

z.B. in Mittel- und Südamerika Frösche, die mindestens so giftig
sind wie afrikanische Spinnen, aber da die Menschen erst viel
später diesen Teil der Erde bevölkert haben, gibt es kaum
Individuen, die eine Froschphobie haben, während
Arachnophobie viele große, starke Männer zu zitternden
Jammerlappen macht! Und wie berechtigt wäre ein am besten
universell angeborener Reflex zur Meidung von so gefährlichen
Dingen wie automatischen Feuerwaffen! Aber nichts davon ist
zu sehen, im Gegenteil versinkt das führende Volk der
westlichen Welt eher in einen obsessiven Fetischismus, was den
Gebrauch von Waffen angeht.

Neugeborene Menschen sind im Unterschied zu vielen Tieren
außerordentlich hilflos. Sie wirken „unfertig", so dass
bürgerliche Anthropologen davon sprechen, dass wir alle
„Frühgeburten" sind. Der Mensch ist tatsächlich alles andere als
ein Nestflüchter! Kann er auch gar nicht sein, da es einen
Zusammenhang zwischen dem Vorhandensein von Geist und
der Notwendigkeit des Lernens gibt. Reptilien wie Krokodile
z.B. kennen gar keine Brutpflege, die sind bei der Geburt im
Prinzip „fertig", nur eben noch klein. Dafür müssen sie auch
nicht viel mehr können als Fressen und Ruhen, wozu es keiner
großen erzieherischen Lernarbeit bedarf. Dass man die Brut
über so viele Jahre zu betreuen hat, gibt es tatsächlich nur beim
Menschen, wobei es gar keine Rolle spielt, wie früh oder spät
man die adulte Phase tatsächlich ansetzt. Selbst Menschenaffen
sind nicht solche Nesthocker wie wir, nach spätestens etwa 7
Jahren kümmert sich das Weibchen konsequent nicht mehr um
die kleinen Schimpansen, beißt die eigenen Kinder sogar
aggressiv weg, wenn sie zu aufdringlich bleiben. Das gelingt
Menschenweibchen noch bei 40-jährigen Kindern nicht, die sind
im Hotel Mama immer willkommen!

Diese Unfertigkeit und Hilflosigkeit des zum Lernen verurteilten
Menschenbabys lässt uns einige Reflexe beobachten, die man
dann wirklich als angeboren und natürlich ansehen kann, die

aber folgerichtig auch in der Regel mit der Entwicklung des menschlichen Geistes, sprich des Bewusstseins bald verschwinden. Man nennt diese Reflexe frühkindliche Reflexe oder auch „Primitivreflexe" und sie dienen in der Regel dem unmittelbaren Schutz des Säuglings in einer natürlichen Umgebung, hier einige Beispiele:

- Der als bekannt vorauszusetzende Greifreflex dient natürlich entwicklungsgeschichtlich dem Festhalten an der Mutter. Er ist so stark, dass Babys sich etwa bis zum neunten Lebensmonat an einer waagerechten Stange hängend festhalten können. Am Ende dieses Lebensmonats geht diese Fähigkeit weitgehend verloren. Der Reflex ist auch so fundamental wichtig, dass er bereits bei Frühgeborenen, die etwa in der 32. Schwangerschaftswoche zur Welt kommen, beobachtet werden kann. Hiermit ist also schon mal sichergestellt, dass das noch weitgehend ohne Bewusstsein lebende Kind bei der Mutter bleibt und nicht einfach direkt auf die Erde purzelt.

- Die Moro-Reaktion geht in die gleiche Richtung und ist eine komplexe Kombination von Reflexen, die den Säugling vor Abstürzen bei plötzlichen Richtungswechseln, z.B. bei der Flucht vor Angreifern schützen soll. Erfährt der Kopf des Säuglings durch Lageveränderungen der sie tragenden Person eine ruckartige Fallbewegung, so öffnen sich Mund und Gliedmaßen, die Hände und Zehen spreizen sich, um sich dann schlagartig wieder zusammenzuziehen, also eine Art Klammereffekt, der im Zweifel bei Fluchten oder Stürzen in den Bäumen das Leben retten kann.

- Jetzt muss das reflexhaft an die Mutter gebundene Neugeborene aber auch mehrmals täglich mit Nahrung versorgt werden. Damit dies reibungslos funktioniert gibt es gleich drei Reflexe! Der Saugreflex stellt zusammen mit dem Schluckreflex den reibungslosen

Abtransport der Muttermilch in den Verdauungstrakt sicher. Sobald der Gaumen berührt wird, beginnt der Säugling unvermittelt mit der Saugbewegung. Ist diese Aktion erfolgreich und es fließt Milch, dann sorgt der Schluckreflex dafür, dass diese gewonnene Flüssigkeit in die richtige Röhre kommt, nämlich in die Speiseröhre und nicht in die Luftröhre. Während der Saugreflex nach einiger Zeit durch eine bewusste Saugaktivität ersetzt wird, bleibt der Schluckreflex ein Leben lang aktiv. Interessanterweise ist das regelmäßig zu beobachtende Ausbleiben dieses Reflexes im Prozess des natürlichen Sterbevorgangs ein deutlicher Hinweis auf das unmittelbar bevorstehende Ende des individuellen Menschenlebens. Das sogenannte „Todesrasseln" beim Atmen in den letzten Todesstunden ist eine Folge dieses verlorengegangenen Schluckreflexes und nach allen Untersuchungen zum Glück wohl quälender für die zuhörenden Angehörigen als für den Sterbenden selbst. Schließlich gesellt sich zum Saug- und Schluckreflex noch der sogenannte Suchreflex, der dem Baby dabei helfen soll die mütterliche Brustwarze zu finden. Wenn man bei einem Säugling bis zum dritten Lebensmonat einen Mundwinkel berührt, so wird das Baby seinen Kopf in diese Richtung drehen, um die vermeintlich angebotene Brust zu finden.

- Vermutlich um das Neugeborene vor dem Ertrinken in einer natürlichen Umwelt zu schützen, gibt es zwei weitere Reflexe, den Atemschutzreflex und den Schwimmreflex. Wir kennen alle die beeindruckenden Bilder, wo Säuglinge in Schwimmbecken mit offenen Augen scheinbar mühelos unter Wasser Schwimmbewegungen machen und es vermeiden nach Luft zu schnappen, als seien sie geübte Apnoetaucher. Ist also ein Baby bis etwa zum sechsten Lebensmonat von Wasser umgeben, macht es automatisch

Schwimmbewegungen und die Atmung wird reflektorisch blockiert. In einer natürlichen Umgebung sicher eine nützliche Einrichtung. Überhaupt empfinden kleine Kinder, vermutlich durch die noch lebendige Erinnerung an die Zeit vor der Geburt in einem flüssigen Medium, eine gewisse Anziehung zum Wasser, als ihrem ursprünglichen Element. Daher können Säuglinge auch in jeder Pfütze ertrinken, da sie mit ihrem großen Kopf vorab unter Wasser gehen, dort keine große Vermeidungstätigkeit zeigen und schließlich durch einen Stimmritzenkrampf ersticken können. Dass kleine Kinder kaum Bewegungen machen, um sich aus einem feuchten Medium zu befreien, scheint tatsächlich damit zu tun zu haben, dass der Säugling sich noch an die absolute Geborgenheit im Mutterleib erinnert, die er vor dem Trauma der Geburt erleben durfte. Seine Sehnsucht nach der Rückkehr in diesen Zustand lässt ihn vielleicht sogar mit Freude ertrinken. Der dabei oft auftretende Stimmritzenkrampf ähnelt dem Atemschutzreflex und verhindert das Eindringen von Wasser in die Lungen. Er löst sich allerdings nicht immer zuverlässig nach dem Entfernen aus dem Wasser, was dann zu dem sogenannten „trockenen Ertrinken" führen kann. Am Ende sind die kleinen Wesen ohne einen Tropfen Wasser in den Atemwegen „ertrunken". Normalerweise sollte ein Hustenreflex die Atmung in solchen Fällen wieder anstoßen, als Erste Hilfe ist eine Beatmung auf jeden Fall zielführend. Also kleine Kinder in der Nähe von offenem Wasser nicht aus den Augen verlieren.

- Die Unterstützung der Fortbewegung zu Lande, an Bauch oder Rücken der Mutter geklammert, wird gewährleistet durch den Schreit- und den Steigreflex: wenn man ein Baby von unter drei Monaten aufrecht hält und die Fußsohlen dabei den Boden berühren, dann vollführt das Kind unwillkürlich Schrittbewegungen.

Ebenso wenn man es mit dem Fußrücken an ein oben liegendes Hindernis wie eine Tisch- oder Stuhlplatte führt, so macht es automatisch eine Steigbewegung, als würde es eine Treppe erklimmen wollen.

- Welche biologisch-natürliche Funktion der zu beobachtende Babkin-Reflex hat, ist nicht ganz klar, dennoch möchte ich ihn hier anführen, da er beim Stillen und Füttern von Säuglingen beachtet werden sollte, um das Baby nicht unnötig zu stressen: wenn man die Handinnenflächen des Säuglings drückt, z.B. mit dem Daumen, dann öffnet sich reflexartig der Mund weit. Daher ist es zu vermeiden, während des Stillens oder Fütterns mit den Händen des Babys zu spielen, um nicht versehentlich diesen Reflex auszulösen, der natürlich bei der Nahrungsaufnahme hinderlich ist.

Das Baby führt all diese Reaktionen nicht bewusst aus, es ist in dem frühen Stadium seiner Entwicklung zwar auch schon mit Bewusstsein begabt, aber dieses Bewusstsein ist noch nicht entwickelt, ist nur formal als Möglichkeit vorhanden, noch nicht inhaltlich als erlernte Fähigkeit. So treten diese physiologischen, unbewussten, biologischen Funktionen immer wenn nötig in Aktion. Sie erfüllen in einem natürlichen Umfeld perfekt ihre Aufgaben, sie sind angemessen. Man erkennt hier deutlich, dass wir Menschen eben auch Säugetiere sind und Reiz-Reaktions-Schemata als angeborene Hilfen mitbekommen, die in etwa dem Instinkt der Tiere entsprechen. Ein bestimmter Reiz erzeugt zwangsläufig eine bestimmte Reaktion, ohne dass es zu verhindern wäre. Doch anders als beim Tier werden diese rudimentären Instinktreste beim Menschen nach wenigen Monaten im Zuge der Reifung eines eigenen Bewusstseins hinter sich gelassen, sie verschwinden oder treten zumindest im Normalverhalten zurück. Instinkte sind in der natürlichen tierischen Umgebung immer perfekt, das Bewusstsein aber will erlernt und geschult werden, es muss dem jeweiligen Stand der menschlichen Geschichte angepasst sein, da es keine

„natürliche" Umgebung für den Menschen gibt. Der Homo Sapiens ist nicht festgelegt in seinem Habitat, er ist weltoffen.

Im Unterschied zum Tier ist der Mensch also formal gesehen frei in seinem Verhalten, nicht festgelegt. Damit aber auch fehleranfälliger, nicht perfekt und immer gezwungen seinen Stoffwechsel mit der Umgebung weiter zu optimieren. Es gibt für den Menschen keinen fixierten, optimalen Naturzustand, die Natur des Menschen ist es, die Welt kulturell zu verändern und sich seine eigene Geschichte zu machen. Tiere sind zu bestimmten Handlungen, ausgelöst durch definierte Reize, schicksalhaft gezwungen. Aus eigenem Willen können sie sich nicht gegen diese Instinkthandlungen „entscheiden". Interessanterweise können sie jedoch durch menschliche Dressur diesen Zwang teilweise überwinden, wie es das Beispiel von Raubtieren, die durch Feuerreifen springen, zeigt. Daran erkennt man aber, dass der menschliche Geist in der Dressur dieses vollbringt und zwar dadurch, dass ein stärkerer, unmittelbarer, sozusagen primärer Instinkt im Tier (eigentlich immer das Grundbedürfnis „Fressen") in Konkurrenz zu einem sekundären Instinkt, hier der Furcht vor Feuer, gesetzt wird, um diesen zu habituieren.

Genau in diesem Zusammenhang von „automatischen", also erzwungenen Handlungen im Instinkt, liegt auch die eigentliche Tragik an den sich immer mehr verbreitenden Zwangsneurosen bei modernen Menschen. Jede Zwangshandlung stellt eine Regression des Bewusstseins dar, es ist der Versuch bewusstes (menschliches) Handeln durch „instinktive" (tierische), also automatische Reaktionen zu ersetzen. Es ist sozusagen eine umgekehrte Dressur, die freie, bewusste menschliche Handlung wird regressiv weghabituiert zu einer erzwungenen, „instinktiven" Tat. Die Sicherheit des Instinkts wird von Zwangsneurotikern begehrt und in Zwangshandlungen hergestellt, da sie die Erfahrung gemacht haben, dass eine bewusste Entscheidung für das, was man begehrt, häufig bestraft wird. Also Kinder, denen kein Freiraum gelassen wurde, die gerade in Momenten des Glücks misshandelt wurden oder die kein Verständnis und wenig Liebe erfahren haben, fürchten am Ende die Freiheit menschlicher Entscheidungen und Handlungen, die natürlich immer auch die Möglichkeit des Scheiterns beinhalten. So stürzen sie sich in eine künstliche Verlässlichkeit, die vermeintlich das Risiko des Lebens minimiert, weil ihnen das Vertrauen fehlt, weil die Angst vor einer Wiederholung von Traumata, Gewalt und Enttäuschung zu groß ist. Ein stabiles „Urvertrauen" ist nicht genügend aufgebaut und dies verhindert so die Risikobereitschaft, die zum menschlichen Leben immer notwendig ist. Dass dieses Verhalten in einer entfremdeten, menschenfeindlichen Umgebung wie sie der Kapitalismus erzeugt, zunimmt, ist sicher keine Überraschung. Hier, in Zwangshandlungen, die im Extremfall zu einer echten Psychose werden können - die allermeisten Soziopathen und Serienmörder sind Zwangscharaktere, weshalb sie auch tatsächlich „nicht anders können", wie Peter Lorre es im Film „M-eine Stadt sucht einen Mörder" so grandios spielt - droht der Mensch zum Tier zu regredieren, weshalb wir das als ein starkes Indiz von Entfremdung verstehen müssen.

Wenn man umgangssprachlich sagt, dass man etwas „instinktiv richtig gemacht" hat, meint man eigentlich nicht wirklich „instinktiv", sondern „intuitiv". Der Zwangscharakter verhält sich in der Zwangshandlung wie ein Instinktwesen, also letztlich wie ein Tier, allerdings aus sehr menschlichen Gründen, nämlich wegen erlittener Kränkungen, mangelnder Liebe und aus existentieller Angst. Eine intuitive Handlung hingegen ist eine, die ein Mensch tut, der seinem Verstand auch dann blind vertraut, wenn er nicht alles in einer bestimmten Situation komplett überschauen kann. Denken ist nicht Rechnen oder Kalkül, es hat immer auch einen assoziativen Anteil, dem man vertrauen muss, um „automatisch" (ein prinzipiell anderes „automatisch" als beim Instinkt und der Zwangshandlung) das

Richtige zu tun. Man entscheidet sich also für etwas, bevor man alle sich daraus ergebenden Möglichkeiten exakt durchdacht hat. Das ist streng genommen sogar das Gegenteil von instinktivem Handeln. Man setzt das Erlernte unmittelbar um, weil man den Lehrern, Lehren und Vorbildern traut, weil man in einer liebevollen Gemeinschaft aufgewachsen ist. Sapere aude: wage es, weise zu sein und habe Mut, dich deines eigenen Verstandes zu bedienen.

Jede menschliche Tätigkeit ist als Arbeit sowohl bewusst als auch teleologisch, also zielgerichtet. Am Anfang steht immer ein Bedürfnis, eine Begierde, man möchte etwas, man hat Lust auf etwas. Das ist bei Tieren auch so, allerdings sind ihre Begierden natürlich, sie entsprechen ihrem Instinkt, sind im Prinzip unveränderlich und stehen natürlicher Weise genau so zur Verfügung, wie sie auch begehrt werden. Eine Kuh begehrt das Gras auf dem sie steht und frisst es, fertig ist die Bewegung von Bedürfnis zu Befriedigung, die kaum eine Bewegung ist, alles passiert sofort und unvermittelt. Auch bei Raubtieren ist es so, dass die Jagd zwar notwendig ist für die Befriedigung des Bedürfnisses, aber sie ist keine Arbeit im eigentlichen menschlichen Sinne, da sie zum Einen in festgelegten, immer gleichen Formen geschieht und weil sie in der Regel nur dann passiert, wenn tatsächlich Hunger vorliegt. Da ist nichts mit Bewusstsein vorgeplant oder eine Begierde gehemmt, nach dem Jagderfolg wird auch sofort gefressen. Ein satter Löwe ist keine Gefahr für die Antilope und diese weiß das auch! So entstehen dann solche Foto- oder Videogeschichten, in denen eine Raubkatze die Mutter frisst und dann – vollgefressen und satt – das Kalb verschont und sogar scheinbar liebevoll damit spielt. Neben der Sattheit sind hier andere Hemmungen am Werke, die man Kindchen-Appelle oder Kindchen-Schemata nennt, die bei allen Wirbeltieren wirksam sind und die wir später noch kennenlernen werden.

Die Jagd des Tieres ist immer wiederholbar instinktgesteuert, das
heißt sie bleibt im Wesentlichen gleich. Sie hat keine Geschichte.
Es gibt keine Entwicklung, es wird immer mit den identischen,
natürlichen Mitteln gearbeitet. Es gibt keine Waffenentwicklung
vom Speer über Pfeil und Bogen hin zu Feuerwaffen. Ein Löwe
ist ein Löwe ist ein Löwe.

Die Dialektik vom Apollinischen und Dionysischen

Der Mensch als instinktreduziertes, oder positiv ausgedrückt als
weltoffenes Wesen hingegen ist nicht perfekt und daher auch
nicht immer gleich an seine natürliche Umwelt angepasst. Zum
Jagen eigentlich zu langsam und zu schwach, vor Hitze und
Kälte nur unzulänglich geschützt, in Nichts wirklich ein
Spezialist, wäre der Mensch in der unveränderten Natur fast
überall auf der Welt langfristig zum Scheitern verurteilt. Doch
dafür ist er mit Bewusstsein begabt, einer Fähigkeit zur
Voraussicht, zur Planung und zum Kalkül, die den Instinkt
ersetzt bzw. über diesen hinaus geht. Beim Menschen ist die
Bewegung der Bedürfnisbefriedigung also eine prinzipiell andere
als beim Tier. Sie unterliegt einer universalen Dialektik von
Apollinischem und Dionysischem, was im Folgenden zum
Begriff gebracht werden soll.

Mit dem Moment des menschlichen Denkens, sich Ziele zu
setzen, teleologisch aktiv zu sein, hängt die Fähigkeit der
Menschen zusammen, ihre Umwelt so zu verändern, dass sie der
Erreichung der geplanten Ziele entspricht. Nur der Mensch
verändert die Natur, als seine ursprüngliche „Umwelt", so
nachhaltig und irreversibel. Kein Tier kann die Natur wirklich
bedrohen, oder sie für immer zerstören, für den Menschen ist
das die leichteste Übung! Deshalb ist auch der bekannte Witz so
evident wahr: „Treffen sich zwei Planeten, fragt der eine den
anderen „Wie geht es dir?", antwortet dieser „Ach nicht so gut,
ich habe Mensch!"" Der Mensch als Krankheit der Natur, genau
so formuliert es auch Hegel, hier trifft sich Klamauk mit der
Deutschen Klassik!

Wie auch immer, alle bewusste Tätigkeit strebt nach ökonomischer Rationalität, die ersehnten Ziele sollen möglichst effizient und schnell erreicht werden. Dazu bedarf es einer gewissen Ordnung, je klarer die Arbeitsschritte definiert sind, desto sicherer und verlässlicher funktioniert später die Produktion der begehrten Güter. Diese Verstandestätigkeit, diese Zweckrationalität nennen wir das Apollinische. Hier ist die Arbeit ganz offensichtlich gehemmte Begierde, es wird getüftelt und gewerkelt, bis am Ende alles so ist, wie der Mensch sich das zu Beginn seiner Tätigkeit vorgestellt hat. Es ist das Moment der Ökonomie, des Kalküls, das vielleicht nicht immer perfekt funktioniert, aber dennoch in jeder einzelnen Handlung aktiv ist. Das Apollinische ist das Zweckmäßige, das Geformte, ganz analog zu Freuds Realitätsprinzip, dem man sich zwangsläufig unterzuordnen hat, wenn man Erfolg haben möchte und seine Zwecke erfüllt haben möchte.

Jedoch ist dieser Bereich des Apollinischen kein Selbstzweck. In seinem eigenen, geformten, rationalen Bereich verbleibend, würde jede beliebige Tat nur eine weitere beliebige Tat zur Folge haben, ohne erkennbaren Sinn und Zweck. Es wäre ein Progress, der zwar vielleicht unendlich wäre, aber zu nichts führen würde. Ähnlich gefangen wie der Instinkt beim Tier, als immer gleiche Reaktion auf immer gleichen Reiz. Nun ist es aber so, dass der letzte Zweck aller noch so rationalen Tätigkeit ihr Dienst am Lebendigen ist. Das Schöne, das Gute, das Begehrte, die Begierde, eben der Eros ist die Triebfeder jeder menschlichen Tätigkeit, also letztlich die Liebe mit all ihrem Rausch, ihrer Wildheit und ihrem Verlangen, das freudsche Lustprinzip in seiner größten Reinheit. Diesen Bereich der zielgebenden und sinnstiftenden Motive für jede Tat nennt Kofler das Dionysische. Hier ist auch der Ort des Schönen, das immer Bestandteil menschlicher Arbeit ist. Auch das liegt an dieser grundlegenden Dialektik. Da ich mir das Begehrte vor meiner Arbeit in Gedanken vorstelle und die Vorstellung als sinnliche Aktivität diesen Sinnen schmeicheln will, werde ich mir das Produkt meiner Anstrengungen im Zweifel immer so schön wie möglich vorstellen. Es ist ja bezeichnend, wie selbst die frühesten Funde menschlicher Produktion bereits mit Verzierungen versehen sind. Die ersten Flöten aus Knochen sind mit Mustern verziert, Griffe der ersten Messer tragen eingebrannte Ornamente, alles, was verziert werden kann, wird verziert, solange genügend Muße da ist. Weshalb auch die industrielle Produktion, bei der die Schönheit lediglich Marketingelement ist, so wenig wirklich schöne Dinge herzustellen vermag.

Apollon und Dionysos sind ursprünglich griechische Götter, die dann später, wie fast alle anderen griechischen Figuren des Olymps auch, von den Römern übernommen wurden. Wobei Apollon seinen griechischen Namen behielt, während Dionysos zu Bacchus wurde. Die Figur des Bacchus kennt jeder Rheinländer aus dem Karneval, wenn am Veilchendienstag eben dieser Bacchus in Form einer Strohpuppe verbrannt wird, um die Fastenzeit einzuläuten. Diese Fastenzeit ist die große Zeit des Apollon, da is(s)t man vernünftig, schlägt nicht über die Stränge, bleibt brav und effizient, zumindest in der Theorie. Diese (scheinbar) rein apollinische Zeit währt nur 6 Wochen, weil der Mensch eine längere Zeit kaum in der Lage ist, seinen Bacchus, seinen inhärenten Dionysos mit all seiner Liebe und Begehrlichkeit zu verdrängen!

Apollon ist der Gott der sittlichen Reinheit und Mäßigung, also der Schutzherr der disziplinierten Arbeit als gehemmter Begierde. Er ist aber auch der Lichtbringer und der Gott der Kunst, vor allem der Musik. In der Musik vertritt er das mathematische Prinzip in dieser und wird somit folgerichtig als im Wettstreit mit Pan befindlich dargestellt. Pan, als Diener des Dionysos, steht dabei für das Wilde in der Musik, das Unmittelbare, für den Rausch. So spielt Pan mit der Flöte, einem der frühestens Musikinstrumente der Menschheit, bereits bei den ältesten Funden menschlicher Siedlungen findet man solche aus

Knochen oder hohlen Zweigen gefertigt. Apollon, oder Phoebes, wie er mit seinem Zweitnamen im Zusammenhang mit Musik oft genannt wird, hingegen wird mit der Leier, einem komplexen, „kultivierten" Musikinstrument dargestellt. Der Wettstreit zwischen diesen Prinzipien der Musik ist von Johann Sebastian Bach in einer seiner wenigen weltlichen Kantaten umgesetzt worden: „Der Streit zwischen Phoebus und Pan". In Deutschland geht dieser eher akademisch anmutende Streit bis heute weiter in der Debatte um U-Musik und E-Musik, also unterhaltender Schlager- oder Pop-Musik auf Seiten des volkstümlichen „bacchantischen" Pan und klassischer, ernster Musik als Hochkultur auf Seiten des anspruchsvollen Apollon bzw. Phoebus. Die Wahrheit ist auch hier eine dialektische, Musik ist wie jedes Gut dann perfekt, wenn sie das Apollinische angemessen zum Zwecke des Dionysischen einsetzt.

Als das Prinzip des Planens, der Voraussicht, ist das apollinische Moment allerdings auch das in die Zukunft schauende. Anders als das dionysische, das ganz im Moment, in der Gegenwart verhaftet bleibt und sich nicht um die Folgen schert. Im Plan ist das Ergebnis ja sozusagen vorhergesagt. Je besser der Plan, desto „genauer" die Vorhersage, die Weissagung des endgültigen Produktes. So wird Apollon im Mythos folgerichtig mit der Fähigkeit zum Weissagen verbunden. Das kennen wir alle von seinem berühmtesten Tempel in Griechenland, dem Tempel von Delphi mit seinem Orakel.

Dionysos dagegen ist die pure Anarchie, der reine Wille, das unvermittelte, unmittelbare Begehren, das Haben-Wollen. Alleine auf sich gestellt wird es wenig Erfolg haben, da ihm die Vermittlung fehlt, der Einsatz geeigneter Mittel zur Erlangung des Ziels. Ebenso wie das Apollinische in sich kein Ziel hat, sind beide Prinzipien nur im jeweils anderen wirklich. Diese Dialektik ist für das menschliche Verhalten und die Arbeit grundlegend und unbedingt zu begreifen. Das Dionysische will immer das Gute, das Schöne und damit die Liebe. Was allerdings als gut und schön angesehen wird, ist immer eine Frage der Zeit, der Geschichte, des Stands der Kultur und Zivilisation, also der gesellschaftlichen Realität, des Realitätsprinzips, des Apollinischen.

In prähistorischen Zeiten, vor der Arbeitsteilung und der Klassengesellschaft, verfolgt die noch gänzlich unentfremdete Arbeit diese grundlegende dialektische Bewegung: Begehren – Planung – Produktion – Genuss. Das Dionysische steht also zu Beginn der Bewegung als Motiv (Begehren) da und am Ende als Zweck (Genuss). Das Apollinische stellt die doppelte Mitte (Vermittlung) dar als Planung und als Produktion. Die Verbindung der beiden Momente ist eng und augenfällig, nichts tritt auseinander, es herrscht eine Harmonie. Dieser Zustand ist der sogenannte „paradiesische", an den in Utopien in jeder Kultur irgendwie erinnert wird und zu dem wir uns zurücksehnen. Mit der Arbeitsteilung und vor allem der Klassenherrschaft tritt diese Dialektik nämlich auseinander, die Balance von Apollinischem und Dionysischem geht verloren. Die Herrschaft als Monopolisierung des Genusses strebt für die wenigen Herrschenden nach Genuss ohne Arbeit, also die ungehemmte Begierde und bei den vielen Beherrschten besteht der Alltag aus totaler Anpassung und Unterwerfung unter das Realitätsprinzip als Apollinischem. Das Dionysische wird den Ausgebeuteten in möglichst homöopathischen Dosen nur so weit gewährt, wie es zur Aufrechterhaltung des sozialen Friedens notwendig ist. Da darf sich das Volk an Karneval lustig machen über die Herrschenden, im knapp bemessenen Urlaub am Ballermann wird der unerträgliche Arbeitsalltag in Sangria ersäuft, und die Feierkultur an den Wochenenden stellt so gerade eben wieder die Bereitschaft zur entfremdeten Arbeit am Montag her. Die Arbeit selbst erscheint dem Lohnabhängigen sinnlos, ihr Zweck liegt außerhalb der Tätigkeit und auch des Produkts, nämlich im Lohn. Der Produzent darf das Produkt seiner Arbeit ja auch nicht behalten, es gehört dem Eigentümer der Produktionsmittel. Das Verhältnis von Apollon und Dionysos ist nachhaltig zerstört.

Vor dieser geschichtlich notwendigen Entwicklung und – wie ich in meinem Buch |23\\/01|_|+!0|\\| zu entwickeln gesucht habe – als aufgehobene Arbeitsteilung in einer dezentralen Produktionsumgebung mit computerunterstützter Konstruktion wieder zukünftig zu erreichen – erfährt sich der Mensch als sich selbst verwirklichendes tätiges Wesen. Der Plan ist ja mein Plan und am Ende ist dieser Teil meines Selbst nach getaner Arbeit wirklich geworden, damit habe ich mich, meine Kreativität entäußert, also mich selbst verwirklicht. So soll es sein! Das ist die wahrhaft menschliche Tätigkeit, die Arbeit als Spiel, die Marx meint, wenn er die urkommunistische Gesellschaft dadurch charakterisiert, dass die Menschen darin heute dies und morgen jenes tun können. Morgens vielleicht zu jagen, nachmittags zu fischen, abends Viehzucht zu treiben, nach dem Essen zu kritisieren. Aber eben so, wie ich gerade Lust habe, nicht als Beruf! In einer Gesellschaft mit freiem Zugang zu allen Daten und Informationen bei dezentraler Infrastruktur mit Computer und 3-D-Druck wird es auch möglich sein können Dinge nach Lust und Laune auszuprobieren, zu produzieren und vor allem zu konstruieren. Da jedes Konstrukt, jeder Plan im Netz zum Allgemeingut wird, hat die Selbstverwirklichung nicht einmal mehr die Grenze des Individuellen, da ich ja auch die geteilten Ideen anderer in der Community umsetzen kann.

Die biologische Dialektik der Liebe: Limerenz und Genealogie

In ihrer meist behandelten und spektakulärsten Form tritt die Liebe als Geschlechterliebe zwischen Mann und Frau in zwei scheinbar gegenläufigen Bewegungen auf, die in Wahrheit eine dialektische Konstruktion zur Arterhaltung darstellen: die Verliebtheit und die partnerschaftliche Beziehungsliebe. Beide Konzepte leiten sich von den anthropologischen Prinzipien der

Liebe ab und stellen die funktional-praktische Grundlage für das Fortbestehen menschlicher Gesellschaft überhaupt dar.

Die Verliebtheit oder Limerenz

Wie viele Lieder sind ihr nicht gesungen worden, wie viele Filme handeln von ihr? Die berühmten Schmetterlinge im Bauch, die Liebe auf den ersten Blick, die den Verliebten regelmäßig erblinden lässt. Ein äußerst intensives Gefühl der Zuneigung, das von der harmlosen Schwärmerei des Backfisches bis zur pathologischen Obsession eines Stalkers reichen kann. Für manche Philosophen, vor allem die Rationalisten, stellt dieser Zustand der Verliebtheit einen Affekt dar, der die Sinne und die Vernunft trübt. Eine Art von vorübergehender Geisteskrankheit. „Du machst mich verrückt", „ich verliere den Verstand", „ich bin besessen von dir", all diese Metaphern für den Zustand der Verliebtheit zeugen von der Nähe zur Geisteskrankheit, die für bürgerliche Rationalisten und Asketen immer mit der Liebe verbunden ist.

Ein Affekt ist grundsätzlich etwas, was einen überkommt, eine Gefühlserregung, gegen die man wehrlos ist. Ein Beispiel für einen Affekt ist das Erröten vor Scham, ein Ereignis, das einem unangenehm ist und gegen das man wenig machen kann, wenn man eine Veranlagung dazu hat. Eine Gemütsbewegung, die ein Gefühl, eine bestimmte Emotion im Erleben des Affektierten auslöst. Dieses einen Menschen überkommende Gefühl ist wegen der Intensität so besetzend, dass der Verliebte (oder Zornige, Beschämte, Beleidigte, Fürchtende) sich entsprechend verhält, ja verhalten muss. Seine Reaktionen und damit sein Verhalten erscheinen nicht mehr von kognitiven, also im Grunde vernünftigen Gründen gesteuert, sondern sie sind affektiv, zutiefst und manchmal deutlich emotional. Da wird gebrüllt, geheult, gejammert, gelacht oder gestammelt, je nach der Art des einen überkommenden Affektes.

Affekte sind bezeichnenderweise sowohl mit Lust als auch mit Unlust verbunden. Man erkennt hier bereits die Dialektik der Libido, die in der Psychoanalyse mit Ambivalenz bezeichnet wird. Aus der Hirnforschung wissen wir, dass diese Affekte in der Amygdala, dem „Mandelkern" einen Ursprung haben. Dieses sehr alte Hirnareal im sogenannten limbischen System angesiedelt, ist bei der Verarbeitung von Furcht und Lust gleichermaßen beteiligt, was die fundamentale Verbindung auch auf biologisch-neuronaler Ebene aufzeigt. Alle Sinneseindrücke werden hier nach der Vorverarbeitung durch höhere, sprich neuere Hirnareale wie Hypothalamus auf ihr Erregungspotential von Sexualität bis Panik untersucht. Also obwohl das Kleinhirn die ältere Hirnregion ist, gehen die sinnlichen Wahrnehmungen nicht den Weg vom älteren (Kleinhirn) zum neueren Großhirn, sondern das alte limbische System verarbeitet die vom neueren Bewusstsein erzeugten Eindrücke. Visuelle, auditorische und sensorische Erfahrungen werden so nach einer Vorsortierung durch das Großhirn auf ihr Affektivitätspotential bewertet. Das Olfaktorische bildet hier eine Ausnahme, da es ohne die Beteiligung der thalamischen Regionen angesprochen wird, vermutlich ein Relikt aus Säugetierzeiten, wie das Ohrenwackeln. Genau deshalb erinnert man sich eben auch an Gerüche, die man sogar vor der Bewusstwerdung erfahren hat und da sie nicht mit Großhirnbeteiligung „gespeichert" werden, vergisst man sie auch nicht. Wir sehen nicht nur hier, dass menschliches Denken, Bewusstsein und Erinnerung nicht mit dem Speichern von Daten verglichen werden kann und dass die Beteiligung von Affekten über alles hinaus geht, was Festplatten machen.

Am deutlichsten wird der Zusammenhang aller Gefühlsaufwallungen bei Platon, der sehr konsequent lediglich vier Affekte unterscheidet, von denen sich alle anderen denkbaren Gefühlsregungen ableiten lassen: Lust, Leid, Begierde und Furcht. Die Verliebtheit kann leicht einsichtig allen vier Affekten zugeordnet werden. Der Verliebte verspürt Lust auf das geliebte Geschöpf, wobei Lust prinzipiell zu verstehen ist als

Abfuhr von Spannung. Die Spannung entsteht aus der Begierde, die man empfindet, den Anderen zu berühren und zu liebkosen. In Abwesenheit des Objektes der Begierde oder bei Ablehnung leidet man unaussprechlich, was schon bei dem Gedanken daran unendliche Angst vor dem Verlust erzeugt. Affekte ohne Beteiligung der Liebe scheint es also gar nicht zu geben.

Etymologisch leitet sich das Wort Affekt vom griechischen „Pathos" ab, das wir bis heute als Begriff für eine (meist übertriebene) Leidenschaft kennen. Im Lateinischen verschiebt sich die Bedeutung hin zu „afficere", im Sinne von „einwirken", also etwas, das sich von außen über den Menschen legt. Der daraus abgeleitete Begriff als Zustandsbeschreibung „affectus" impliziert dann bereits die Bedeutungen „Leidenschaft" und „Begierde", die noch heute prägend sind.

Dieses Begehren eines eventuell vollkommen unbekannten Gegenübers wird wesentlich durch unmittelbare Sinneseindrücke ausgelöst. Der Gesichtssinn, das Sehen, vermittelt einem Reize, die zur „Liebe auf den ersten Blick" führen. Das Hören, der zweite Fernsinn, der also schon vom Weiten wirksam ist und das Entfernte nah heran holt, lässt uns einen Schauer über den Rücken laufen, wenn wir die geliebte Stimme vernehmen. Vor allem bestimmte tiefere Frequenzen, das Timbre, etwas leicht Rauchiges, wirkt akustisch auf die meisten Menschen attraktiv, sogar über Entfernung oder ohne Sichtkontakt, wie im Radio. Elmar Gunschs Stimme war um ein vielfaches erotischer als sein Aussehen!

Nach diesem ersten, entfernten Eindruck, kommt man dem Objekt der Begierde näher. Über die Nase wird sozusagen aus der Halbdistanz olfaktorisch ein Geruch wahrgenommen, der einen den Himmel spüren lässt oder einem die Hölle verspricht. Daher der Ausdruck „den kann ich nicht riechen", der tatsächlich wortwörtlich verstanden werden kann. Es gibt bestimmte Pheromone, die sich zu Kombinationen verbinden, die man als Gestank interpretiert, während der gleiche Geruch jemanden anderen unwiderstehlich anzuziehen vermag. Bei manchen Säugetieren hilft dieses Informations- und Selektions-System den für die Gruppe gefährlichen Inzest zu vermeiden. Geschwister empfinden den Geruch des Bruders, der Schwester, als unangenehm, was eine ungünstige Begattung innerhalb des Kernrudels verhindert. Diese Funktion gibt es beim Menschen nicht, im Gegenteil, die natürliche Bereitschaft zum Inzest ist bei uns sehr hoch, weshalb die Verhinderung auch eines der strengsten Tabus bedarf, das wir kennen, das Inzest-Tabu, denn nur was heiß begehrt ist, muss streng verboten werden! Diese hier wirksamen Pheromone, also Botenstoffe, die innerhalb einer Spezies Informationen übermitteln, sind Chemikalien, die direkten Einfluss auf die Hormone ausüben. Der Begriff selbst ist ein sogenanntes Kofferwort oder Portmanteauwort, das sich aus „phérein“, griechisch für „tragen“ und „Hormon“, griechisch für „erregen“, zusammensetzt. Das Pheromon trägt also das Erregende zur Nase des Verliebten. Der Geruchssinn ist der Sinn mit dem besten Gedächtnis, es ist erstaunlich, wie man sich z.B. an einen Geruch erinnert, den eine Wohnung oder ein Ort wie etwa ein Garten oder ein öffentlicher Platz ausströmt, den man als Kleinkind besucht hat und dann als Erwachsener wieder betritt. Oder auch, wenn man das Glück hat, einen ehemaligen Liebespartner noch einmal in den Arm nehmen zu dürfen, vielleicht 30 Jahre später, so ist man oft verblüfft, wie vertraut einem der Geruch des eigentlich fremdgewordenen Menschen urplötzlich wieder ist! Anders als das Gesehene lässt sich das Gerochene nur schwer in Worte fassen, weil es so wenig vermittelt ist und genau deshalb so lange und genau zu erinnern ist. Das bestimmte Gesehene zu beschreiben kann mit vielen Adjektiven geleistet werden, die Farbe, Größe, Form betreffend. Was kann man zu Gerüchen sagen? Wie beschreibt man den Geruch des heimischen Wohnzimmers, an das man sich bis ins hohe Alter zu erinnern vermag? Man kann nicht sagen es riecht „rot“ oder eine ähnlich konkrete Eigenschaft beschreibend. Selbst wenn man sagt es riecht „sauer“ oder „süßlich“, so sind dies Analogiebildungen aus dem Geschmackssinn und bleiben auch ungenau. Eigentlich verkürzt es sich auf „es riecht gut“ oder „es stinkt“, dies zwar in unzähligen Varianten, die aber im Wiedererkennen klar unterscheidbar sind.

Wenn man nun noch die Gelegenheit hat ganz nahe an den Geliebten, die Geliebte heranzukommen, dann kommen die Nahsinne auch noch ins Spiel. Die Intensität und auch die sexuelle Energie werden mit dieser Annäherung immer größer. Im Kuss nehme ich gustatorisch den Geschmack der Körperflüssigkeiten auf, die ebenso über eine Reihenfolge der Intimität bestimmbar sind. Der Freundschaftskuss auf die Wange oder Stirn nimmt höchstens etwas Schweiß auf, der Lippenkuss ein wenig Speichel, der Zungenkuss schon bedeutend mehr davon und der Intimkuss schließlich als Krönung der Intimität und Sexualität lässt den Partner die Säfte direkt aus den Sexualdrüsen kosten. Geschmacks- und Geruchssinn hängen übrigens zusammen. Das, was wir als den Geschmack wahrnehmen ist immer eine Mischung aus gewonnenen Gerüchen und Geschmackserfahrungen über die Rezeptoren auf der Zunge. Daher haben Menschen, die durch Krankheit oder Unfall den Geruchssinn verlieren in der Regel auch ein stark eingeschränktes Geschmacksempfinden.

Schließlich nehmen die Hände und der ganze restliche eigene Körper sinnlich Besitz vom Partner, wenn alles bis hierher gut gelaufen ist! Der Tastsinn, das Fühlen ist der nächste und vermutlich der intensivste Sinn der Liebe. Die Haut, die Schleimhäute, ja gar das Innere des Liebesobjektes gilt es im Wortsinne zu „begreifen“, sprich anzufassen. Man ist im Wortsinne „intim“, was meint „am weitesten innen“ oder „dem Rand am entferntesten“, der Liebesakt überhaupt, die Liebkosung.

Die sexuelle Attraktivität wird also vermittelt über die fünf Sinne: Sehen – Hören – Riechen – Schmecken – Fühlen, weshalb man offensichtlich oder vermeintlich sexuell aktive Menschen auch als „sinnlich“ bezeichnet. In den

Geisteswissenschaften meint Sinnlichkeit generell die
Empfänglichkeit für Sinnesempfindungen mit den ihnen
zugeordneten Begierden, Trieben und Leidenschaften. Also die
Frage, wie sehr ein Mensch auf sinnliche Reize reagiert, wie stark
sein Lust- und Unlustempfinden ist. Die Sinnlichkeit steht somit
zumindest vordergründig im Gegensatz zur Intellektualität oder
auch zur Spiritualität. Ein sinnlicher Mensch ist in diesem Sinne
das Gegenteil von einem vergeistigten Menschen. Diese
idealisierte Einteilung hält der Überprüfung in der Realität aber
nicht stand und entlarvt sich so als eine Diskreditierung der
Libido durch die christliche Bewertung der Lust als Sünde. Eher
kommt der Sinnlichkeit wie bei Feuerbach eine
emanzipatorische Rolle zu, da sie auch für den vermeintlich
sublimierenden Geistmenschen die eigentliche Motivation ist.
Die leidenschaftliche geistige Arbeit an einem Thema zeigt also
eher eine starke Sinnlichkeit des „Genies", dessen Potenz sich
auf diese transzendente, geistige Ebene erweitern konnte.

Umgangssprachlich ist die Verbindung von Sinnlichkeit mit der
Sexualität anders und ganz einfach. Wenn man von einer
„sinnlichen Frau" spricht, meint man in der Regel eine, die
bereits in ihrer Erscheinung sexuelle Befriedigung verspricht. So
sagt man von Brigitte Bardots Mund, dass er „sinnlich" sei, was
meint, dass er zum Küssen einlädt, aber wie es in ihr aussieht, ist
kein Thema, außer in dem bemerkenswerten Lied über die
Bardot „Where do you go to my Lovely" von Peter Sarstedt. So
werden also auch die Merkmale, die die Sinne ansprechen
„sinnlich" genannt. Da dies der Mode unterliegt, ändern sich
diese Merkmale natürlich. Die Sinnlichkeit im wissenschaftlichen
Sinne von Empfänglichkeit für sinnliche Reize hat mit der
Attraktivität der Person hingegen gar nichts zu tun. So war
Franz Josef Strauß ganz sicher ein sinnlicher Mann, aber ebenso
sicher kaum als Sexsymbol oder attraktives Lust-Objekt zu
betrachten.

Die Menschen neigen dazu, ihre eigene historische Wirklichkeit, also die Umstände und Tatsachen ihrer eigenen Epoche für allgemeingültig zu halten und anzunehmen, dass ihre Beobachtungen immer so waren und immer so bleiben werden. Das ist auch verständlich, da es ja die reale Wirklichkeit ist, in die sie hineingeboren wurden. Aber anders als die Natur, in die Tiere hineingeboren werden, ist die Kultur, in die wir Menschen geworfen werden, nicht statisch, sie verändert sich immer und unablässig. Es gibt keine „natürliche" Umgebung für den Menschen, er macht sich seine Wirklichkeit immer selbst, auch wenn sie dem Einzelnen als ewig und unveränderlich vorkommt. Dies gilt auch für unsere Wahrnehmungen und Gefühle, wir meinen zwar, dass Rot gleich Rot ist, egal ob heute oder vor 10.000 Jahren oder auch in 10.000 Jahren, aber das ist ein Irrtum. Dass alle unsere Sinne – wiederum anders als beim Tier – grundsätzlich nicht angeboren, sondern erlernt und damit geschichtlich sind, ist an vielen Beobachtungen und geschichtlichen Fakten abzulesen, ich will nur ein paar sehr evidente und frappierende anführen.

Uns Mitteleuropäern scheint es eine ewige Naturwahrheit zu sein, dass es bestimmte Farben gibt, die den Regenbogen auszeichnen und die klar definierbar sind. Rot, grün, gelb, blau, violett, ziemlich klar unterscheidbar, wenn man nicht an Farbenblindheit leidet. Aber Pustekuchen, wenn man in noch ursprünglich lebende Gemeinschaften im südlichen Afrika nachfragen geht, dann stellt man fest, dass es dort für grün und blau gar keine zwei Worte gibt. Für die Angehörigen dieser Stämme gibt es keinen Unterschied zu bezeichnen. Das Wort für die Farben ist identisch. Das Gleiche gilt für einige Regionen in Asien und auch in Mittelamerika, wo zum Beispiel in Paraguay das Wort „hovy" in der weit verbreiteten Sprache Guarani sowohl blau als auch grün meint. Die Sprache ist immer ökonomisch und wenn es in einer Kultur nicht von Bedeutung ist, diese Farben zu unterscheiden, dann spart sie sich eben das Wort dafür!

Aber wir müssen gar nicht so weit weg gehen, um zu begreifen, wie kulturell, wie artifiziell jede menschliche Kultur ist, so universell und monolithisch sie auch daher kommen mag. Schon bei unseren Nachbarn im Süden, in Italien und denen im Osten finden wir das umgekehrte Phänomen, da gibt es klare Farbunterscheidungen zwischen hellblau und dunkelblau, die uns Deutschen völlig unbekannt und fremd sind. Also können wir es auch nicht auf eine angebliche Rückständigkeit der Völker oben schieben, dass die eben „noch kein blau" kennen, oder grün? Im Italienischen meint azzurro ein mittleres Himmelblau, wie von Adriano Celentano so wunderbar besungen, aber die deutsche Übersetzung des Liedtextes „denn azzurro heißt blau" ist so einfach nicht richtig, denn ein sattes dunkles Blau heißt im Italienischen „blu". Ebenso ist es im Russischen und Polnischen, wobei ich mir jetzt die kyrillischen Worte verkneife an dieser Stelle. Im Spanischen, vor allem in den lateinamerikanischen Varianten, finden wir eine ähnliche Farbbenennung, wie schließlich auch im Thailändischen. In diesen Sprachen fehlt dann interessanterweise ein eigenes Wort für unser ganz normales Mittelblau, wie es Deutsch- oder Englischsprachige als Grundfarbe wahrnehmen, da muss dann von Fall zu Fall entschieden werden, ob es eher zu hell- oder dunkelblau zu zählen ist.

Sinne sind also zwar scheinbar rein natürlich, in Wahrheit aber erlernt und kulturell festgelegt bzw. geformt. Was und wie wahrgenommen wird, ist zeitbedingt und damit entwickelt. So war es bis vor ein paar Jahren noch ganz klar, dass Aubergine ein Gemüse ist und keine Farbe! Für moderne, modebewusste Frauen ist das längst nicht mehr so, was zeigt, dass sie den Männern in diesem Bereich kulturell voraus sind, denn auch hier gilt, je differenzierter, desto entwickelter. Man kann dieses Phänomen auch bei Messungen der Gehirnaktivität beobachten. Interessanterweise machen beim Sehen die Impulse zum Thalamus, dem Teil des Gehirns, in dem Sinneswahrnehmungen verarbeitet werden, die direkt vom Auge kommen nur etwa ein

Zehntel der Gesamtmenge aus. Die anderen 90 % kommen aus dem Großhirn, sind also bereits vermittelte, durch den Filter des Kulturellen und Erlernten gegangene Eindrücke. Wenn wir also beschreiben „was wir sehen", dann beschreiben wir eigentlich nur für ein Zehntel den unmittelbaren Sinneseindruck, neun Zehntel sind das Ergebnis der Verarbeitung aller Signale im Gehirn. Ein Resultat der Filterung, Sortierung, Bewertung und letztlich der Visualisierung überhaupt, die ein kulturell-historisches Faktum darstellt.

Wir müssen uns klarmachen, dass der ja weltoffen, also ohne Instinkte zur Welt gekommene Mensch, die auf ihn einprasselnden Reize auf eine andere Art filtern muss, um nicht im Chaos der Reizüberflutung zu versinken. Genau diese Funktion übernimmt die erlernte Kultur mit ihren Institutionen, Regeln und Maßstäben, die wir in unserem Bewusstsein tragen und befolgen. Doch mehr davon später, wenn wir uns die ontogenetische Entwicklung eines Menschen ansehen. Hier an dieser Stelle ist festzuhalten, dass die Wahrnehmung auf allen Ebenen kulturell und geschichtlich gesteuert und selektiert ist. Das gilt auch für komplexe Sinneseindrücke, die sich aufgrund von kulturellen Vorbildern oder Maßstäben vollkommen verändern können. So ist es für einen auch nur rudimentär kunstbeflissenen heutigen Menschen unmöglich bei dem Anblick von natürlichen Sonnenblumen nicht an die berühmten Bilder von Vincent van Gogh zu denken, unsere Wahrnehmung folgt automatisch der Betrachtungsweise des genialen Künstlers. Ebenso war es nach dem Riesenerfolg des Hitchcock-Films Psycho mit der Dusche, sie hatte ihre Unschuld verloren! Besonders Frauen konnten keine Brausetasse, vor allem in Hotels, mehr ohne Ängste betreten, die Badewanne kam kurzzeitig wieder in Mode.

Die beschriebenen Reaktionen des Verliebtseins sind in ihrer Verbindung mit den Sinnen – für menschliches Verhalten – sehr nah am tierischen Reiz-Reaktions-Schema angesiedelt. Welcher

Reiz beim Anblick auf den Verliebten wirkt, entscheidet sich durch sehr frühe Erfahrungen, die so etwas wie eine Prägung beim Menschen darstellen. Die angenehmen Erfahrungen mit den ersten Bezugspersonen wie Mutter, Vater und Geschwister, werden auf den Fremden übertragen, es findet eine „Übertragung" statt, wie es in der Psychoanalyse heißt. Dem neuen Geliebten werden so alle geliebten Eigenschaften der prägenden Personen zugewiesen, da hat er leichtes Spiel! Er muss gar nicht in der Realität zeigen, ob er tatsächlich all die guten und geliebten Eigenschaften des ursprünglichen Musters besitzt, deren Tugenden auf ihn projiziert und übertragen sind, das haben die Eltern schon getan. Natürlich ist diese Prägung nicht so radikal und leicht zu beobachten wie bei Gänsen oder anderen bodenbrütenden Vögeln. Für solch ein kleines Küken ist es für das Überleben elementar, dass es sich immer in der Nähe der Mutter aufhält, um bei Gefahr schnell die richtigen Fluchtwege einschlagen zu können. Also hat es die Natur so eingerichtet, dass das erste Lebewesen oder auch nur ein bewegtes Objekt, das dem aus dem Ei schlüpfenden Gänsebaby ins Gesichtsfeld gerät, als „Mutter" angesehen wird. Das Küken ist „geprägt" auf dieses Individuum und folgt ihm auf Schritt und Tritt. Wohlgemerkt, das ist nicht „angeboren", sondern durchaus erlernt, allerdings irreversibel erlernt, in einer ganz speziellen, frühen Entwicklungsphase, die man die „sensible Phase" nennt. Eine Freundin von mir hatte eine Gans als Haustier, die durch ihre Anwesenheit nach dem Schlüpfen aus dem Ei auf diese Freundin geprägt war. Man kann sich kein anhänglicheres und dankbareres Haustier vorstellen, da kommt kein Hund mit.

Lernen durch Prägung bei Tieren ist etwas anderes ist als die bekannte Konditionierung; Belohnung oder Bestrafung spielen dabei keinerlei Rolle. Da sie nur in einer ganz bestimmten Zeitspanne stattfinden kann, eben in der sensiblen Phase, ist sie auch nicht mehr später nachholbar, wenn es verpasst wurde, ist es einfach vorbei mit diesem Verhalten, das es zu erlernen galt.

Die in dieser Prägung erworbenen Schlüsselreize bleiben dann auch ein ganzes Leben lang die bevorzugten Reize, auf die das Tier anspringt. Die Prägung kann auch bereits deutlich vor der Zeit stattfinden, in der das erlernte Verhalten überhaupt relevant wird. So findet die sexuelle Prägung meist weit vor der eigentlichen Geschlechtsreife statt.

Das Prinzip des Fortschritts, auch in der belebten Natur, also des Feldes der Biologie, ist entgegen der Schulmeinung nicht in erster Linie die darwinsche Selektion, sondern die mendelsche regelmäßige Mutation als genetische Variabilität. Also in Darwins Formel „Mutation plus Selektion erzeugt Evolution" ist das Augenmerk auf die Mutation zu richten, die als Grundlage der gesamten Genetik anzusehen ist, nicht die Selektion. Das Prinzip „Survival of the fittest" mit all seinen Folgen in Ideologie und faschistischer Verzerrung fußt am Ende in Wahrheit darauf, dass dauernd Variationen entstehen. Der Schlüssel zum Überleben ist die Differenzierung, die Vielfalt und der Variantenreichtum, nicht das Aussterben und die Selektion. Ginge es um die reine Fitness, zum Beispiel im Hinblick auf Widerstandsfähigkeit und Anpassung, dann hätte die Evolution längst ihr Ziel erreicht und zwar schon bei bestimmten Bakterien, die es seit Millionen von Jahren gibt, die im Eis wie in Vulkanen überleben können und die es auch noch geben wird, wenn der Homo Sapiens längst von der Erde verschwunden sein wird. Wozu also dieser Umweg, wenn es nur ums Überleben und Fortpflanzen geht? Da gibt es längst fittere Individuen als den Menschen! Es geht eben auch in der natürlichen Evolution nicht in erster Linie um einfache Existenz, um Quantität, sondern um Vielfalt, Freiheit und Qualität!

Die Brautwerbung, das ganze Gebalze und die Brunft scheinen am Ende weniger einen biologischen als einen soziologischen Grund zu haben, nämlich die Hierarchie in der komplexen Gruppe festzulegen. Die tatsächliche Fortpflanzung findet folgerichtig auch überraschend häufig am Rande des

Geschehens statt, wenn junge Männchen in aller Stille die Weibchen behüpfen, ohne dass der Platzhirsch, der sich auf dem Balzplatz fast zu Tode prügelt, um das zu bleiben, irgendetwas ahnt oder mitbekommt. Wichtig ist am Ende für den allgemeinen Gruppenfrieden nur, dass er meint, dass er der Vater aller Nachkommen sei und die Gruppe durch das nächste Jahr führt. Die genetische Gesundheit des Rudels hingegen erfreut sich an dem „lachenden Dritten", der für die so wichtige Differenzierung und Genstreuung gesorgt hat.

Mit dieser Überlegung können wir uns auch der wesentlichen Frage zur Verliebtheit zuwenden: welche Funktion hat nun diese seltsame Verwirrung des Geistes, die anscheinend auch die vernünftigsten Menschen auf einmal und so plötzlich treffen kann? Nun, stellen wir uns die ersten nomadisch lebenden Menschen vor, wie sie in kleinen Gruppen durch – vor allem nach der Toba-Katastrophe – dünn besiedelte Gebiete ziehen. Begegnungen mit fremden Menschen sind selten, eher kurz und immer begleitet von einer gehörigen Portion Furcht und Misstrauen. Allerdings stellen diese seltenen Begegnungen auch die einzige Gelegenheit dar, um den genetischen Pool der nomadisierenden Kleingruppe zu erweitern. Blieben die Gruppen immer isoliert, bei einer anzunehmenden Größe jeder Gemeinschaft von unter 100 Menschen, dann ist es nur eine Frage von wenigen Generationen, bis man genetischen Drift annehmen müsste und die bekannten unangenehmen Folgen von Inzest bei hochentwickelten Säugetieren beobachten könnte.

Der einfache Mensch der Steinzeit macht sich aber natürlich noch keine wissenschaftlich begründeten Sorgen um die genetische Gesundheit seiner Gruppe, eventuell weiß er gar nicht um den Zusammenhang von Geschlechtsverkehr und Nachkommenschaft. Es bedarf also eines Grundes, einer Motivation, um die ohne Frage fast immer bestehenden Risiken einer spontanen Genauffrischung einzugehen und sich mit einem Exemplar der fremden Gruppe zu paaren. Damals wie heute gibt es in den meisten Situationen unzählig viele gute Gründe, sich nicht fortzupflanzen. Eine Sippe auf Wanderschaft, ohne feste und sichere Heimat, vielleicht von Hunger bedroht und unsicher, wohin es sie verschlägt. Da macht eine Schwangerschaft die Zukunft nicht gerade rosiger! Da wäre es objektiv gesehen vielleicht schlauer, die Knie bis zu sichereren Zeiten zusammenzuhalten. Das wäre die richtige Entscheidung nach der Logik der Selektion, dem Überlebenskampf der Fittesten. Aber die Natur tickt anders! Da gibt es diesen Affekt, der einen beim Anblick des Fremden über Berge klettern lässt, durch Ozeane schwimmen lässt und überhaupt jedes Risiko einzugehen bereit sein lässt, das man sich nur denken kann. Selbst der Tod verliert seinen Schrecken und jedes Opfer wird in Kauf genommen, um mit dem geliebten Objekt vereint zu sein. Das aggressive Potential dieses Begehrens ist leicht zu erkennen, im Zweifel würde vermutlich sogar das Wohl der eigenen Gruppe aufs Spiel gesetzt, nur um die vielleicht wenige Minuten währenden Momente des sexuellen Glücks erleben zu dürfen. Die Sagen und Geschichten sind voll von Beispielen für diese Kraft der Liebe, respektive der Verliebtheit. Und warum? Um Variationen hervorzubringen, um notwendige Differenzierung in die Familiengeschichte zu bringen, um gefährliche Stagnation zu vermeiden. Eben nicht das rassistische „Reinhalten" des eigenen Blutes, nein, konsequente Mischung und Diversifikation ist das Erfolgsrezept der Natur. In der Biologie kennen wir einige Fälle, an denen man sehen kann, dass der große Trick in der Abweichung, der Mutation steckt und nicht in der Auslese.

Da wäre als Beispiel der Birkenspanner, ein sehr schöner Nachtfalter, der per Mimikry perfekt an sein Habitat, den Birkenwald – angepasst ist. Wie die Rinde seines Wohnortes Birke ist er weiß-schwarz gescheckt, womit er unsichtbar mit dem Untergrund verschmilzt, so dass ihn seine Fressfeinde, vor allem Vögel, nicht erkennen können. So überleben jedes Jahr genug Birkenspanner, um die nächste Generationsfolge sicherstellen zu können. Auffallend ist nun, dass in jeder Generation ein bestimmter Anteil der Nachkommen nicht mit dieser perfekten Farbanpassung geboren wird. Statt der schützenden weißen Grundfärbung haben diese mutierten Falter eine schwarze bzw. dunkle Farbe. Auf der weißen Birkenrinde sticht dieses Insekt natürlich kontrastreich ab und wird jedes Jahr zur ersten leichten Beute der Vögel vor Ort. Nach dem Selektionsprinzip sollte diese Variante also sehr schnell verschwinden, da sie sich nicht weiter fortpflanzen kann, da sie nicht die „fitteste" Variante ist. Aber dem ist nicht so, jede Generation erschafft spontan einen neuen konstanten Prozentsatz dieser scheinbar sinnlosen Mutation. Den natürlichen Zweck dieser Anpassung erkennt man erst, wenn der Wald des Birkenspanners einmal Opfer eines Brandes wurde. Birken halten kleine Waldbrände ganz gut aus, aber verlieren natürlich für diese Feuer-Saison ihre schöne weiße Rinde, die vom Ruß bedeckt und verbrannt nun plötzlich schwarz ist. Jetzt stellt sich die Mimikry-Situation völlig anders dar, die weißen, „normalen" Birkenspanner sitzen auf dem Serviertablett, während die dunklen unsichtbar werden! Auch wenn so etwas vielleicht nur alle 10 Jahre vorkommt, so sichern doch die schwarzen Exemplare damit das Überleben der Spezies in diesem Ausnahmefall. Denn wenn alle Birkenspanner ohne Ausnahme weiß wären, würden sie vermutlich im ersten Waldbrandjahr tatsächlich vollständig ausgerottet, weil vor der Geschlechtsreife aufgefressen. Die Letzten werden die Ersten sein! Die Versager der normalen Jahre sind die wahren Helden der besonderen Zeiten.

Diese Phänomene gibt es aber nicht nur bei Insekten, sondern auch bei den Menschen. Zwei bekannte und interessante Beispiele möchte ich kurz vorstellen, um ein kritisches Bewusstsein anzuregen, ob unsere Sucht nach genetischer Perfektion, nach Ausrottung von Erbkrankheiten und sogenannten „Anomalien" nicht eine Form von biologischem Rassismus ist, die unsere Menschheit einst in eine Sackgasse

führen könnte. Da ist zum Einen eine recht bekannte
Erbkrankheit, die Sichelzellenanämie. Eine Genmutation, die
dazu führt, dass die roten Blutkörperchen verklumpen und sich
Thromben oder Entzündungen bilden, mit einer Blutarmut, die
häufig auch tödlich verlaufen kann. Befallen sind vor allem
dunkelhäutige Menschen aus der Subsahara, also dem südlichen
Teil des afrikanischen Kontinents. Besonders zahlreich leben
Menschen mit dieser Erkrankung in den schlimmsten Malaria-
Gebieten, was kein Zufall ist. Denn Personen, die an
Sichelzellenanämie leiden, sind immun selbst gegen die
schwersten Formen von Malaria!

Noch spektakulärer und frappierender ist das Beispiel des
sogenannten Laron-Syndroms, einer sehr seltenen Genmutation,
die unter anderem zu Kleinwuchs führt. Weltweit sind nur etwa
200 bis 300 Fälle bekannt. Durch die geografische Isolation und
den daraus folgenden Inzest begünstigt, gibt es in Ecuador ein
Dorf, in dem davon an die 100 Patienten, also fast die Hälfte
aller Betroffenen, leben. Der Kleinwuchs und die oft
deformierten Gesichter gehören dort zum normalen Straßenbild.
Das Erstaunliche an diesen Menschen ist nun, dass sie zwar
häufig an Entzündungen leiden, fast alle adipös sind und eine
verspätete Pubertätsentwicklung zeigen, aber sozusagen im
Gegenzug anscheinend niemals an Krebs, Diabetes, Akne und
diversen anderen Alterserscheinungen leiden!

Wir sehen, dass es das Ziel auch der menschlichen Biologie ist,
die Vielfalt zu erschaffen, die dann flexibel auf jede Veränderung
oder Katastrophe eine Antwort in Form einer Variante parat hat.
Die Ausmerzung von „Andersartigkeit“ und die Etablierung von
Designerbabys, die bestimmten Normen entsprechen, führen zu
einer gefährlichen Standardisierung, die im Extremfall das Ende
aller Menschen bedeuten könnte. Würden die Birkenspanner
ihre dunklen Nachkommen pränatal „entsorgen“, um sie vor
dem schrecklichen Schicksal des Gefressenwerdens zu
bewahren, wie wir Menschen es mit einigen „Behinderten“

vorhaben, ihre gesamte Population wäre nach dem nächsten Waldbrand Geschichte. Das Mittel in der Triebstruktur des Menschen, um diese notwendige Vielfalt zu sichern, ist eben genau das spontane Verlieben, das selbst in den schlimmsten Zeiten nicht auszurotten ist und vermutlich den Bestand der Gattung schon mehr als einmal gerettet hat.

Die heftigste Form dieser Verliebtheit nennt man „Limerenz", ein Zustand nahe an der Besessenheit, bei der man dauernd an die geliebte Person denkt, wegen der Angst vor Zurückweisung leidet wie ein getretenes Tier, voller Sehnsucht auf die Erwiderung der Gefühle hofft und alle schlechten Eigenschaften der geliebten Person völlig ausblendet. Die Liebe, die blind macht, zumindest für alles Negative! Denn ausgelöst wird auch diese extreme Form der leidenschaftlichen Liebe, wie oben bereits erläutert, durch die Sinne, vor allem den Gesichtssinn und den Geruchssinn. Dieser Sturm von Affekt und Gefühl ist nicht auf Dauer angelegt, er hat genau die Funktion, die es braucht, um aus einer zufälligen Begegnung eine gelungene Befruchtung zu machen. Sehr wichtig in Zeiten geringer Bevölkerungsdichte, jede Chance auf Blutauffrischung muss genutzt werden. Man sieht sich, verliebt sich, verzieht sich in die Büsche und die Gruppen ziehen weiter, ein prähistorischer One-Night-Stand! Wenn man nun noch bedenkt, dass es ja beileibe nicht so ist, dass der Zusammenhang von Geschlechtsverkehr und Geburt von Beginn an evident ist, können wir uns vielleicht vorstellen, warum dieser Affekt so stark sein muss. Es macht einfach Spaß, deshalb wird es gemacht, auch wenn die Zeiten gegen ein solches Vergnügen sprechen sollten. Es ist auf jeden Fall sicher, dass die frühen Menschen nicht wussten, dass die Geburt eines neuen Menschen das Ergebnis eines neun Monate zurückliegenden Vergnügens ist. Obwohl es also der biologische Zweck der Limerenz ist, Nachkommen aus einem möglichst fremden Genpool zu erzeugen, ist dies nicht das subjektive Motiv der sexuellen Verbindung. Dies sind die pure Lust, die sexuelle Attraktion, der spielerische Eros, die Liebe, die nicht an die Zukunft und die Folgen denkt, der reine Spaß an der Freude! Und da dieses Gefühl auch nicht ewig anhält, macht es auch nichts weiter, wenn es mal nicht funktionieren sollte. Unter den oben beschriebenen Bedingungen wird man den oder die Geliebte(n) vermutlich nie wieder sehen und nach etwa sechs Wochen ist der „Anfall" vorbei, so oder so.

Wie wichtig der Natur dieser Vorgang ist, zeigt der sogenannte Coolidge-Effekt. Benannt wurde dieses Phänomen nach dem 30. amerikanischen Präsidenten Calvin Coolidge und bezeichnet die Tatsache, dass die sexuelle Aktivität und Lust bei wechselnden Geschlechtspartnern auf höherem Niveau bleibt, als wenn stets der gleiche Partner zur Verfügung steht. Ja, es ist sogar so, dass bei abwechslungsreichem Sexualverhalten die Qualität des Spermas sich verbessert. Die Benennung dieses Effektes beruht auf einer Anekdote, die über diesen Präsidenten kolportiert wird. Bei einem Besuch mit seiner Ehefrau auf einer Musterfarm für Hühnerzucht wurde dem Politikerpaar stolz ein Hahn vorgestellt, der es auf bis zu zwölf Paarungsakte am Tag brachte. Mrs. Coolidge soll darauf gesagt haben „Sagen Sie das meinem Mann!" Worauf dieser nachhakte „Jedes Mal die selbe Henne?" und die Antwort erhielt „Nein, jedes Mal eine andere." Was Calvin Coolidge zu der abschließenden Bemerkung veranlasste „Sagen Sie das meiner Frau!".

Nun gibt es dieses Phänomen der Verliebtheit aber bis heute und die Bedingungen haben sich geändert. In einer urbanen oder gar global vernetzten Umgebung sieht der Fall ganz anders aus. Da kann man dem Objekt der Begierde immer wieder begegnen, wenn man es will und als Verliebter will man! Inzwischen ist zwar der Zusammenhang von Geschlechtsverkehr und Fortpflanzung hinlänglich bekannt, aber dafür existieren auch Möglichkeiten der Empfängnisverhütung, die diese natürliche Allianz zu relativieren hilft. Unter diesen Bedingungen nun kann die Limerenz zum Fatum werden. Normalerweise verschwindet die Verliebtheit aus drei Gründen, erstens, wenn der biologische

Zweck des Affektes erfüllt ist, sprich wenn eine Schwangerschaft eintritt. Wir kennen die Berichte von frustrierten Männern, die nach der Geburt des Nachwuchses von der Frau nicht mehr genug beachtet werden. Oder zweitens, wenn die Gruppen sich trennen und die Geliebten sich aus den Augen verlieren. Und schließlich drittens, wenn die Partner meinen, sie müssten eine langfristige Beziehung eingehen, was in der Regel nicht funktioniert, weil ihre spezielle Anziehung auf kurzlebigen Affekten beruht und nicht auf langfristigen Ähnlichkeiten oder Verbindungen. Dieser Fall kennt dann nur zwei Ausgänge, der wahrscheinlichere, dass nach dem Abflauen der Limerenz die beiden sich so auf die Nerven gehen, dass einer geht, oder sie schaffen es eine freundschaftliche Beziehung jenseits des Verliebtseins aufzubauen, was aber, wie wir noch sehen werden, harte Arbeit ist und daher eher selten funktioniert.

Oft liegt hier der Ursprung von sogenannten On-Off-Beziehungen. Das sind die Paare, die jeder im Freundeskreis hat. Selbst der größte Idiot sieht auf den ersten Blick, dass die beiden nicht zueinander passen, außer den beiden selber. Regelmäßig streiten sie sich wie die Kesselflicker, trennen sich womöglich im Monatstakt, aber immer wieder gibt es nach einer Zeit Versöhnungssex und die Beteuerung, dass sich beim nächsten Versuch alles ändert, was natürlich nie passiert! Die Hormone übernehmen hier die Kontrolle, vermutlich könnte man bei genauer Beobachtung eine Synchronität der Beziehung zu den Hormonzyklen des ungleichen Paares feststellen. Eine klassische amour fou, eine obsessive Beziehung, die niemanden glücklich macht, weil sie eine temporär gedachte Affäre versucht langfristig zu institutionalisieren.

Dieser ganze Komplex der unmittelbaren sexuellen Anziehung zum Zwecke der spielerischen Sexualkontakte zur Auffrischung des Genpools der Gruppe ist, wie man sieht, sehr nah am tierischen Verhalten. Die Beobachtungen, die man hier als bürgerlicher Sozialpsychologe macht, führen bei oberflächlicher

Betrachtung zu Behaviorismus. Man kann also auf die Idee kommen, dass verliebte Menschen, vor allem Männer, dem einfachen Reiz-Reaktions-Schema folgen in ihrem Verhalten. Ich gebe zu, dass auch ich Männer kenne, für die der Behaviorismus auszureichen scheint, um ihr gesamtes Verhalten zu erklären. Da geht es wie beim Säugetier in der Brunft zu, es gibt Territorialverhalten in dessen Folge Reviere eifersüchtig verteidigt werden. Bei längerem Aufschub kommt es zu Appetenzverhalten, also zur „notgeilen" Suche nach Sexualpartnern, die dem bis zum Tode geführten Balzverhalten der Tiere in nichts nachsteht! Der Trieb scheint unmittelbar und ohne jede kognitive Kontrolle wirksam, so dass man Schopenhauer versteht, der genau hier den puren „Willen zum Leben" am Werke sieht, dem der gewöhnliche Mensch ohnmächtig zu gehorchen hat. Modern bezeichnet man dieses in der Regel männliche Verhalten „schwanzgesteuert", also unter Ausschaltung des Gehirns.

Dennoch gibt es entscheidende Unterschiede zum Instinkt. Zunächst einmal ist es auch beim „reinen" Sex so, dass es sich um menschliche Arbeit im Sinne von teleologischer bewusster Tätigkeit handelt. Das Ziel wird vor dem Akt antizipiert, die Partner stellen sich vor, was sie miteinander anstellen und wie sie es umsetzen können, dabei kann durchaus viel Kreativität im Spiel sein. Vom Kamasutra hat jeder schon gehört, vor allem weil dieses Buch eine Sammlung von möglichen Stellungen beim Geschlechtsverkehr enthält. Aber auch die Araber und sogar unser prüder Protestantismus hat mit Friedrich Karl Forsbergs Schrift „De Figuris Veneris" ein in Latein verfasstes Handbuch der klassischen Erotologie geschaffen, das in seiner Gesamtheit die Vielfalt sexuellen Verhaltens realistisch beschreibt. Unüberschaubar ist die Anzahl der möglichen Stellungen beim Liebesakt, so dass dieser schöne Witz darüber entstehen konnte:

„Wie viele Liebesstellungen gibt es genau?" „Die genaue Anzahl konnte bis heute nicht ermittelt werden. Es ist jedoch ein

Streitgespräch zwischen einem Araber und einem Inder
überliefert. Der Inder behauptete, 433 Stellungen zu kennen, der
Araber sprach lediglich von 432 bekannten Stellungen. Nach
langem Hin- und Her entschied man sich, alle Stellungen
aufzuzählen. Der Inder fing an: „Die Frau liegt unten, der Mann
liegt oben, Missionarsstellung".... „Richtig", sagte der Araber, „es
sind tatsächlich 433 Stellungen!"" Beim Tier hingegen sieht jeder
einzelne Akt in allen Generationen in der Regel immer gleich
aus. Lediglich wieder einmal die Bonobos, die uns tatsächlich
ziemlich nahe zu stehen scheinen, haben durch die
hervorragende soziale Funktion der Sexualität in ihrer
Gemeinschaft eine kleine Variation von Stellungen entwickelt.
Sie sind auch die einzigen Tiere, die sich gelegentlich beim
Liebesspiel in die Augen schauen, also nicht ausschließlich a
tergo miteinander verkehren.

Darüber hinaus sprechen selbst reine hwG-Partner (häufig
wechselnder Geschlechtsverkehr) in der Regel vor, während und
nach dem Akt miteinander, was dann doch eine zumindest
rudimentäre Beteiligung des Großhirns vermuten lässt, egal wie
promisk man auch unterwegs ist. Schließlich unterliegt diese
Welt des sexuellen Reizes und der Attraktivität der Mode und
damit der Geschichte. Sexuell anregend sind heute andere
Attribute als vor 50 Jahren und in 50 Jahren werden es wieder
andere sein. Das heißt, zumindest verändern sich die
Schlüsselreize, selbst beim größten Hurenbock, was bei Tieren
nicht so ist. Eine Löwin aus dem Mittelalter würde auf die
gleiche dicke Mähne abfahren, wie eine von heute. Während eine
Rubensschönheit heute allgemein als Moppel abklassifiziert
würde, umgekehrt ein heutiges Supermodell in früheren
Jahrhunderten vermutlich erst einmal mitleidig gefüttert worden
wäre, bevor sie zum Lustobjekt getaugt hätte. Dass diese Moden
in der Regel ökonomische Wurzeln haben, sollte inzwischen
bekannt sein. In kargen Zeiten ist es natürlich ein Zeichen von
Reichtum, wenn man sich einen kleinen Wanst zulegen kann.
Heutzutage hingegen zeigt ein schlanker, durchtrainierter

Körper, dass man das Geld hat, sich die teuren
Diätnahrungsmittel zu kaufen und vielleicht sogar einen
Personal-Trainer zu beschäftigen, der einer Frau vor allem nach
einer Geburt in kürzester Zeit wieder die Bikinifigur anfoltert.
Die IT-Girls treten ja in einen enormen Wettbewerb, wer kürzer
nach der Geburt wieder ein Sixpack zeigen kann. Ebenso ist es
beim Teint, dass die Preisschilder der Epoche darüber
bestimmen, was schön und begehrenswert ist. Früher war klar,
wer gebräunt war, musste im Freien arbeiten, war also Bauer,
Handwerker oder Vagabund, die Dame der besseren
Gesellschaft ließ keinen Sonnenstrahl an ihr Gesicht, damit ihr
die „vornehme Blässe" nicht abhandenkam. Heute zeigt jeder
am besten nahtlose Bräune, als Beweis, dass man sich lange
Aufenthalte im Süden leisten kann und damit, dass man eine
solvente Person ist, was mehr zählt in unseren Zeiten als alles
andere. Doch kommen wir nun vom „Verliebtsein" zur
„Brutpflege".

Genealogie

Soweit hat es also die Natur mit dem Konzept der Limerenz und
der sexuellen Anziehung des Verliebtseins geschafft, dass ein
neues Menschenkind auf den Weg in die Welt gebracht wurde.
Jetzt gilt es aber auch noch, dafür zu sorgen, dass dieses ja doch
auch lästige Teil nicht gleich von der Gruppe wieder entsorgt
wird! Auf biologischer Ebene gibt es zwei Mechanismen, die
dabei helfen sollen. Zum Ersten ist da ein Hormon mit dem
Namen Oxytocin, was übersetzt in etwa „leichte Geburt"
bedeutet. Es wirkt zunächst hormonell, aber auch als
Neurotransmitter, so dass der Stoff von zentraler Bedeutung
beim Geburtsvorgang ist. Oxytocin bewirkt eine Kontraktion
der Gebärmuttermuskulatur, was beim Auslösen der Wehen
entscheidend ist, weshalb es auch Bestandteil des sogenannten
„Wehentropfes" ist, der in Kliniken bei der künstlichen
Einleitung der Wehen eingesetzt wird. Nach der Geburt bleibt
das Hormon aktiv und stimuliert die sogenannten

myoepithelialen Zellen in der Milchdrüse, was zu einer
verbesserten Milchejektion führt. Doch damit nicht genug, um
den Geburtsvorgang und die ganze Aufregung drum herum
besser zu überstehen, wird noch gleich der Blutdruck gesenkt,
der Kortisolspiegel, verantwortlich für das Stressempfinden,
reduziert und eine sedierende, also beruhigende Wirkung auf die
frischgebackene Mutter ausgeübt. Da es zudem die Wundheilung
beschleunigt, hilft es auch noch bei einem möglichen Dammriss
oder anderen potentiellen Geburtsverletzungen. Also sozusagen
das „Rund-Um-Sorglos-Paket“ der Biologie für die menschliche
Geburt. Neben diesen bis heute erfreulichen Begleitumständen
führt Oxytocin aber auch zur Gewichtszunahme bei der Mutter,
was in einer natürlichen Umgebung auf jeden Fall
wünschenswert ist, in modernen Zeiten der bulemischen
Modediktatur, wo Modeschöpfer bestimmen, wie eine Frau
auszusehen hat, die sie selber nicht begehren, nicht mehr gewollt
erscheint. Damit die frisch gebackene Mutter zur besseren
Brutpflege dafür sorgt, dass der Mann an ihrer Seite bleibt, hat
der Stoff noch Einfluss auf die Partnerwahl, es senkt die
Bereitschaft für neue Bindungen deutlich, also sozusagen der
negative Coolidge-Effekt! Da es auch die Lust unter Umständen
steigert, kann es helfen, den Mann bei der Stange zu halten, im
wahrsten Sinne des Wortes. Als letzte Wirkung hat Oxytocin
noch Einfluss auf die defensive Aggression, also auf den Impuls
den Säugling zu beschützen. Der alte Spruch „da werden Weiber
zu Hyänen“, wenn jemand ihrem Neugeborenen zu schaden
droht, hat hier seinen biologischen Ursprung. Diese vermehrte
Aggression führt zudem zu vermehrtem Auftreten von Neid und
Schadenfreude, was dann die Beobachtung der „Zickigkeit“ von
jungen Müttern zumindest zum Teil erklären hilft. Insgesamt ein
mächtiger Stoff dieses Oxytocin, das sogar die positive und
luststeigernd empfundene Wirkung von MDMA, also Ecstasy,
erklärt, da der Genuss dieser Droge die Ausschüttung genau
dieses Hormons anregt. Es geht allerdings auch ganz ohne
Drogen, denn es ist nachgewiesen, dass jede als angenehm
empfundene körperliche Berührung Oxytocin freisetzt. Also eine

Stunde Kuscheln und Streicheln verschafft einem all die
aufgezählten positiven Effekte, die ja nicht nur bei Geburten
erstrebenswert sind!

Das zweite von der Natur bereitgestellte Hilfsmittel zur
Sicherung des Überlebens des Nachwuchses ist das sogenannte
Kindchenschema oder die Kindchenappelle. Damit gemeint ist
die Tatsache, dass kleine Kinder oder auch andere Wirbeltiere,
bis hinab zu Dinosaurierbabys, gewisse körperliche Attribute
besitzen, die bei älteren, adulten Tieren ein ganz bestimmtes
Verhalten provozieren. Wir alle kennen diese Schlüsselreize, die
fast universell zu funktionieren scheinen und die Babys, sowie
andere Lebewesen, die diesem Schema entsprechen, so süß
erscheinen lässt, dass man sie spontan in den Arm nehmen
möchte. Das erste Element ist die Proportion des Kopfes im
Verhältnis zum Körper. Bei Neugeborenen und Säuglingen ist
der Schädel fast absurd groß. Die Stirn ist hoch und nimmt eine
viel größere Fläche des Gesichts ein als später beim
Erwachsenen. Damit liegen die eigentlichen Gesichtsmerkmale,
also Augen, Nase und Mund, tief, was das Kinn sehr klein
erscheinen lässt im Normalfall. Das Gesicht ist rund, wie ein
Mondgesicht, die Augen sind relativ gesehen sehr groß und
ebenfalls rund. Die Nase sollte klein sein und die Haut weich
aussehen. Der Mund muss entweder lächeln, was generell ein
starker Schlüsselreiz für Menschen ist, oder er muss klein sein
und wie zum Säugen halb geöffnet erscheinen. So ist der
berühmte Kussmund oder Schmollmund, wie ihn zum Beispiel
die Bardot als Sexsymbol in Perfektion dargeboten hat, in
Wahrheit ein „Säugemund". Die Extremitäten hingegen, also
Arme und Beine, sind in dieser frühen Lebensphase noch
verkürzt im Verhältnis zum Rumpf.

Diese Vorliebe für bestimmte Schlüsselreize führt in einigen
Bereichen außerhalb der direkten Brutpflege zu weitreichenden
Moden und Trends, bis hin zu Exzessen. Bei der Frauenmode ist
in fast allen Kulturen zu sehen, dass die Frisur benutzt wird, um

den Kopf optisch zu vergrößern, um vermeintlich die Attraktivität zu steigern oder eben zumindest den Beschützerimpuls des Mannes zu bedienen. Die absurd aufgetürmten Frisuren in Barock und Rokoko geben davon Zeugnis ab, aber auch in der Moderne ist dieses Signal nicht totzukriegen. Die toupierten Haare der 50-er Jahre, die Fönfrisuren der 80-er Jahre, das Haarmonster auf dem Kopf von Amy Winehouse usw. usw., es ist kein Ende in Sicht. Beim Schminken der Augen wird man (bzw. frau) niemals auf die Idee kommen, die Augen kleiner wirken zu lassen, nein, es geht darum möglichst große Augen darzustellen, indem man die Ränder mit dunklem Kajal unterstreicht und Lidschatten aufträgt.

Für Tiere und deren Ruf beim Menschen scheint es so zu sein, dass es sehr stark von der Erfüllung von Kindchenschemata abhängt, ob eine Spezies beliebt ist und demnach geschützt wird, oder eher nicht. Nehmen wir den ach so beliebten Delphin, er besitzt eine für Meeresbewohner extrem hohe Stirn und einen wahrnehmbaren großen Schädel, dazu noch ein eingestanztes Dauergrinsen als normale Maulform, eine glatt aussehende Haut, schon haben wir unseren besten Freund, den Flipper! Ein anderes Raubtier der Meere, denn Raubtiere sind unsere Delphine ja, hat nicht dieses Glück: der Hai. Mit seinem stromlinienförmigen Kopf, der gar keine Stirn hat und auch keine großartige Wölbung aufweist, um perfekt an das Medium Wasser angepasst zu sein, gilt er allgemein als Monster und ist eher unbeliebt. Da helfen auch die großen Augen nicht, die wegen ihrer Unbeweglichkeit und dem fehlenden Lid sogar noch mal bedrohlicher wirken. Objektiv ist der Delphin nach neuestem Stand der Forschung weder intelligenter als der Hai noch faszinierender, aber das ändert wenig am Imageunterschied zwischen den beiden. Und der Oktopus hat nicht einmal ein richtiges Gesicht, was dazu führte, dass erst heute erkannt wird, wie außergewöhnlich intelligent diese Geschöpfe sind.

Oder der große Panda, was für eine abstruse Liebesgeschichte!
Ein so einseitig spezialisiertes Tier, dass es vermutlich ohne die
großen Bemühungen der Menschen längst ausgestorben wäre.
Er frisst fast nur Bambus, was seinen Lebensraum schon mal
extrem einschränkt. Als Pflanzenfresser muss er Unmengen
vertilgen, um seinen Stoffwechsel am Laufen zu halten, so dass
er bis zu 16 Stunden am Tag nur mit der Nahrungsaufnahme
beschäftigt ist, sehr interessant! Seine Bewegungen sind
ungeschickt und linkisch, so dass er eigentlich als der Dorftrottel
der Fauna gelten müsste. Aber nein, die ganzen
Kindchenappelle, die er aussendet, haben ihm eine andere Rolle
zugewiesen. Der Kopf ist deutlich größer als bei normalen Bären
= Kindchenschema. Die schwarzweiße Fellzeichnung
unterstreicht die runde Form des Gesichtes noch =
Kindchenschema. Die schwarze Umrandung der Augen lässt
diese riesengroß erscheinen = Kindchenschema. Die dicken
Beine, auf denen der runde mollige Körper sitzt sind erstaunlich
kurz und machen einen wiegenden Gang = Kindchenschema.
Es sei ihnen gegönnt, dass sie wegen so primitiver Signale derart
beliebt sind und zum Symbol für Tierschutz und Umweltschutz
überhaupt herhalten müssen. Sie können ja nichts dazu, dass sie
so süß sind, aber objektiv gesehen, gibt es deutlich interessantere
Tiere, die es zu feiern gälte.

Dass andere Lebewesen dem Kindchenschema entsprechen, ist
dann aber auch manchmal der Mensch schuld, wie bei vielen
Haustieren. Hunde- und Katzenrassen werden von skrupellosen
Züchtern gezielt mit Schädeldeformationen gezüchtet, mit dem
Ziel beim potentiellen Käufer den Brutpflegeinstinkt
anzusprechen und ihn damit zum Kauf zu animieren. In der
Veterinärmedizin wird dafür der Begriff Brachycephalie
gebraucht. Der Schädel soll kurz und breit sein, die Augen am
besten hervortreten, um größer zu wirken und die Nase sollte so
klein wie möglich sein, um zu gefallen. Wir kennen diese Rassen,
die immer etwas von einem Welpen behalten, auch wenn sie
eigentlich bereits adult sind. Die Rassen Mops, Chihuahua,

Bulldogge, Pekinese, Zwergpinscher und einige weitere kennen wir bei den Hunden. Bei Katzen vor allem die Perser und Britisch Kurzhaar, die diesen verfehlten Zuchtzielen ausgesetzt sind oder waren. Der Preis dafür ist eine angegriffene Gesundheit der Tiere, vor allem durch die Verkürzung der Atemwege, was zu chronischer Luftnot führt. Aber auch entzündete Augen und Zahnfehlstellungen resultieren aus dem Versuch lebenslang „putzige" Schmusetiere zu haben.

Wie gut diese Schlüsselreize aber tatsächlich funktionieren, zeigt eindrucksvoll das Beispiel unserer Kanzlerin Angela Merkel. Weit davon entfernt spontan die Sinne anzuregen und als attraktiv zu gelten, gelingt es doch, dass sie in zumindest einer Situation regelmäßig drollig wirkt, nämlich wenn sie bei Fußballspielen der DFB-Auswahl auf der Tribüne sitzt und ein Tor bejubelt: anders als früher sind die Haare inzwischen locker rundgefönt, die Augen sind im Torjubel weit aufgerissen, der Mund lächelnd geöffnet, die eh schon kurzen Arme werden wegen der Enge des Sakkos nur zur Hälfte hochgerissen, was sie noch einmal optisch verkürzt, so dass die Kanzlerin aussieht wie ein Baby, das auf dem Rücken liegt und die Arme so süß hochreckt. Plötzlich sieht selbst Angie putzig aus und so mancher möchte sie in den Arm nehmen. Mächtige Kindchenappelle!

In japanischen Anime und Manga wird dieses Prinzip bis zur Groteske benutzt, um „niedliche" Figuren zu präsentieren. Da wird auch schon mal ganz auf die Darstellung der Nase verzichtet und die Augen nehmen die Hälfte der Gesichtsfläche ein, vor allem im sogenannten Super-Deformed-Zeichenstil. Die japanische Gesellschaft geht insgesamt seit einigen Jahren einen Weg in ein ästhetisches Konzept, das dort Kawaii genannt wird. Alles und jedes Objekt wird möglichst verniedlicht, von Straßenabsperrungen über Lampen bis hin zu Flugzeugen, alles wird mit kitschigen Formen und Farben im Stile von „Hello Kitty" oder Einhörnern versehen. Eine genauere sozialpsychologische Untersuchung würde vermutlich darin ein deutliches Symptom für eine Regression in einer starren Hierarchiegesellschaft sehen, wo sich dann die Mitglieder tatsächlich zu Kindern zurückentwickeln.

Die Bindung, die diese biologischen und biochemischen Effekte aufbauen können, ist objektiv vorhanden, aber nicht so stabil und potent, dass sie ausreichen könnte, um eine so umfassende Beziehung wie die zu einem Neugeborenen zu definieren. In jeder Generation müssen ja die Babys in eine ganz andere Umgebung eingeführt und möglichst liebevoll begleitet werden, da bedarf es stärkerer Waffen als ein paar Hormone und Signale. Die Aufgabe der Kindererziehung ist natürlich geschichtlich geprägt, der Wandel ist selbst in den von einem Menschenleben überschaubaren Zeitabschnitt gut sichtbar. Es geht aber bei der Erziehung immer darum, dem nicht festgelegten Wesen „Mensch" die Regeln, Werte und Werkzeuge an die Hand zu geben, die es zu einem funktionierenden Mitglied der Gesellschaft werden lässt. Es ist kein Zufall, dass im Begriff „Erziehung" das Verb „ziehen" steckt. In unserer Epoche geschieht dies im Wesentlichen in einer modernen Institution, die wir Familie nennen. Sie erscheint den meisten Menschen so fundamental, dass wir sie für eine anthropologische Konstante halten, was sie aber mitnichten ist.

Wie wenig universell oder gar anthropologisch, geschichtlich betrachtet, das Konzept „Familie" ist, zeigt schon ein kurzer Blick auf die Etymologie des Wortes. Für das, was wir heute als Kernfamilie verstehen, also Vater, Mutter und Kinder, gab es im alten Griechenland und in Rom noch nicht einmal ein Wort, die Familie in unserem Sinne hat gar nicht existiert. Die lateinischen Ursprungswörter für unser „Familie" sind famulus und famula, die Begriffe für Diener, Dienerin, Sklave und Sklavin. Das lateinische familia ist also ein rein ökonomischer Begriff und bezeichnete im Wesentlichen ein Herrschaftsverhältnis, ein Machtgefüge in einer Lebensgemeinschaft, die sich um den pater familias anzuordnen hatte. Zu diesem Haushalt (Ökonomie, abgeleitet von oikos = Haus) gehörten als Zentrum eben der Patriarch, der herrschende Vater, dann seine Ehefrau mit den meist zahlreichen Kindern und alle Bediensteten, die in einem römischen Haus so gebraucht wurden. In dieser Konstellation waren Mann und Frau nicht die alles definierende Verbindung, die Frau gehörte zur Gruppe der Sklaven und Bediensteten, nicht wesentlich an die Seite des Mannes und schon gar nicht gleichberechtigt. Wichtigste Person nach dem Vater war der erstgeborene Sohn, der zukünftige Patriarch und ganz sicher nicht die Mutter. Die Frau des Hauses war zwar durch die Schlüsselgewalt über den Vorrats- und vor allem den Weinkeller den Bediensteten sozusagen vorgesetzt, aber eben auf deren knechtischen Ebene, nicht auf der Stufe des Mannes und der Söhne. Die Ehe war nicht einmal eine gesetzlich oder auch nur rituell eingerichtete Institution. Eine Heirat fand einfach statt, indem der Mann und die Frau erklärten, dass sie ab jetzt ein Ehepaar seien. Das alles ohne einen Standesbeamten oder Priester, es gab noch nicht einmal ein Register oder ähnliches, in das die Gemeinschaft einzutragen war. Natürlich war es vor allem wichtig, dass der Mann diese Verbindung erklärte. Und der hauptsächliche Zweck dieser Erklärung war auch kein öffentliches Bekenntnis zur Liebe zwischen den Ehepartnern, sondern die Legitimierung der aus dieser Beziehung hervorkommenden Kinder als Erben des Privateigentums des Vaters. Dass der Mann seine Frau gar begehrte, war überhaupt nicht vorgesehen und noch im 18. Jahrhundert wurde in Morallehren diskutiert, ob es legitim ist, wenn man seine Frau wie eine Mätresse behandelt, sprich wenn man sie lustvoll ansah. Das Zeugen von Kindern machte auch dem Mann in der Regel keinen Spaß, es war eine Pflicht, was der spätere rechtliche Begriff „eheliche Pflichten" ebenfalls andeutet.

An dieser Stelle können wir auch gleich mit einem weitverbreiteten Missverständnis aufräumen, nämlich dass die sogenannte „Mutterliebe" eine anthropologische Konstante darstellt. Dem ist keinesfalls so! Wie Elisabeth Badinter überzeugend in ihrem Buch „Die Mutterliebe" aufzeigt, ist sie in den uns bekannten geschichtlichen Zeiten sogar eine ausgesprochen moderne Erscheinung. Das Konzept taucht im 18. Jahrhundert ziemlich gleichzeitig mit der Französischen Revolution, also dem neuzeitlichen, politisch sich befreienden Bürgertum auf, wo sich im urbanen Bereich auch die moderne Kernfamilie als dazu passende Institution zu etablieren beginnt. In der römischen Antike waren die Kinder der Sklaven sowieso nichts anderes als ein Investitionsgut des Herrn, aber auch in den Plebejerfamilien sah es nicht viel besser aus. Der Verkauf aller „überzähligen" Kinder, und überzählig war man schnell als Baby, vor allem im städtischen Umfeld, war vollkommen normal und geläufig. Da wurden kleine Jungen von 8 oder 9 Jahren an Handwerker verkauft, die sie für Arbeiten in Umgebungen benutzten, für die Erwachsene zu groß waren, wie z.B. als Kaminfeger, in Bergwerken oder als Latrinenputzer. Junge Mädchen, vor allem wenn sie putzig aussahen, konnten als Prostituierte entweder von den Eltern selbst eingesetzt oder direkt an Bordelle und Zuhälter verkauft werden. Ein Bericht des Lukian von Samosata in seinen Hetärengesprächen (Hetairikoi dialogoi) zitiert eine Mutter mit der Feststellung ihrer heranwachsenden Tochter gegenüber, die weiter als Prostituierte für den Erhalt der Familie sorgen soll, mit dem Hinweis darauf, dass der Lohn für die Entjungferung des Mädchens die Sippe für drei Monate am Leben erhalten hat. Also eine kostbare Ware, die aber nicht als Liebesobjekt und schon gar nicht als geliebtes Subjekt mit eigenen Rechten diente.

Kinder sind überhaupt in der gesamten Zeit vor der Großen Revolution kein knappes Gut, daher ist ihre Stellung in der Gesellschaft auch eine ganz andere, als wir das heute für selbstverständlich halten. Jean-Jaques Rousseau konnte ohne einen großen Aufschrei in der Gesellschaft zu provozieren noch feststellen, dass man Kinder unter etwa 14 Jahren nicht so penibel betreuen und beschützen muss, sondern ruhig ein gewisses Risiko mit ihnen eingehen darf, dass ihnen etwas zustößt, denn es ist ja noch nicht so viel in sie investiert worden und wenn eins „kaputtgeht", dann macht man eben ein neues! Wenn man aber fast einen Erwachsenen erzogen und am Leben gehalten hat, dann ist es ärgerlich, wenn man von vorne beginnen muss. Wenn man dies den Helikoptereltern von heute vortragen würde, müsste man schnellstens in Deckung gehen. In dem gleichen Buch „Emile" entwickelt Rousseau übrigens auch als erster Autor systematisch die Forderung nach der Liebesheirat, die bis dahin kein gängiges Konzept der Ehe war. Also erst im Jahr 1762 erscheint die uns so natürlich wirkende moderne Paarbindung auf der wissenschaftlichen Bühne.

Die Ehefrau im späten Mittelalter und der frühen Neuzeit ist durch fast ununterbrochene Schwangerschaften an ein Leben in Unfreiheit gebunden. Nur wenige zuverlässig funktionierende Verhütungsmethoden, die auch noch vollkommen heimlich angewendet werden mussten, standen zur Verfügung, um alljährliche neue Begattungen zu verhindern. Ein normales Frauenleben dieser Zeit erschöpfte sich im Wortsinne in einem gleichmäßigen Rhythmus von Befruchtung – Schwangerschaft – Niederkunft – Wochenbett – Versorgung der Kinder. Und das im Jahrestakt! Nicht selten haben 30-jährige Frauen inklusive Fehlgeburten mehr als ein Dutzend Schwangerschaften hinter sich gebracht. Dass die Schar der tatsächlich überlebenden Kinder unter Aufbietung der letzten Kräfte zu betreuen war, kann man sich heute nur schwer vorstellen. Zudem war noch jede einzelne Geburt ein akutes Risiko für das Leben und die Gesundheit der Mutter. Trotzdem suchten viele Frauen eine regelmäßige Schwangerschaft, da das Wochenbett überhaupt die einzige fragwürdige und fragile „Erholungszeit" für Ehefrauen war.

Für den Mann, der in der Regel viele Jahre älter war als die Frau, war der Verlust eines Pferdes oder Rindes oft deutlich schwerer zu verkraften als der Tod seiner Frau. Die Ehefrau war kein

Beziehungspartner, sondern ein Faktor der Ökonomie, eben im Wortsinne von „Haushalt". Es war ganz normal, dass Frauen im Teenageralter an Herren im „besten Alter" verheiratet wurden, wobei es manchmal noch nicht einmal vorher zu einer Begegnung kommen musste. Es war schlicht und einfach nicht wichtig, ob die beiden sich verstanden und ob die Frau attraktiv war, sie musste Kinder gebären können und möglichst viele Güter mit in die Ehegemeinschaft bringen. Zum Einen profitierte der Ehemann von der Mitgift, die sich natürlich wiederholte, wenn die Gattin im Kindbett starb; zum Anderen war es die Hauptfunktion der Frau als Mutter legitimer Kinder die Erbfolge in der Linie des Mannes zu sichern. Das war auch der eigentliche Grund für die Überwachung der Treue einer Ehefrau. Da war keine emotionale „Eifersucht" im Spiel, sondern vor allem der Schutz des eigenen Erbfolgers. Hatte die Frau schon mal für diesen Stammhalter gesorgt und vielleicht noch ein paar „Reserveerben" angesichts der hohen Kindersterblichkeit bereitgestellt, dann wurden die Zügel deutlich lockerer gelassen und auch die Frau konnte sich sexuell anderweitig orientieren, solange es geheim blieb und der Ruf des Mannes nicht darunter litt. Wurde jedoch eine Ehefrau vor der Geburt eines Erben beim Ehebruch erwischt, war interessanterweise nicht der Ehemann der „Gehörnte", sondern der Vater der Braut. In einem solchen Fall konnte der Ehemann die Frau nämlich einfach verstoßen und dennoch die Mitgift einbehalten. Eine Win-Win-Situation für den Gatten, zweimal Mitgift, denn eine neue Frau war schnell gefunden für den Bürgers- oder gar Adelsmann. Der Vater der Braut aber hatte seine mitgegebenen Gaben an den Ehemann verloren und blieb vermutlich auf der sündigen Tochter sitzen, es sei denn, er bot sie noch einmal mit einer noch höheren Mitgift an. Die Figur des „gehörnten Ehemannes" wird erst im 17. Jahrhundert, vor allem durch die Stücke Molières, populär. Also auch hier der Zusammenhang mit dem aufkommenden Bürgertum dieser Zeit, das die Kleinfamilie mit der ausschließlichen Paarbindung als ihre Option etabliert.

Im Laufe des 16. und 17. Jahrhundert griff vor allem in Frankreich das Ammentum immer mehr um sich. Die Haushalte, die es sich leisten konnten, gaben die Kinder unmittelbar nach der Geburt in die Obhut von Ammen, die sich um die Belange des Säuglings kümmerten. Diese Tendenz muss als ein Akt der Emanzipation der Frauen verstanden werden, die sich vom Joch des permanenten Mutterdaseins befreien konnten. Die Frauen hatten im Dreißigjährigen Krieg bewiesen, dass sie anderes und mehr leisten können als Kinderbetreuung. Nach dem Vorbild von Jeanne d'Arc (1412-1431), die im Hundertjährigen Krieg zur Nationalheldin Frankreichs aufstieg, halfen die Gattinnen der im Feld befindlichen Landesfürsten immer häufiger bei der Verteidigung der heimischen Gefilde und Burgen aus. Einige werden in Frankreich bis heute gefeiert, so etwa Chrétienne d'Aguerre (1553-1611), Madame de la Guette (1613 bis um 1680) und Alberte-Barbe de Saint-Baslemont (* 14. Mai 1606 als Alberte-Barbe d'Ernécourt; † 22. Mai 1660 in Neuville-en-Verdunois), eine lothringische Adelige, die im Dreißigjährigen Krieg als die „christliche Amazone" berüchtigt war.

Erst das Bürgertum schaffte es dann in der Neuordnung der Gesellschaft zu einer patriarchalisch-bürgerlichen, der Frau die exklusive Rolle als Mutter zuzuweisen. Gerade mit der Urbanisierung gab es eine deutliche Tendenz von der ländlichen Großfamilie, bei der drei bis vier Generationen unter einem Dach lebten, hin zur modernen Kernfamilie, die seitdem eine stetige Schrumpfung erfahren hat, bis heute, wo schon dreiköpfige Familien, also nicht alleinerziehende Eltern, selten zu werden drohen. Eine Familie mit Mutter, Vater und drei oder vier Kindern wird heutzutage auf den Sozialämtern bereits als „kinderreich" und potentiell sozial gefährdet eingestuft. Sprich, wer mehr als ein Kind bekommt steht am Rande der Asozialität. Diese Bewegung hin zur Einkindfamilie hat natürlich die Bedeutung des einzelnen Kindes enorm gesteigert. Da ist dann der Kinderwunsch mit einem Baby erfüllt, und es hat sich mit

„mal eben neu machen", da wird alles getan, dass bloß nichts passiert mit dem Nachwuchs. Zudem das Alter der erstgebärenden Frauen immer höher wird. Da tickt dann auch die biologische Uhr, wenn man mit fast 40 das erste Kind bekommt, dann muss da tatsächlich alles perfekt laufen, es kann durchaus sein, dass man keinen zweiten Versuch bekommt! Wir sehen hier, wie fundamental anders die Situation ist. Ein Kind ist heute mehr Projektionsfläche für alle Wünsche der Eltern als eine Bedrohung des Alltags und der Freiheit. Mit KiTas und Ganztagsschulen muss die Mutter ja auch auf ihre Berufstätigkeit nicht mehr verzichten. Man kann schon hier ahnen, dass dies eine Konstellation ist, die dem kapitalistischen, bürgerlichen Verwertungsinteresse durchaus entgegenkommt. Und das alles unter dem ideologischen Konzept der „natürlichen Mutterliebe", die letztlich dem Patriarchat dient und viele Frauen als Mütter unter einen enormen Druck stellen, wenn sie diesem Paradigma nicht entsprechen, egal ob sie es nicht können oder nicht wollen. Der Film „Herbstkind" aus dem Jahr 2012 zeigt realistisch und einfühlsam den Verlauf einer postpartalen Depression, die eine Mutter in tiefe Schuldgefühle drängt, weil sie ihr Kind anscheinend nicht angemessen lieben kann. Vielleicht lässt sie sich aber auch einfach nicht in die ideologischen Zwänge einer idealen Mutterschaft drängen.

Liebe Mütter, das heißt selbstverständlich nicht, dass eure Liebe zu eurem Kind „falsch" oder „unnatürlich" wäre. Es ist nur wichtig zu begreifen, dass es ein kulturelles und historisches Phänomen ist und dass es nicht außerhalb der Herrschaftsordnung steht. Und genau deshalb, weil es das Mittel ist, mit dem das Patriarchat die Frau unfrei halten möchte, gilt es das kritische Denken auch in diesem sensiblen und emotionalen Bereich nicht aussetzen zu lassen. Mehr zu diesem Zusammenhang im Kapitel über das Verhältnis der Liebe zur Herrschaft, sprich zum Patriarchat. An dieser Stelle hier sei noch angedeutet, welche Formen der Mutterliebe es in der modernen Kleinfamilie gibt und welche Probleme sie jeweils für den

Nachwuchs bedeuten können. In der Terminologie folge ich im Wesentlichen Fritz Riemanns Ausführungen, interpretiere sie aber zum Teil etwas abweichend.

1. Die schenkende Liebe: der Idealfall, wer eine solche Mutter hatte kann sich glücklich schätzen. Sie erwartet keine Gegenliebe, sie wünscht sich nur, dass das Geliebte sich entfaltet und gedeiht. Diese Liebe ist nicht wahllos oder blind, sie schaut ganz genau hin und schreitet zu Lob und Auszeichnung des Nachwuchses, wenn dieser einen Schritt nach vorne zur Persönlichkeitsentwicklung macht. Das Kind fühlt sich geliebt, und zwar für das, was es aus sich macht, für seine eigenen Schritte zur Selbstverwirklichung. Die Mutter (bzw. Eltern, denn das Ganze gilt natürlich für Väter genauso) will für das Kind das Optimum, aber nicht im Sinne von Ehrgeiz, Karriere, Erfolg oder Berühmtheit, sondern sie will das Optimum des Kindes, also seine Reife, das Entstehen eines starken Ichs, einer Persönlichkeit. Da diese Mutterrolle so schön und selten ist, möchte ich ein reales Beispiel aus meiner Bekanntschaft anführen. Eine Mutter gebiert als Zweitgeborenen einen Sohn, der von Beginn an nicht unter dem besten aller Sterne geboren zu sein scheint. Er ist eher klein und schwach, leidet an schlimmen Allergien, die sich schnell zu starkem Asthma entwickeln werden, was ihn naturgemäß oft kränkeln lässt. In der Schule geht es wegen der Fehlzeiten und auch einer wohl grundlegenden Lernschwäche nicht in Richtung Genialität und Nobelpreis, sondern eher schleppend voran. Selbst in einer Zeit wie heute, wo jedes durchschnittliche Kind durch die Eltern zum Genie erklärt wird, ist klar, dass der Mutter dieser illusorische Weg verbaut ist. Es wird nicht leicht werden in unserer Wettbewerbsgesellschaft für den Jungen! An dieser Stelle ist die Mutter in Gefahr alle Fehler in der

Art der Zuwendung zu machen: sie könnte zu viel
fordern, sie könnte zu wenig erwarten, sie könnte ihn zu
sehr beschützen, sie könnte ihn alleine lassen in seiner
etwas schwachen Rolle. All dies tut sie aber nicht, sie
glaubt an die Kraft der Selbstentfaltung ihres Kindes
und gibt ihm diesen Glauben weiter. Und genau damit
ebnet sie ihm den Weg, seinen eigenen Weg, gegen alle
Widerstände. Er lernt mit den Asthmaanfällen
umzugehen, und zwar so gut, dass er als Jugendlicher
ein hervorragender Fußballer werden konnte. Zwar
immer mit dem Inhalator in der Sporttasche, aber von
allen Kameraden anerkannt. Niemand wundert sich,
wenn er schnell mal einen Zug nimmt, da er stets
rechtzeitig bemerkt, dass seine Bronchien zumachen.
Nach der nur mittelmäßig abgeschlossenen Schule, trotz
stetiger Unterstützung der Mutter, ist zunächst kein
Beruf in Sicht und es sieht so aus, als würde er nur aus
Verlegenheit eine Laufbahn im Hotel- und Gaststätten-
Service-Bereich anstreben. Aber der junge Mann hat,
wie bewusst auch immer, seinem Gefühl und seiner
Neigung getraut, weil er von seiner Mutter das nötige
Urvertrauen bekommen hat, und diese Berufswahl stellt
sich als Glücksgriff heraus. Heute ist er ein gestandener
Mann und einer der besten, innovativsten, elegantesten
und charismatischsten Barkeeper und Cocktail-Mixer in
Deutschland, der voller Leidenschaft selbst Drinks
kreiert und vermutlich irgendwann einmal international
Furore machen wird. Natürlich ist auch dieser Mensch
mit der fast perfekten Mutter nicht perfekt, denn die
Welt in der er lebt ist alles andere als perfekt, aber die
schenkende Liebe der Mutter hat ihn sein eigenes
Optimum, seinen eigenen Weg zur bestmöglichen
Selbstverwirklichung finden lassen.

2. Die verwöhnende Liebe: sie ist scheinbar auch
   schenkend, aber dennoch das Gegenstück zur
   beschriebenen wirklich schenkenden Liebe. Sie will den

„Beschenkten" mit den verwöhnenden Aktionen an sich binden, will dafür geliebt werden von ihm. Sei es aus Schuldgefühlen heraus oder aus einem tiefen Bedürfnis nach Geliebtwerden, sie erwartet vom Kind dezidierten Dank für das, was sie tut. Somit ist das Kind letztlich austauschbar, solange etwas „zurückkommt". Für die Entwicklung zur Reife des Nachwuchses ist das natürlich nicht gut. Es entsteht häufig eine Bequemlichkeitsstruktur, dass die Mami oder der Papi es schon richten werden. Eine solch passive Herangehensweise an die Welt kann keine erfüllte starke Persönlichkeit hervorbringen und die Loslösung von den Eltern findet häufig gar nicht statt.

3. Die bewahrende Liebe, die „Glucke": dieses Phänomen ist heutzutage in unserer paranoiden Angstgesellschaft mit Ein-Kind-Ehen vermutlich die verbreiteteste. In den USA, wo die Angstkultur ja noch mal stärker ideologisch fundiert ist als bei uns in Europa, nennt man sie „Helikoptereltern", weil sie ständig wie mit dem Hubschrauber um ihre Kinder kreisen und sie permanent überwachen und kontrollieren, natürlich alles unter dem Mantel der Fürsorge. Vor allen Unbilden soll das Kind bewahrt werden, vor minderwertigem Essen, falschen Freunden, gefährlichem Sport oder auch nur schlechtem Wetter! Dem Kind wird nichts zugetraut, überall sind nur Gefahren zu sehen, vor denen es zu beschützen ist. Die Eltern schieben sich wie Gummipuffer zwischen das Kind und die Welt. Dass daraus schwerste Entwicklungsstörungen entstehen können, die „ewige" Kinder am erwachsenen Leben regelmäßig scheitern lassen, ist leicht zu erfassen.

4. Die bedingte, zielgerichtete Liebe: das war die bevorzugte Elternliebe in den fünfziger Jahren, die Kinder sollten es einmal besser haben. Der Ehrgeiz und Optimismus des Wirtschaftswachstums sah für das eigene Kind eine bestimmte, am besten exponierte

Rolle, die es zu erfüllen hatte für das eigene Wohl. Die Liebe für das Kind ist an die Bedingung geknüpft, dass der ersehnte Weg des Erfolges auch gegangen wird, eine schwere Bürde für jeden Heranwachsenden, der sich ja dieser Liebe würdig zeigen will. Eigentlich wird vom Kind erwartet, dass es die Wünsche der Eltern erfüllt, egal wie die eigenen aussehen. So bleibt der Nachwuchs Projektionsfläche der Erwachsenen.

5. Die „fressende" Liebe: hier finden wir eine neuere Variante der Helikoptereltern, die nicht mehr nur bewahrend und schützend daherkommt, sondern emotional erdrückend, die Mutter als „beste Freundin", die sich aber über diese scheinbar lockere, nicht autoritäre Rolle in jeden Bereich des Kinderlebens einmischt. Die Heranwachsenden werden einfach nicht in Ruhe gelassen, die Ratschläge und Hinweise der Eltern prasseln andauernd auf sie nieder und kommen zwar als Zuwendung daher, sind aber durchaus bindend und zwingend gemeint. Das Kind lebt wie ferngesteuert als Marionette, was natürlich auch nicht zu einer starken Ich-Entwicklung und festen Persönlichkeit führen wird. Solchen Eltern die Facebook-Freundschaft zu verweigern würde eine existentielle Krise heraufbeschwören!

6. Die „inzestuöse" Liebe: diese Form findet man am häufigsten bei alleinerziehenden Elternteilen. Die gescheiterte Paarbeziehung wird auf das Kind, meist das gegengeschlechtliche, projiziert. Der Sohn wird zum Liebhaber, natürlich in der Regel ohne tatsächliche Inzestausübung, aber emotional kommt das beim Kind an und wird ja auch mit Stolz entgegengenommen. Doch diese Bindung ist zu stark, zu erotisch verbrämt und verhindert häufig eine freie Entfaltung der jugendlichen Persönlichkeit.

Alle diese Elternvarianten empfinden ihr Verhältnis zum Kinde als wahrhaftige und ehrliche Liebe, es darf auch keinesfalls als subjektives Scheitern verstanden werden. Es gehört eine ungeheure Kraft und Energie dazu, sich als Mutter oder Vater gegen die tradierten und gerade angesagten Verhaltensmuster zu verhalten. In repressiven Gesellschaften kann es sogar passieren, dass man in rechtliche Schwierigkeiten kommt, weil man vermeintlich das Kind vernachlässigt. In den USA sind Fälle bekannt, in denen Eltern das Sorgerecht entzogen werden sollte, weil sie sich nicht den Normen entsprechend um ihre Kinder kümmern, weil sie diese zum Beispiel einfach unbeaufsichtigt draußen spielen lassen, ein Skandal! Dabei gibt es definitiv nichts ungesünderes, als wenn Kinder niemals Freiheit genießen dürfen. Helikoptereltern richten gesamtgesellschaftlich einen weitaus größeren Schaden an als sämtliche Pädophilen der Welt zusammen!

Infantile Sexualität

Nun ist also das Kind auf der Welt, vermutlich in irrsinniger Liebe gezeugt, mit affenartiger Mutterliebe behütet und die Eltern wollen um Gottes Willen alles richtig machen bei der Erziehung des geliebten Geschöpfes. Schauen wir uns so ein Neugeborenes einmal genau an, wie es um seine seelische Verfassung bestellt ist, womit haben wir es zu tun? Wie gesehen, ist es zu früh geboren, unzählige Reize prasseln auf die ungeschulten Sinne des Säuglings ein. Das Einzige, dessen dieses Geschöpf zunächst sicher ist, ist sein unmittelbares Begehren. Es hat Hunger, es friert, es fühlt sich aus der Geborgenheit der Einheit mit der Mutter entrissen. Das Baby ist reines „Es", ganz im freudschen Sinne einer triebhaften Seele, die begehrt, die „will". Und zwar sofort und direkt, denn es fehlen dem Säugling sämtliche Werkzeuge, um die Vermittlung zum begehrten Objekt herzustellen, sprich um zu arbeiten. Das bedeutet aber natürlich auch, dass es vollkommen abhängig von den erwachsenen Menschen ist, von denen es betreut wird, die also

die notwendige Arbeit für das Baby leisten. Ganz zu Beginn
meint der kleine Mensch noch, dass es ist wie zuvor im
Mutterleib, dass die Umgebung und es selbst Eines ist, eine
unzertrennliche Einheit bildend. Es gibt also noch keine Objekte
für den Säugling und damit erfährt es sich auch noch nicht als
Subjekt, da es hier eine dialektische Verbindung gibt, die nicht
auflösbar bzw. trennbar ist. Da das Neugeborene nur subjektiv
ist und keine Objekte kennt, hat es noch kein Subjekt, da sich
ein Subjekt nur in der Abgrenzung zu den Objekten etablieren
kann. Die Erwachsenen, bei uns also in der Regel die Eltern,
haben nun die Aufgabe dem völlig hilflosen, abhängigen und
orientierungslosen Menschenkind aufzuzeigen, wie es sich in der
Gesellschaft, in die es hineingeboren wurde, zu verhalten hat,
um an die begehrten Güter zu kommen, also um überhaupt
überleben zu können. Es beginnt die sogenannte Erziehung des
Kindes. Bei diesem Vorgang tritt der Erziehende
natürlicherweise als Autorität auf, das Baby erfährt die eigene
Abhängigkeit und die elterliche Überlegenheit. Die ersten
Erwachsenen, die so dem Baby Zuneigung schenken, es füttern
und wickeln, sind wie Götter für das Kind, denn sie schaffen
seinen Kosmos, diese Gesichter, diesen Geruch, diese Gesten
prägt es sich ein, sie sind „prägend" für das künftige Leben.

Diese Prägung ist beim Menschen zwar nicht so dominant und
unhintergehbar wie bei den Entenvögeln, aber nichtsdestotrotz
vorhanden. Der Aufwand, der betrieben werden muss, um eine
solche frühkindliche Prägung zu überwinden, kann enorm sein,
da die Tendenz dazu geht, an dem entsprechenden Verhalten
oder der erlernten Vorliebe festzuhalten. Hier finden wir einen
Grund für den bei vielen Menschen zu beobachtenden
„Wiederholungszwang", dass sie also scheinbar unbelehrbar
immer wieder in die gleichen Verhaltensmuster fallen, auch
wenn sie dem Individuum offensichtlich schaden. Jeder kennt
die Beispiele, wo jemand immer die gleiche Art von Freunden
oder Freundinnen aussucht, die einfach nicht gut für ihn/sie
sind. Frauen, die immer wieder gewalttätige oder alkoholsüchtige

Männer anschleppen, Männer, die auch nach der dritten
Scheidung erneut mit einer dominanten, zänkischen Frau vor
dem Traualtar stehen. Das sind ja keine „vernünftigen",
durchdachten Handlungen, im Gegenteil, da gelingt es dem Ich
nicht, seine Stellung in der Welt zu begreifen, es fehlt an
Selbstbewusstsein im Sinne von „sich seiner selbst bewusst
sein". Also auch hier eine Form von Regression, ein mangelhaft
entwickeltes Menschsein und damit ein Rückfall in quasi
instinktives Verhalten wie beim Tier. Dieser Zwang zur
Wiederholung als neurotisches Verhalten ist in der modernen
Welt sehr verbreitet. Deshalb beobachten wir statistisch
paradoxerweise, dass arrangierte Ehen stabiler und häufig auch
glücklicher sind als sogenannte „Liebesehen". Natürlich kann
niemand ernsthaft wollen, dass junge Menschen von ihren
Eltern gezwungen werden, einen Unbekannten zu heiraten, aber
dennoch ist die Chance einen guten Partner zu finden bei
verständigen liebenden Eltern, die das Beste für ihr Kind wollen,
größer, als wenn eine frühkindlich gestörte Psyche in einer
permanenten Übertragung auf ein bestimmtes Rollenmuster
fixiert ist und immer wieder falsch auswählt. Also nicht
Fixierung, sondern freie Wahl als menschliche Handlung gilt es
zu erarbeiten, im besten Fall nicht durch die Eltern, sondern von
den jungen Menschen selbst. Die Art der frühkindlichen
Prägung spielt jedoch eine wichtige Rolle bei der Frage, wie
leicht dies einer Person fallen kann. Vor allem die ersten drei
Lebensjahre sind von ungeheurer Wichtigkeit bei der
Entwicklung einer stabilen Grundlage mit dem nötigen
Urvertrauen, um ein selbstbewusstes zum Glück befähigtes Ich
in die Welt zu entlassen. Dies gilt natürlich auch für die
Fähigkeit die eigene Libido zu genießen, also eine lustvolle
Sexualität aufzubauen. Wie kommt es in den frühen Jahren dazu,
dass ein Kind eine Disposition für Unglück oder Glück zu
bekommen scheint?

Das reine Begehren-Sein des Neugeborenen bedeutet neben der
Hilflosigkeit und Abhängigkeit positiv formuliert, dass es

vollkommen weltoffen ist. Das Prinzip der Weltoffenheit bedeutet aber natürlich auch, dass man immer bereit für neue Erfahrung und Entscheidungen ist, nicht nur auf dem Gebiet der Sexualität. Die aktive Veränderung der Natur in Kultur bedeutet daher auch eine omnipräsente Aggression, zumindest als Latenz, denn zum Verändern braucht es in der Regel erst einmal ein Zerstören des Bestehenden, des Status Quo. Will man aus einem Baum einen Stuhl machen, muss dieser Baum zunächst gefällt werden. Der Mensch ist stets gefährlich, da er mittels seines Bewusstseins alle Zeit vorausdenkt, das noch nicht Daseiende als Negation des Bestehenden bereits sieht und antizipiert. Der Mensch ist anders als der Löwe, der ungefährlich ist, wenn er satt ist. Im Bereich der Sexualität bedeutet diese Weltoffenheit, dass er von Geburt an für jede erdenkliche Variante der Lust prädisponiert ist. Bei den bürgerlichen Psychoanalytikern hieß das „polymorph pervers", was meint, dass der Säugling in jeder Richtung und mit jedem Körperteil Lust empfinden kann, wenn eine prägende Verbindung von Aktion und Lustempfinden erfahren wird. Für uns als Denker der Freiheit, die nicht dem repressiven Menschenbild unterliegen und nicht überall die Sünde sehen, steht diese Offenheit und vorurteilslose Möglichkeit zur Sexualisierung von allem, in erster Linie für die Omnipotenz der Liebe, die es nur zur Entfaltung zu bringen gilt. Von Beginn an unterliegt das Neugeborene einer unausweichlichen Dialektik, die aus der grundlegenden Dialektik von Apollinischem und Dionysischem ableitbar ist: die eine Bewegung ist die Entdeckung der Lust, des Dionysischen, die Erotisierung der Umwelt und des Selbst. Die andere, gegenläufige Bewegung ist die Unterdrückung der polymorph-perversen Wünsche durch Moral und gesellschaftliche Normen (Apollinische). In diesem notwendigen Spannungsfeld wächst das Kind zumindest bis zur Pubertät auf und macht dabei verschiedene Phasen durch.

Vor Freud war man der Meinung, dass kleine Kinder gar keine Sexualität erleben und dieser Bereich erst mit der beginnenden

Geschlechtsreife entsteht. Kinder galten als gänzlich unschuldig und rein, wobei man sich natürlich fragen muss, wieso Sexualität überhaupt mit Schuld und Unreinheit verbunden wurde? Als Wesen ohne Instinkt, das auch noch zu früh zur Welt kommt, muss der Mensch sich auch seine Sexualität aneignen, sie erarbeiten. Seine Zeit im Mutterleib erfährt der Fötus als Einheit mit der Mutter, die seine ganze Umgebung ist. Es gibt keine Welt außerhalb, die Welt des Fötus ist der Uterus der Mutter. Die Symbiose ist so total, dass der Neugeborene nicht unterscheiden kann zwischen Subjekt und Objekt, seine Umgebung ist für ihn ein Teil seiner selbst. Nach der Geburt nun gilt es für das Baby mit Hilfe der Eltern aus dem Zustand des reinen „Es“, der unvermittelten Libido, des anarchischen, unbedingten Begehrens, des reinen Dionysischen in eine Position zu kommen, in der dieser kleine Mensch lernt, selbständig die Mittel zu entwickeln, um seine Wünsche und Bedürfnisse zu erfüllen. Das Apollinische, die Realität mit seiner Notwendigkeit des Triebaufschubes muss vom Kind verinnerlicht werden. Schon der erste Schrei nach der Geburt ist Zeichen des unbedingten Wollens, das Neugeborene lächelt nicht, es fühlt sich nicht befreit, es fühlt sich von seiner Substanz getrennt, es begehrt von Anfang an. Diese Aufgabe der Vermittlung der Regeln der Zeit für die Bedürfnisbefriedigung übernehmen die Eltern. In dieser Phase ist die Verlässlichkeit der Bezugspersonen von unendlicher Wichtigkeit. Denn nur, wenn das Kind jetzt erfährt, dass die geliebte Person und die Befriedigung seiner Wünsche auch bei kurzzeitiger Abwesenheit, immer wiederkehren, findet der Triebaufschub als apollinisches Prinzip der Vernunft seinen Weg in die Seele des Babys. Es lernt, dass es nicht schlimm ist, wenn die Bedürfnisbefriedigung einmal nicht sofort und unmittelbar erfolgt, es vertraut darauf, dass es dann eben später zur Lustbefriedigung kommt. Ein Kind ohne verlässliche Bezugsperson wird sein ganzes Leben lang auf die unmittelbare und direkte Befriedigung seiner Lüste fixiert bleiben, also eine triebgesteuerte, wenig liebesfähige

Persönlichkeit entwickeln, weil es Angst hat, dass sonst nichts mehr kommen wird.

Dem Menschen fehlt also der natürliche Instinkt, der dem Tier sagt, was es zu tun hat. Es muss etwas an die Stelle der Instinkte treten, da der Mensch sonst unter der Flut von Reizen zugrunde gehen würde. Diese Erziehung geschieht im Wesentlichen über zwei Elemente, die in jeder Beziehung zu Autoritäten vorhanden sind, jedoch wie wir sehen werden in entscheidend unterschiedlichen Mischungen und Ausrichtungen. Die eine Funktion ist die, dass das Kind die Autorität als das schützende und behütende Element liebt und begehrt, dass es die gottgleiche Autorität nachahmen will und so werden will wie das Vorbild „Mutter" und/oder „Vater". Auf der anderen Seite aber lernt das Kleinkind die Eltern auch fürchten, denn es macht immer wieder die Erfahrung der totalen Abhängigkeit und Wehrlosigkeit gegenüber den Erwachsenen. Es lernt zu gehorchen, es fügt sich der Gewalt, weil es machtlos ist und Angst hat. Und da nun diese Eltern, die das Kind zunächst prägen und erziehen, ihre Inhalte aus ihrer Lebenswirklichkeit, aus ihrer eigenen historischen Lage beziehen, gelingt es so, die Regeln, Gesetze und Institutionen der Gesellschaft in dem Kind zu etablieren, damit es ein Mitglied dieser Gesellschaft werden kann.

„Institution" bedeutet hier nicht nur das, was wir heute als solche wahrnehmen, also etwa Ämter, Behörden und Organisationen, sondern mit Gehlen verstehen wir darunter alle gesellschaftlichen Verhaltensmuster, die das Leben ordnen und vorhersehbar machen, die also die Funktion der Instinkte übernehmen. So ist das Händeschütteln in Europa eine Institution, man erwartet einen Handschlag, wenn man die Hand ausstreckt. Der Ursprung dieser rituellen Handlung, nämlich die Waffenhand unbewaffnet zu zeigen, um Friedenswillen zu bekunden, ist heute weitgehend vergessen, dennoch erscheint das reflexartige Erwidern eines Handschlages wie eine

Instinkthandlung, man verlässt sich darauf. Wenn diese Übereinkunft enttäuscht wird, dann ist man irritiert. Wenn Trump eine ausgestreckte Hand verweigert, sind die Schlagzeilen voll davon. Dabei muss der Ursprung der Institution, also der Grund, warum sie quasi als Instinktersatz eingeführt wurde, gar nicht mehr gewusst und bewusst sein, Institutionen sind, wenn einmal gesellschaftlich verbreitet, erstaunlich langlebig und zäh!

Nehmen wir z.B. noch ein Begrüßungsritual, das es schon sehr lange gibt und das heute sogar von einem regionalen Brauch seinen Siegeszug durch die globalisierte Welt angetreten hat: der Begrüßungskuss, egal ob links, rechts oder links, rechts, links, bis hin zur Pariser Variante mit vier Küsschen. Für Mittel- und Nordeuropäer war er bei den ersten Urlaubsreisen in den Süden noch eine exotische Attraktion. Wie viel gefühlvoller die Italiener, Spanier, Griechen und Südfranzosen doch waren, wie locker im körperlich-erotischen Umgang! Da wurden zum Teil wildfremde Frauen links und rechts auf die Wange geküsst bei einer ersten Begegnung und Bekannte begrüßten sich auch dreimal am Tag immer wieder auf diese intime Weise. Das kam so gut an und wirkte so liebevoll und positiv, dass es inzwischen auch in Norwegen und Deutschland zum guten Ton zumindest der hippen Szenen geworden ist. Doch wo kommt dieser Brauch eigentlich her? Was ist das für eine Institution und welchen Zweck hatte sie bei ihrer Etablierung? Im Römischen Reich wurde es zur Sitte, dass jede Frau, wenn sie auf der Straße unterwegs war und einem männlichen Mitglied der Familie begegnete, egal ob Vater, Mann, Onkel, Vetter oder Bruder, diesen küssen musste, damit dieser bei der Gelegenheit am nahen Atem der Verwandten prüfen konnte, ob sie vielleicht Alkohol, sprich Wein getrunken hatte. Denn es galt die allgemeine Meinung, dass eine Frau, die trinkt, sich auch der Wollust hingibt und somit der Familie Schande machte. Diesen Zusammenhang der Überwachung einer patriarchalischen Zwangsherrschaft über die Frauen der Familie sieht heute so gut wie niemand mehr beim freundschaftlichen „Bussi", aber beim

Händeschütteln denkt auch niemand mehr „Gott sei Dank, er hat kein Messer in der Hand!"

Da dieser Vorgang der Einrichtung von unzähligen Institutionen zur Organisation der Gesellschaft bei uns, in der heutigen Zeit, nach vielen tausend Jahren Kulturgeschichte, logischerweise ein sehr komplexes Gebilde ist, möchte ich versuchen in einem vereinfachten, natürlich fiktiven Beispiel aus einer Zeit vor der Arbeitsteilung, also auch vor der Entfremdung und vor der geschriebenen Geschichte die Zusammenhänge zu erklären, die dann extrapoliert werden müssen, um das komplizierte Wesen unserer eigenen Situation erkennen zu können. Die folgende „Fabel" erhebt keinen Anspruch auf besondere Realitätsnähe, es geht darum, möglichst ohne die verdeckenden, ontologisierenden Traditionen des fortgeschrittenen Abendlandes die formalen anthropologischen Kräfte konkret präsentieren zu können, wie sie sich in der Geschichte verwirklichen. An diesem optimierten Fallbeispiel sollen die grundlegenden Mechanismen aufgezeigt werden, um dann die durch die Entwicklung von Klassengesellschaften und repressiven Ideologien entstehenden Entfremdungsvorgänge besser erkennen zu können. Es soll hier nicht der rousseausche „edle Wilde" beschworen werden, sondern ein möglichst einfaches idealtypisches Modell konstruiert werden, an dem man in der Gegenüberstellung die Probleme der Moderne erkennbar machen kann.

Nehmen wir also eine nomadisierende Gemeinschaft im heute subtropischen Afrika an, in der Zeit nach der Toba-Katastrophe (gemäß der einen gängigen Theorie über den „genetischen Flaschenhals" in der Menschheitsentwicklung) oder während der vorletzten Kältezeit mit Namen „Sauerstoff-Isotopenstufe 6" (nach der anderen diskutierten Theorie). Es spielt keine Rolle, welche der beiden Annahmen richtig ist, entscheidend ist, dass auf jeden Fall die Menschheit nachweisbar eine Phase durchgemacht hat, in der unsere Spezies fast ausgestorben wäre.

Vermutlich gab es weltweit nicht mehr Homo Sapiens als heute
Tiger, also vielleicht noch ein paar tausend. Manche
Wissenschaftler sprechen von nur wenigen hundert! Da waren
wir also auf einer imaginären roten Liste ganz oben angesiedelt!
Die unfassbar geringe Dichte der Bevölkerung lässt
Begegnungen der höchstens jeweils aus einhundert Menschen
bestehenden einzelnen Sippen sehr selten geschehen, es ist eine
echte Sensation. Das schlechter werdende Klima zwingt dazu
immer wieder weiterzuziehen, wenn die Ressourcen zum
Sammeln und Jagen verbraucht sind. Ist ein ergiebiger Ort
gefunden, wird für eine gewisse Zeit ein Lager errichtet. Es
werden Gemeinschaftshütten aufgebaut aus vorgefundenen
Werkstoffen wie Palmwedel, Blätter und Hölzer. Vielleicht in
der Form von Langhäusern, einer für die Frauen, einer für die
Männer und eine Hütte, in die man sich zurückzieht, um
Zärtlichkeiten auszutauschen. Feste Paarbindungen wird es nicht
gegeben haben, man vereinigte sich nach Lust und Laune,
vermutlich auch nicht nur mit dem anderen Geschlecht. Es ist
auch unerheblich, ob man bereits um den Zusammenhang von
Geschlechtsverkehr und Nachwuchs weiß. Da die Arbeitsteilung
noch sehr gering ist und das soziale Gefüge relativ
unkompliziert, gibt es noch keine starke Individualität und vor
allem kein Privateigentum, um dessen Erhalt willen man eine
patrilineare Erbfolge anzustreben hätte. Vielleicht gibt es noch
nicht einmal ein Wort für „Ich", sondern nur für „Wir". Für uns
bürgerliche Subjekte schwer vorstellbar, aber es gab noch in den
spät entdeckten „Naturvölkern" Borneos oder in Papua-
Neuguinea einige Sippen, wo das genau so war, es gab kein Wort
für „Ich", alles war „Wir". So etwas wie einen „Häuptling" sucht
man vergebens, Herrschaft wird nicht ausgeübt, alles wird
gemeinsam entschieden und ausgeübt. Natürlich gibt es
Personen mit mehr Einfluss in einigen Gebieten, weil sie zum
Beispiel die erfahrensten und besten Jäger sind oder vorzüglich
Geschichten erzählen oder kochen können. Diese „Anführer"
oder Meinungsführer üben jedoch eine rationale Macht aus, die
allgemein anerkannt wird und mit tatsächlichen Fähigkeiten

korreliert. Keine Monopolisierung von Genuss, also keine
Herrschaft im eigentlichen Sinne, sondern vernünftige
Ausrichtung an der Weisheit und dem Wissen besonderer
Mitglieder der Gemeinschaft.

Angesichts der schwachen Population und der damit
verbundenen Dringlichkeit der Fortpflanzung, wird die Natur als
Biologie neurochemisch sicher dafür gesorgt haben, dass
reichlich Dopamin, Serotonin, Oxytocin und was noch alles die
Limerenz unterstützt, geflossen sein wird. Die Bereitschaft zum
Verlieben war hoch, auch und gerade weil die Zeiten schlechter
wurden. In einer solchen Situation begegnet die Gruppe an
einem windigen Tag bei der Überquerung eines kleinen Berges
einer anderen Sippe, die sich zum Glück als ebenso friedlich und
freundlich wie die eigene präsentiert. Dieses Zusammentreffen
wird vermutlich eine kleine Feier zur Folge gehabt haben, bei der
mit Dingen gehandelt, Neuigkeiten ausgetauscht und Drogen
genommen wurden. In dieser sinnlichen und angenehmen
Atmosphäre kommen sich ein stattlicher männlicher Gast und
eine junge attraktive Frau aus der Gruppe näher. Im Rausch der
Gefühle kommt es zum urzeitlichen One-Night-Stand, auf
diesem Felde hat sich vermutlich nicht so viel geändert in den
letzten paar hunderttausend Jahren! Wir haben ja gesehen, wie
viel tierisches Verhalten darin noch aufgehoben erscheint. Da
die Gruppe der Fremden, die jetzt zu Freunden und
Verbündeten geworden sein können, am nächsten Tag
weiterzieht und es sehr unwahrscheinlich ist, dass man sich noch
einmal sieht, muss der stürmische Liebhaber nicht beweisen, ob
er für eine langfristige Beziehung geeignet ist oder gar als
monogamer Vater für das Geschehene Verantwortung
übernehmen will und kann.

Einige errichtete Lager und neun Monate später ist es so weit.
Die schwangere junge Frau zieht sich, eventuell mit einer
erfahrenen älteren Freundin, die bereits einige Geburten
erfolgreich hinter sich gebracht hat, zurück, um das Baby zur

Welt zu bringen. Das Oxytocin macht die Geburt erträglich, vermutlich im Stehen vorgenommen, weil in dieser Position am meisten Hormone ausgeschüttet werden und die körperliche Belastung am geringsten ist. Als sie nachgeburtlich versorgt ist, hält sie ihren neugeborenen Sohn im Arm, der auch bei Berührung der Wange mit der Brust der Mutter sofort den Weg zur Brustwarze und damit zur Nahrungsquelle findet (Suchreflex). Sie nennt ihn Kiano, was metaphorisch so etwas wie „voller Freude" bedeutet, aber auch wortwörtlich zu den Umständen der Empfängnis passt (wenn das Bewusstsein des Zusammenhangs schon vorhanden ist), denn es heißt „kühle Brise über den Bergen", „Wind in den Wellen" oder auch „Wirbelwind". Dieser letzten Namensbedeutung wird das aufgeweckte Bürschchen am Ende vielleicht gerecht, noch ist er sich seiner nicht bewusst, hat kein eigenes Ich. Die Geburt selber bereitete ihm Unlust, er wurde aus einer perfekten Symbiose mit dem Mutterleib gerissen. Also schreit er seinen Frust nach Kräften heraus.

Anders als beim Tier mit seinen Instinkten hat der Säugling als angeborenes Rüstzeug nur die paar oben beschriebenen Reflexe und eben das Bewusstsein, das ihn als Menschen definiert, welches aber noch wenig Inhalt hat. Es ist zunächst lediglich eine Begabung, weshalb man den Menschen auch als bewusstseinsbegabt bezeichnet. In diesem Stadium ist der kleine Kiano noch völlig unfestgelegt, es kann alles aus ihm werden. Würden wir ihn jetzt an den Nordpol teleportieren, er würde problemlos als Inuit aufwachsen, vielleicht ein bisschen mehr frieren als seine Gefährten dort, da ihm die Fettpolster fehlen, die sich evolutionär als Schutz gegen die Kälte im Norden durchgesetzt haben. Aber vom Wissen, vom Lerninhalt her geht alles. Selbst eine Zeitreise in unsere Epoche wäre problemlos machbar, es gibt noch keine Gewohnheiten oder erlernte Verfahren, die ihm unsere Zeit unerträglich machen würde. Später sieht das anders aus. Würde ein Mensch der Zeit von Kiano oder auch noch einer aus dem Mittelalter ohne

Vorwarnung und Vorbereitung in unsere Gegenwart reisen könnten, er würde vermutlich in kürzester Zeit an Reizüberflutung sterben, oder zumindest an einem schlimmen Stendahl-Syndrom leiden. Auf jeden Fall ist unser kleiner Säugling noch für alles offen, es könnte alles aus ihm werden. Es ist nun die Aufgabe seiner erwachsenen Begleiter, ihn zu einem vollwertigen Mitglied seiner Gesellschaft und Zeit zu machen.

Sigmund Freud, der als bürgerlicher Denker immer eine Tendenz zum repressiven Menschenbild hatte, sieht in der weltoffenen Geburt wie gesehen keinen Vorteil, sondern eine „Perversion", besser gesagt alle Perversionen! Er formuliert es so, dass Neugeborene „polymorph pervers" (poly = viel, morph = Gestalt, pervers = verdreht, zusammen „vielgestaltig verdreht") sind, also die Anlage zu allerlei „Sauereien" haben. Das Kind hat eben keine „natürliche" Scham, „ursprüngliche" Moral oder „instinktiven" Ekel, das alles muss der Mensch erst erlernen, woraus dann sofort evident ist, dass diese Regeln historisch und damit wandelbar sind! Heute wird der Begriff „Perversion" meist vermieden, da er zum Einen politisch nicht mehr korrekt ist, zum Anderen weil er ursprünglich eine echte Krankheit meint. Der erste Wissenschaftler, der sich systematisch mit „abweichendem Sexualverhalten" beschäftigte, war Richard von Krafft-Ebing in seinen Studien zur Sexualpathologie, also zur „krankhaften Geschlechtlichkeit". Hier unterscheidet er zwischen Perversion und Perversität, wobei Perversion eine zu behandelnde Krankheit bezeichnet und Perversität lediglich ein Laster ist. Heutzutage spricht man meist von Paraphilien, was bedeutet „abweichende Liebe", den Stamm „Philia" für freundschaftliche Liebe kennen wir ja bereits und „para" ist geläufig aus Parapsychologie zum Beispiel. Freud macht nun vier Paraphilien aus, die beim Kind in bestimmten Phasen anzutreffen sind und im Laufe der Erziehung zum tugendhaften Erwachsenen zu überwinden sind: 1. Exhibitionismus, 2. Fetischismus, 3. Sadomasochismus und 4. Voyeurismus. Ich würde diese vier „Abartigkeiten" allesamt eher

„Lustvariationen" nennen als „Perversionen", zumindest solange sie keinen Zwangscharakter annehmen.

Der qualitative Unterschied von individueller, auch abweichender Lust- und unfreier Zwangshandlung kann am einfachsten am Beispiel des Fetischismus verdeutlicht werden. Wenn ein Mann sexuell erregt wird beim Anblick einer Frau, die hochhackige Schuhe oder Strapse trägt, so ist das eine Quelle der Lust, solange diese Partnerin auch Lust daran findet, sich ihm in dieser aufregenden Wäsche zu zeigen. Für einen „echten", sprich kranken, weil zwangsgestörten Schuh- oder Wäschefetischisten hingegen wird das Objekt zur fixen Idee und absolut gesetzt. Für den Fetischisten in diesem klinischen Sinne gibt es nichts Schlimmeres als die Frau, die in den Schuhen steckt oder die Strapse an hat. Ein Riesenunterschied!

Ebensolche Grenzen kann man bei den anderen sexuellen Ausrichtungen finden. Es kommt nicht auf den Inhalt an, sondern auf den Freiheitsgrad der Form, in der sie jeweils vom Ich empfunden und erlebt werden. Genauso verhält es sich bei allen anderen Paraphilien. Den Partner mit einem Striptease oder einem vermeintlich versehentlichen Blick auf ein primäres oder sekundäres Geschlechtsorgan in Stimmung zu bringen und dabei auch noch selbst eine Zeige-Lust zu empfinden, ist sicher weit entfernt von einem Exhibitionisten, der überhaupt nur Erregung verspürt, wenn er sich Wildfremden nähert und sich an ihrem Erschrecken und vielleicht sogar ihrer Angst erregt! Das ist eine Zwangshandlung und keine spielerische Lustvariante, vor allem da der Exhibitionist eine sexuelle Vereinigung gar nicht intendiert. Deshalb treten Exhibitionisten auch so gut wie nie als Vergewaltiger hervor und eine in urbaner Umgebung bei starken Frauen in den Siebzigern übliche Reaktion auf Exhibitionisten war ein erfreutes „och wie süß, lass mal gucken, was haben wir denn da? Sieht aus wie ein Schwanz, nur kleiner!", das den Mann im Trenchcoat schleunigst in die Flucht schlägt und diese Frau ein für allemal aus seinem Verteiler nimmt!

Der Partner vom Beispiel oben, der beim Striptease zuschaut, verhält sich dabei natürlich voyeuristisch, denn er empfindet Lust beim Zugucken, eine Schau-Lust. Aber auch hier hat das wenig mit dem als Krankheit F65.3 im ICD-10 (International Statistical Classification of Diseases and Related Health Problems, deutsch: Internationale statistische Klassifikation der Krankheiten und verwandter Gesundheitsprobleme) kodierten psychischen Leiden „Voyeurismus" zu tun. Denn diese armen Menschen suchen nicht einen Blick auf den Partner oder schauen pornografische Filme, sondern sie dringen in die Privatsphäre der begehrten, oft unbekannten Menschen ein und werden daher häufig wegen sexueller Nötigung und Hausfriedensbruch mit dem Gesetz in Konflikt kommen. Übrigens ist auch hier eine Eskalation zur Vergewaltigung extrem selten, diese armen Seelen haben meist viel zu viel Angst ihre durch Gebüsche schleichende Heimlichkeit aufzugeben.

Und wer beim Liebesspiel gerne Plüschhandschellen einsetzt oder einen Klaps auf den Hintern verteilt bzw. begehrt, ja selbst die Liebhaber komplexer BDSM-Spiele, sagen als Modeerscheinung eher etwas über den Zustand der modernen Gesellschaft aus, als dass es sich um eine krankhafte Störung handelt. Der psychopathische Sadist hingegen hört nicht auf ein vereinbartes Safeword, er braucht die tatsächliche Qual des Opfers zur Befriedigung seiner Leidenschaft. Dafür einen freiwilligen Masochisten zu finden, ist dann auch nicht so einfach, aber in Zeiten des Internets durchaus denkbar, wie der Fall des „Kannibalen von Rotenburg" Armin Meiwes zeigt, der in dem damals 43-jährigen Diplom-Ingenieur Bernd Jürgen Armando Brandes ein williges Pendant gefunden hat.

Zusammenfassend bleibt festzuhalten: bei einer gelungenen Sexualentwicklung macht das Kind all diese Phasen und Paraphilien durch und wird diese Lustarten allesamt ausprobieren. So wird ein freier, luststeigernder Anteil aller „Perversionen" bei Gelegenheit erneut ausgelebt und mit Lust praktiziert. Wird aber das Ausleben als Kind verhindert, so manifestiert sich nach Freud die als unangemessen erfahrene Lustquelle und wird zur Zwangshandlung, zur Krankheit, zur Neurose oder Psychose, je nach der Schwere der Verdrängung und dem Schulddruck, der durch diese Fixierung auf etwas Verbotenes entsteht. Doch davon später, in unserem vorhistorischen Beispiel gehen wir davon aus, dass alle Übergänge reibungslos funktionieren, da ohne Privateigentum und Klassengesellschaften keinerlei unnötige Repressionen auf das Kind einwirken.

Damit zurück zu unserer Nomadengruppe, in der es eben noch keine repressive Sexualerziehung gibt, so dass Kiano sicher frei von unseren modernen Paraphilien bleiben wird. Die Freude bei der Sippe ist groß, als die Frauen mit dem Baby zurückkehren. Da sich die Gemeinschaft als eine solidarische Einheit fühlt, wird die Geburt als ein Ereignis der Gruppe empfunden und die Mutter als Heldin gefeiert, egal, ob man ihr noch die alleinige Schöpfungskraft zuspricht oder bereits um die Rolle des männlichen Samens weiß. Das „Wir" ist um eine neue Person erweitert worden, der Bestand der Sippe wird ein wenig sicherer, das ist die entscheidende Tatsache.

Solange der Greifreflex noch aktiv ist, hält sich Kiano meist im Arm der Mutter auf, da die körperliche Nähe, der permanente Hautkontakt für ein geselliges Wesen wie den Menschen von entscheidender Bedeutung für das Wohlbefinden ist. Das „Kuscheln" ist ein sehr ursprüngliches Bedürfnis bei Säugetieren und vor allem Primaten wie uns. Es scheint der pränatalen Symbiose mit der Mutter am nächsten zu kommen und wird daher stark begehrt. In der Kinderheilkunde und Psychiatrie nennt man dieses Anlehnungsbedürfnis „Anaklise". Experimente mit Affen haben gezeigt, dass beim Anbieten von zwei Gestellen, einem stählernen, kalten mit einer Nahrungsquelle und einem kuscheligen, fellbezogenen ohne Nahrung, das anschmiegsame zuerst aufgesucht und bevorzugt wird. Rhesusaffen, die nur das Stahlgestell angeboten bekamen, zeigten später schwerste Entwicklungsstörungen. Sie konnten nicht spielen, damit auch nicht effektiv lernen und konnten keinerlei soziale Kontakte eingehen. Auch nach der Geschlechtsreife zeigten sie nicht das geringste sexuelle Interesse! Im Prinzip sind damit ihre Existenz und ihr Fortbestand verunmöglicht. Bei völligem Verzicht auf Körperkontakt ist selbst der Tod eine mögliche Folge. Kuscheln ist wichtiger als Fressen! Erst wenn der Hunger groß ist, wechselt das kleine Äffchen für die Zeit der Nahrungsaufnahme zu dem Gerät ohne Kuschelfaktor.

Kiano hat es besser, da ist Nahrungsquelle und Hautkontakt in einer Person verbunden. Vielleicht mit einem Tuch oder Gurt gehalten, schmiegt er sich an die Mutter. Eigentlich immer in der Nähe der Nahrungsquelle, die sicher nicht durch verdeckende oder enge Kleidung versteckt ist, so dass er seinen Hunger stillen kann, wann immer es ihm gefällt. Die Rolle des Vaters übernehmen alle Männer der Gruppe, auch wenn der leibliche Vater bekannt sein sollte, die „Onkels" sind jederzeit für die Kleinsten und Kleinen da, um sie zu betreuen oder ihnen ihre Fähigkeiten weiterzugeben. Ist die Mutter durch eine andere Tätigkeit gebunden, dann wird sie stets eine Tante des Säuglings in der Nähe finden, die es solange aufnimmt, die Sippe ist ja meist eng beieinander und zur Jagd kann sie während dieser Phase der Säuglingsbetreuung eh nicht mit. Da es keine großartige Empfängnisverhütung gibt, wenn man um die genauen Vorgänge noch nicht weiß, sowieso nicht, sind Schwangerschaften in der Gruppe vermutlich permanent akut. Das heißt, dass es viele Frauen gibt, die ein Baby stillen können, also als Amme fungieren. So wird der Armwechsel zur Tante nicht bedeuten, dass es nichts zu saugen gibt, sondern man bedient sich gerne auch an der verwandten Milchtheke. Vielleicht teilt man sich ja die Brüste der Tante auch mit der Cousine, die damit zur „Milchschwester" wird, denn zum Glück gibt es ja zwei davon an jeder Frau! Der Vorteil einer solchen gemeinschaftlichen Babyfütterung liegt auf der Hand. Man weiß von der Bedeutung des Stillens für den Aufbau eines starken Immunsystems für das Kind. Wie gut kann das Immunsystem werden, wenn der Säugling alle Antikörper von allen weiblichen Mitgliedern der Gruppe aufnehmen darf?

Auch dass der Kleine ja sicher nicht jeden Tag in Sagrotan gebadet wird, tut dem Aufbau einer guten Krankheitsabwehr immens gut. Das Leben in dieser vorhistorischen Zeit ist ganz sicher kein Paradies und reichlich mühevoll, aber eins ist sicher, Allergien und Intoleranzen gegen irgendwas entwickelt hier niemand! Wir werden später auch sehen, dass in dieser wenig entfremdeten Umgebung, in der die Kinder aufwachsen, natürlich viele Gefahren für Leib und Leben drohen, aber eine Neurose oder gar eine Psychose wird es hier vermutlich nur aus rein neurologischen Gründen geben können.

Der neue Erdenmensch ist auf der Suche nach libidinöser Befriedigung, das Dionysische will den Genuss. Als noch gänzlich vom „Es" erfüllt, macht es die ersten Erfahrungen von Lust wie gesehen zunächst vor allem über den Mund, beim Stillvorgang. Das Saugen dient zwar vordergründig der Nahrungsaufnahme, wird aber auch immer und darüber hinaus als lustvoll empfunden. Der Mund ist die erste erogene Zone, die das Baby entdeckt. Es nuckelt auch dann, wenn kein akuter Hunger besteht und hört auch nicht auf, wenn keine Milch fließt. Ansonsten würden Schnuller überhaupt nicht funktionieren und kein Baby würde am Daumen lutschen, wir alle wissen, dass das nicht so ist. In dieser frühen oralen Phase, die etwa bis zum 6. Lebensmonat zu beobachten ist, verhält sich der Säugling nur empfangend, aufnehmend, weshalb man diese Phase auch „rezeptiv" nennt. Sein Liebesobjekt ist dabei nicht die Mutter als Ganzes, sondern vor allem die Brust der Mutter, als sogenanntes Partialobjekt. Das Baby nimmt weder sich selbst noch die Mutter als ein Ganzes wahr, sondern nur in seinen Teilen. In unserem prähistorischen Fallbeispiel lebt das Baby

diese frühe orale Phase vermutlich optimal und mannigfaltig aus.
Die Prägung funktioniert überhaupt hier nicht in einer isolierten
Einheit als Kernfamilie, sondern verteilt sich auf die gesamte
Gruppe, die engsten Kontakt, auch Körperkontakt mit Kiano
pflegt. Das hat natürlich den Vorteil, dass nicht die individuellen
Ängste und Defizite der Eltern im Nachwuchs weitergeführt
werden, sondern dass im Idealfall auf jeden Phobiker einer Sache
ein Liebhaber des gleichen Dings kommt, so dass sich die
Entwicklung des Babys optimal und differenziert ausgleichen
kann.

Mit der Verhärtung des Gaumens und dem Beginn des Zahnens
verändert sich die Wahrnehmung und Funktion der erogenen
Zone „Mund" und die Art der Lustgewinnung tritt in eine neue
Phase, die späte orale Phase oder auch oral-sadistische Phase.
Jetzt wird nicht mehr gelutscht, jetzt wird gebissen! Lang
stillende Mütter können ein Lied davon singen, der Säugling
scheint die Mutter bzw. ihre Brust schier verschlingen zu wollen,
das kannibalistische Moment ist deutlich und schmerzhaft
fühlbar. Das ist die Zeit, bis etwa zur Vollendung des ersten
Lebensjahres, in dem Kleinkinder alles in den Mund stecken,
was sie in die Finger bekommen. Das Kauen auf allen möglichen
Objekten macht Lust und Spaß, es ist der erste Akt der
Aneignung der Umwelt, im Versuch des Verschlingens, des
Einverleibens. In der Epoche der frühen Menschen geschieht
dies vermutlich vollkommen hemmungslos, eine Angst vor
Keimen oder Ekel vor irgendetwas gibt es nicht in dem Maße
wie in unseren modernen Zeiten. Dreck reinigt vielleicht nicht
den Magen, stärkt aber auf jeden Fall das Immunsystem! In
dieser Zeit wird auch mal das eine oder andere Objekt
versehentlich verschluckt, weshalb wir heute die Warnhinweise
auf kleinen Spielzeugen finden, dass sie nicht für Kinder unter
zwei oder drei Jahren geeignet sind. Da wird zur Sicherheit die
alles verschlingende orale Phase etwas länger angesetzt. In einer
natürlichen Umgebung werden die meisten zu verschluckenden
Dinge einfach wieder hinten rausgekommen sein.

Dennoch ist in dieser Lebensphase natürlich Vorsicht geboten, denn auch hier bei Kiano ist nicht das Paradies, es gibt Realitäten, denen apollinisch vernünftig zu begegnen ist. Es gibt giftige Früchte und Pflanzen überall, und das Verspeisen eines Skorpions, der auf der Erde krabbelt, ist auch keine gute Idee! Da das Kind in dieser Zeit mobiler wird, herumkrabbelt und vielleicht schon die ersten Schritte geht, müssen ihm Grenzen gesetzt werden, um es selbst zu schützen. In unserem angenommenen Sippenverbund geschieht dies vermutlich meist ganz selbstverständlich dadurch, dass der Knabe nicht alleine ist. Da spielen die Kinder verschiedener Altersstufen miteinander und einer passt auf den anderen auf. Bei echter drohender Gefahr schreiten die Erwachsenen ein. Die meisten notwendigen Dinge lernen die Babys bei so einer engen Gemeinschaft durch Vorbild und Nachahmung. Wenn die Mutter Getreide mahlt, kopiert Kiano die Bewegungen ungeschickt, genau so, wie bis heute Kinder „Backe Backe Kuchen" spielen, wenn sie noch das Glück haben ihrer Mutter beim Backen zusehen zu können und nicht alles sinnlich unberührt im Thermomix verschwindet. Wenn der Vater ein Werkzeug herstellt, ist der Junge sicher nicht weit, um auch dabei fasziniert zuzuschauen.

Das ist die eine Seite von Erziehung, die liebevolle, bei der die Autorität, also die Erwachsenen, als Vorbilder agieren und das Kind es begehrt, so zu werden wie die Eltern. Der Säugling erfährt, geleitet von den Bezugspersonen, zunächst verschiedene Körperteile als Partialobjekte als Lustzentren, als erogene Zonen, Mund, Anus, Genital. Die totale Abhängigkeit gibt den Erwachsenen aber ebenso den Nimbus von Giganten und damit auch von Bedrohung, vor allem, wenn sie in manchen Situationen laut und streng werden. Denn keine Erziehung kommt ganz ohne autoritäres Gebaren aus, welches im Kind Angst erzeugen kann. Es gibt einfach bestimmtes Verhalten, das von Anfang an keine Fehlertoleranz hat, da jede Missachtung der Regeln tödlich wäre. So muss das Baby von der Giftspinne, der Schlange oder dem offenen Feuer weggerissen werden,

bevor es gebissen wird und wenn Kiano mit einer Raubkatze
knutschen will, dann ist keine Zeit für liebevolle Erklärungen
und argumentative Geschichten, dann muss ein strenges
Regiment das Gesetz durchsetzen, dass man Leoparden nicht
küsst! Hier muss zum Schutz des Sohnes und aus Liebe zum
Kind ein nur unzulänglich begründetes Über-Ich in Kraft treten,
das nicht eine Sekunde hinterfragt werden darf. Also erfährt das
Kind die Eltern und Erwachsenen auf der einen Seite als
Liebesobjekte, denen man nacheifert und denen man gefallen
möchte, auf der anderen Seite aber immer auch als Bedrohung,
als potentiell Angst machende Instanz, die rigoros verbietet, die
tyrannisch ist. Der liebende und der strafende Gott in Person
der Vater- und Mutterfiguren.

In dieser Zeit beginnt für den kleinen Erdenbürger so langsam
die Trennung der Welt in Subjekt und Objekt, eine erste Idee
von einem „Ich", das dem „Du", dem Anderen begegnet
entwickelt sich. Für den französischen Denker und
Psychoanalytiker Jaques Lacan macht das Kleinkind etwa im 18.
Lebensmonat das sogenannte „Spiegelstadium" durch. Es ist zu
beobachten, dass Kinder in diesem Alter zu begreifen beginnen,
dass ihr Spiegelbild ihr eigenes Spiegelbild ist, was vielen Tieren
niemals gelingt. Diese interpretieren Spiegelbilder entweder als
fremdes Tier oder ignorieren es völlig. Lacan fiel auf, dass
Kinder in diesem Alter in Entzücken ausbrechen, wenn sie sich
vollständig im Spiegel erblicken. Sie jauchzen vor Freude und
kriegen sich nicht mehr ein. Es scheint gewiss, dass diese
Reaktion etwas damit zu tun hat, dass sich das Kind zum ersten
Mal als Ganzes, als vollständiges Subjekt wahrnimmt, während
es vorher das eigene Gesicht zum Beispiel nie sehen konnte und
die Gliedmaßen nur wie Partialobjekte wahrgenommen wurden.
Ob es aber für diese Erkenntnis der eigenen Subjektivität des
technischen Hilfsmittels eines Spiegelbildes bedarf, ist zu
bezweifeln. Die Augen der Mutter, denn Augen sind im Prinzip
Spiegel, der Austausch mit anderen Menschen der Gruppe, die
man ja auch als Ganzes zu sehen beginnt, ermöglichen

irgendwann mit Entwicklung des Bewusstseins die
Abstraktionsleistung, dass man selbst wohl auch so ein Ganzes
sein müsste.

Die Entwicklung eines Ichs ist nicht so einfach und mechanisch-
sinnlich wie das Erkennen eines Spiegelbildes, ansonsten müsste
man Tauben und Elstern ein Selbstbewusstsein menschlicher
Art unterstellen. Es ist sicherlich Intelligenz nötig, um den
Spiegeltest zu bestehen, aber es ist ein menschliches Bewusstsein
nötig, um sich seiner eigenen Existenz bewusst zu sein in all
seiner Komplexität und Endlichkeit, wie dies der Mensch ist und
sein muss. Der Vollständigkeit halber hier einige Tiere, die in der
Lage sind ihr eigenes Spiegelbild als solches zu erfassen, auch
um deutlich zu machen, dass es offensichtlich einen qualitativen
Unterschied zum menschlichen Begreifen gibt: die großen
Menschenaffen als unsere nächsten Verwandten und somit an
der Schwelle zur Bewusstseinsbildung stehend, sind allesamt in
der Lage sich selbst im Spiegel zu erkennen. Beim Gorilla ist der
Beweis etwas schwierig zu führen, weil diese Spezies
Augenkontakt mit fremden Artgenossen stets vermeidet und
daher auch ihr eigenes Spiegelbild spontan niemals frontal
betrachten wird. Wenn man einen Gorilla aber sanft dahin führt,
erkennt er sich mühelos. Auch kleine Affenarten wie
Rhesusaffen bestehen den Spiegeltest, aber in der Regel nicht
spontan, sie müssen es erst erlernen.

Einige Zahnwale, wie Delfine und Orcas gehören auch in diesen
erlauchten Kreis der potentiellen Narzissten. Also alles Tiere,
denen man sowieso eine gehörige Portion Intelligenz unterstellt.
Dass aber der asiatische Elefant sein Spiegelbild begreift, ist
dann doch eher eine Überraschung. Wenn man einem solchen
Tier eine Markierung auf die Stirn macht und er diese im Spiegel
bemerkt, dann versucht der Elefant mit dem Rüssel diesen Fleck
zu entfernen, und zwar auf der eigenen Stirn, nicht auf dem
Spiegelbild, Test bestanden! Im Vogelreich finden wir die
schlaue Elster und den überaus neugierigen Kea als intelligent

genug, was auch nicht verwundert, wenn man weiß, wie
geschickt diese Tiere Denksportaufgaben mit Knoten und
Mechanismen lösen, an denen nicht wenige Menschen zunächst
scheitern würden! Dass man dann aber auch bei der gemeinen
Taube eine entsprechende Reaktion beobachten kann,
verwundert wiederum. Man sieht auf jeden Fall, dass hier noch
eine Menge Forschungsarbeit zu leisten ist. Kiano wird
vermutlich keinen Ganzkörperspiegel auf der nomadischen
Wanderung in Urzeiten vorfinden, aber ein Bewusstsein von sich
selbst beginnt auch er bis zum 18. Lebensmonat zu entwickeln,
egal ob nur über seine Mitmenschen oder über eine Spiegelung
seiner selbst in einem ruhigen See. Ich und Du, Subjekt und
Objekt werden irgendwann in diesem Lebensabschnitt zu
Kategorien seiner eigenen Welt.

Bei der oralen Phase, in deren Mittelpunkt die Nahrung steht,
sind die Konfliktfelder noch relativ gering, bis eben in der späten
oralen Phase die Sache mit dem in den Mund stecken von
ungeeigneten Dingen. Bis hierher können wir also die
Entwicklung der Lusterfahrungen fast mühelos erkennen als eine
Bewegung der Vergesellschaftung als Durchdringung des
Dionysischen durch das Apollinische, durch das Erlernen von
Triebaufschub und Hemmung der Begierde zur Vorbereitung
der selbständigen, vernünftigen Arbeit des erwachsenen
Menschen. Am Anfang sehen wir das fast ungebremste „Es“ in
der empfangenden Phase, wo es höchstens mal zu Stress
kommt, wenn die Nahrung zu spät zum Kind gelangt oder von
Seiten der Mutter, wenn das Baby zur Unzeit (also meist nachts)
nach Milch schreit. Hier lernt der Säugling zunächst, dass man
auch mal einen Moment warten muss, bis die paradiesischen
Zustände Honig und vor allem Milch fließen lassen. In der
späten oralen Phase sieht sich das Baby den ersten handfesten
Verboten ausgesetzt, zunächst unmittelbar, wenn die Mutter sich
das Kauen und Beißen auf die Brustwarze verbittet und mit
zeitweisem Nahrungsentzug ahndet. Dann aber auch bereits
gesamtgesellschaftlich und für die Sicherheit der Gemeinschaft

relevant, wenn der orale Kontakt mit gefährlichen Substanzen, Früchten oder Tieren streng verboten und notfalls mit Gewalt verhindert wird. Einfach weil es keine zwei Chancen gibt und das Leben auf dem Spiel steht.

Am Ende der zweigeteilten oralen Phase und dem Spiegelstadium entdeckt Kiano etwa im Alter von zwei Jahren seinen After als nächste erogene Zone. Nach der empfangenden Lust (frühe orale Phase) und der verschlingenden Lust (späte orale Phase) macht er eine ganz neue, bewusste Erfahrung: er empfindet Lust an etwas, das er selbst produziert! Und von den Bezugspersonen wird er auch noch dafür gelobt! Heutzutage geht das so weit, dass die Zweijährigen gefeiert werden wie Popstars, wenn sie ein Häufchen gemacht haben. Dass die Verdauungsvorgänge eine Lustquelle sein können hat mein Lehrer Dietrich Garstka einmal einer Schülerin drastisch verdeutlicht, die einfach nicht die Definition „Lust als Abfuhr von Spannung" begreifen wollte. Er bat sie, sich vorzustellen, sie sei auf einer Klassenfahrt mit der ganzen Truppe im Essener Stadtwald unterwegs auf einer Wanderschaft. Nach einiger Zeit, die Hälfte des Weges liegt noch vor ihr, überkommt sie ein starker Drang eine Toilette aufzusuchen. Und das mitten im Wald, 40 pubertierende Jungen immer um sie herum! An ein entspanntes Hocken hinter einen Baum ist nicht zu denken. Also muss man einhalten und warten, bis das Ziel mit einem WC erreicht ist. Die Zeit wird unendlich lang, die Wanderung zur Tortur, das Mädchen möchte am liebsten in Heulen und Schreien ausbrechen. Endlich, nach einer ewig empfundenen Zeit ist die rettende Gastwirtschaft erreicht und sie kann sich erleichtern, von einer körperlichen Spannung, die sich über die gesamte Wanderung immer weiter aufgebaut hat. „Und siehst du, wenn du es dann laufen lassen kannst, das ist Lust!" beschwor es der Lehrer und die Schülerin hatte begriffen. Ich wette sie erinnert sich bis heute an diese Lektion!

In unserer hier entwickelten entspannten Atmosphäre der vorantagonistischen Gesellschaft wird das für Kiano weniger spektakulär abgehen. Dennoch macht bei dieser Gelegenheit der Säugling auf jeden Fall zum ersten Mal die Erfahrung von Konflikten mit der Gemeinschaft um ihn herum. Spätestens wenn Kiano, wie noch aus der ausklingenden späten oralen Phase gewohnt, das neu entdeckte Produkt seines Körpers zur weiteren Begutachtung in den Mund schiebt, wird irgendjemand ihm dieses zu verwehren suchen. Entweder rabiat und repressiv durch strenges Verbot (Über-Ich-Bildung) oder durch subtiles Vormachen, dass das nicht wirklich lecker ist und es weit bessere Dinge gibt, die man sich in den Mund schieben kann. Auch die Produktion selber wird für Kiano merkwürdig und irritierend unterschiedlich bewertet. Wenn er einen Haufen macht an der dafür vorgesehen Stelle und zu einer passenden Zeit, dann wird es sehr positiv aufgenommen. Kackt er allerdings ins Bett oder gar auf den Tisch, dann sind das Geschrei und die negativen Reaktionen der Erwachsenen groß! Die Sauberkeitserziehung stellt somit eine erste ernstere Konfrontation dar zwischen der ungezügelten Lust des Kindes und den Erfordernissen der Gesellschaft, zwischen Dionysischem und Apollinischem, zwischen Lust- und Realitätsprinzip. So lernt das Baby Macht auszuüben durch Zurückhalten der Verdauungsprodukte und die damit verbundene Rebellion gegen die Autorität. In späteren Epochen, nach der Etablierung des Privateigentums und damit des Geldwesens werden in der analen Phase die Geschäftstüchtigkeit und das wirtschaftliche Funktionieren in der Produktion eingeübt und angelegt. Die Analogien der Fäzes zum späteren Produkt aller entfremdeten Arbeit, dem Geld, sind augenfällig. Auch das Geld, wie die Scheiße, muss ich „zurückhalten", um dadurch Macht zu akkumulieren. So viel wie möglich zu (be)scheißen bedeutet ein „großes Geschäft" zu machen, später im Geschäftsleben, wie hier in der analen Phase. Der Analcharakter leidet persönlich vermutlich mehr an Verstopfung als an seinem Geiz, aber ein „big spender" ist er sicher nur selten; eher der kleinkrämerische Rechner, der das

Geld, die ganze Scheiße eben zusammenhält. Das bekannte Märchen „Goldesel" oder auch die bildhaften Dukatenscheißer an zahlreichen alten Hauswänden und als Statuetten beweisen, wie bewusst schon dem einfachen Volkswissen der Zusammenhang Kot/Geld immer geblieben ist.

Wir sind jetzt im dritten Lebensjahr von Kiano, der alles entscheidenden Zeit für die emotionale und soziale Zukunft des Jungen. In den ersten drei Jahren wird die Prägung vorgenommen, die über die Liebesfähigkeit, die Ängste und die Resilienz des heranwachsenden Individuums entscheidet. Unter Resilienz (von lateinisch für „abprallen") versteht man in der Psychologie die Fähigkeit Krisen zu bewältigen und sie sogar als Chancen zu sehen, sie für die eigene Entwicklung zu nutzen. In diesen ersten Lebensjahren wird die Grundlage für das „Ich", für den Charakter und die Persönlichkeit gelegt. Die Inhalte der Prägung, sprich der frühkindlichen Erziehung, sind aber weitgehend von der Epoche, den gesellschaftlichen Umständen vorgegeben. Es wird in der Regel das vermittelt, was der Ideologie der Zeit, was den Produktionsverhältnissen entspricht. Die Vermittler dieser gesellschaftlichen Regeln und Institutionen sind die direkten Bezugspersonen des Kindes. In unseren Zeiten also meist die Eltern, manchmal auch nur ein alleinerziehender Elternteil und später Kindergarten und Schule. In unserem fiktiven vorhistorischen Beispiel von Kiano ist es neben der Mutter die gesamte Gruppe, die in großer Eintracht viel Zeit miteinander verbringt. Da sind alle männlichen Erwachsenen, die als „Onkel" allesamt die Rolle des Vaters, des männlichen Vorbilds übernehmen. Da sind die weiblichen Erwachsenen, die wenn möglich auch mal als Amme einspringen und gemeinsam die Kinder beaufsichtigen und pflegen. Da sind aber auch immer die anderen Kinder, die im Geiste einer modernen Inklusion nicht getrennt nach Alter oder Begabung miteinander spielen und sich somit permanent gegenseitig bereichern durch den sozialen Kontakt. Kiano kann in großer Freiheit seine Erfahrungen machen, die auch manchmal schmerzhaft sind, aber immer ist jemand da und in der Nähe, der ihn auffängt, tröstet und unterstützt. Keine Helikoptermutter, die in Isolation ihre Ängste auf ihn projiziert, sondern eine Gemeinschaft von Individuen, die verschiedene Ängste und Stärken haben, die sie je nach Bedürfnis dem Kind vermitteln können. Hier wird das im Kleinkind verankert, was man „Urvertrauen" nennt und das so eine enorme Wichtigkeit für eine gelungene Ich-Entwicklung hat.

Urvertrauen kann sich genau (und nur) dann entwickeln, wenn das Baby von Beginn an eine Reihe von Dauerpflegepersonen um sich hat, die ihm mit einer hohen Verlässlichkeit eine liebende, versorgende Zuwendung schenken. Was im Extremfall geschehen kann, wenn diese frühe Beziehung in der oralen Phase misslingt, zeigt das Beispiel von Jürgen Bartsch, dem Kindermörder aus dem Ruhrgebiet, dessen Fall ich oben schon angeführt habe. Als nichteheliches Kind unter dem Namen Karl-Heinz Sadrozinski geboren, starb seine Mutter kurz nach seiner Geburt an Tuberkulose, weshalb er seine ersten Lebensmonate in der Entbindungsstation einer Essener Klinik verbrachte. Die völlig überforderten Krankenschwestern versuchten ihr Bestes, konnten aber natürlich bei aller anfallenden Arbeit keine sonderlich förderliche Umgebung für das Baby schaffen. Es fehlte ihm genau an der hohen Verlässlichkeit, an klaren Bezugspersonen und vermutlich auch an ausreichend liebevoller Zuwendung. Als er mit elf Monaten vom Fleischerehepaar Bartsch aufgenommen wurde, hätte es einer großen Anstrengung und immenser Liebesfähigkeit von Seiten der Adoptiveltern bedurft, um diese Defizite aus dem ersten Lebensjahr auszugleichen. Stattdessen wurde der nun Jürgen genannte Säugling völlig isoliert in einem Kellerraum eingesperrt und erst mit dem Eintritt in die Schulpflicht zwangsläufig sozialen Kontakten mit Gleichaltrigen ausgesetzt. Der jahrelange Missbrauch in einem katholischen Internat, in das er zwischenzeitlich abgeschoben wurde, hat seiner Seele vermutlich den Rest gegeben, wie die Tonbandaufnahmen aus der Haft

eindrucksvoll dokumentieren. Die strenge und zwanghaft auf
Sauberkeit bedachte Stiefmutter soll ihn bis zu seinem 19.
Lebensjahr mit eigenen Händen gebadet und gewaschen haben,
was sicher auch nicht gerade die psychische Gesundheit
gefördert hat. Diese bedauernswerte Figur konnte unmöglich ein
Urvertrauen entwickeln und wurde stattdessen zu einem
sadistisch geprägten Pädophilen!

Nur ein geschenktes Urvertrauen ermöglicht eine weitgehend
angstfreie Auseinandersetzung mit der sozialen Umgebung.
Diese Vermittlung von Urvertrauen bedeutet nicht totale
Sicherheit oder gar Überfürsorge, sondern im Gegenteil: es
bedeutet die Erfahrung von Freiheit, mit der Gewissheit, dass
bei einem Problem, beim Misslingen der Bewältigung einer
neuen Aufgabe, sicher jemand da ist, der einen auffängt. Also
nicht das Fallen verhindern, sondern Auffangen, Aufheben. So
lernt das Kind sich auf sich selbst zu verlassen, weil es ja oft
auch gut geht und sogar ohne Hilfe! Das Selbstwertgefühl
wächst, was auch meint, dass man sich durchaus vorstellen kann,
dass man geliebt wird, weil man es wert ist! Andersherum
vertraut man aber auch grundsätzlich anderen Menschen erst
einmal, da man früh die Erfahrung machen durfte, dass man
nicht im Stich gelassen wird. So weiß man sich verstanden und
angenommen, was dazu führt, dass man Liebe auch schenken
kann, da man zu vertrauen gelernt hat. Genau hier liegt die
Quelle für die Entwicklung von Resilienz, ein Mensch, der als
Kind die Erfahrung gemacht hat, dass man ruhig etwas
probieren kann, dass es am Ende doch gut ausgeht, weil andere
einem helfen, der wird auch später nicht bei der ersten Krise
zusammenbrechen. Schwierigkeiten wird er als Herausforderung
sehen und nicht als Bedrohung. Von anderen Menschen in ihrer
Umgebung werden solche Menschen, die das Glück hatten eine
Menge Urvertrauen abzubekommen, häufig als notorische
„Glückspilze“ wahrgenommen, denen vieles in den Schoß fällt.
In Wahrheit nutzen sie nur relativ angstfrei alle sozialen
Ressourcen, weil sie kommunikativ und hoffnungsvoll auf

Menschen zugehen und dabei weiter positive Erfahrungen machen, wenn die Zeiten nicht allzu finster sind!

Kiano wird sicher eine Menge Urvertrauen mitbekommen haben, da er von liebevollen Gruppenmitgliedern jeden Alters umgeben ist, die wegen des Fehlens von Privateigentum und der klassenlosen Gesellschaftsstruktur kein Konkurrenzverhältnis aufbauen müssen, sondern höchstens im spielerischen Wettbewerb die Kräfte messen.

Nachdem er nun schon seinen Mund und seinen Anus, also den Anfang und das Ende des ersten Selbsterhaltungstriebes, der Nahrungsverwertung, als erogene Zonen erobert hat, forscht er weiter nach Quellen der Lust und Bedürfnisbefriedigung. Bei dieser Erforschung des eigenen Körpers und der Beobachtung der Körper seiner Bezugspersonen entdeckt der Junge sein Glied als mögliche Lustzone, weshalb die Psychoanalyse die Zeit vom dritten bis zum fünften Lebensjahr die phallische nennt. Es ist natürlich eine Folge der patriarchalischen Gestalt unserer Kultur, dass hier die Mädchen und ihre Entdeckung der Klitoris gar nicht erwähnt werden! Genau die Summe solcher kleinen Auslassungen, die Anhäufung von männlicher Ignoranz lassen kulturgeschichtlich das „schwache Geschlecht" entstehen, oder wie Simone de Beauvoir es nannte „Das andere Geschlecht". Zu Kianos Zeiten dürfen wir getrost annehmen, dass es diesen gesellschaftlich-herrschaftlichen Geschlechterunterschied noch nicht gegeben hat. Daher wird auch die zweite Bezeichnung dieser Phase, nämlich als „ödipale Phase", kaum eine Bedeutung haben, während dies in der Moderne durchaus anders ist. Die phallische Phase ist gekennzeichnet durch die Beschäftigung mit dem eigenen Genital und der Erforschung der fremden, erwachsenen Sexualität. Der Vergleich mit den Körpern der männlichen und weiblichen Bezugspersonen lässt so etwas wie eine Geschlechterrolle entstehen. Das jeweils andere Geschlecht erscheint in der Regel als begehrenswert und verspricht Lust. Diese erste Erkundung „richtiger" Geschlechtlichkeit gelingt

natürlich in einer nicht entfremdeten Umgebung ohne große
Sexualunterdrückung leichter als in einer repressiven,
lustfeindlichen Gesellschaft wie unserer. Kiano hat dauernd
Gelegenheit nackte adulte Menschen zu beobachten, da es keine
großartige Scham gibt, die erst von viel späteren Religionen
strikt verlangt wird und zur permanenten Körperverhüllung
drängt. Ein Kind des Viktorianischen Zeitalters oder der prüden
50-er Jahre in Deutschland hat seinen Vater vermutlich nie nackt
gesehen und die Mutter erscheint ihm am wenigsten bekleidet in
martialische Korsetts gezwängt. Nicht gerade ein Anblick von
lustvoller und frei gelebter Geschlechtlichkeit!

An dieser Stelle, wo das Geschlecht zum ersten Mal in den
Fokus rückt, müssen wir auch die Frage nach der
Homosexualität stellen, die dank der christlichen Kultur ein
Thema ohne Ende zu sein scheint. Alle Forschung auf diesem
Gebiet, wie Homosexualität „entsteht", ob sie angeboren,
genetisch, erlernt oder gar eine Krankheit ist, erscheint bei
genauer Betrachtung immer politisch und herrschaftsrelevant
eingefärbt. Wir wollen uns daher daran nicht beteiligen. Wenn
man das Thema aber ganz grundsätzlich, dialektisch,
vorurteilsfrei und somit als reine Bewegung des Begriffs
anschaut, erscheint es ganz einfach. Wir haben gesehen, dass das
Neugeborene „polymorph pervers" zur Welt kommt, in unserer
Sprache „offen für jede denkbare Form der Lust". Nicht
festgelegt auf eine instinktiv vorgeschriebene Art des
Lustgewinns, also auch nicht auf so etwas Banales und
vollkommen Äußerliches wie das Geschlecht. So stimmen wir
Freud zu, dass jede Beschränkung auf ein Geschlecht, also
sowohl Homo- als auch Heterosexualität bereits eine
Einschränkung der grundsätzlich bisexuellen Möglichkeiten des
Menschen ist. Überhaupt erscheint schon die Unterteilung in nur
zwei Geschlechter bei nicht eurozentrierter Betrachtung als
willkürlich und eine brutale Reduktion der menschlichen
Möglichkeiten. Man „wird" also nicht homosexuell, sondern

sowohl die hetero- als auch homosexuellen Fixierungen stellen eine Regression und einen kulturell tradierten Zwang dar.

Bei fast allen indigenen Gruppen in Nordamerika gab es vor der Begegnung mit der imperialen und hegemonialen Kultur der Europäer die sogenannten „Two-Spirit-Menschen", ein drittes Geschlecht oder sogar viertes, da es sie bei Mädchen wie bei Jungen gab. Es handelte sich dabei um Kinder, die zwar körperlich dem einen Geschlecht angehörten, aber seelisch eine größere Verbundenheit zu der Rolle des anderen Geschlechts zeigten. In der abendländischen Tradition wird erst heutzutage mit der Transgenderbewegung langsam ein Bewusstsein für diese Varianz menschlichen Verhaltens entdeckt und bewusst. Der weiße Kulturimperialismus führte innerhalb von wenigen Generationen dazu, dass diese besonderen Personen bis kurz nach dem Zweiten Weltkrieg in den Stämmen von den konvertierten Mitgliedern selbst ausgerottet wurden. Bei den Navajos zum Beispiel sind folgende Geschlechter und Varianten differenziert und überliefert:

1. Frau (asdzaan), die in einer eher matriarchalischen bzw. matrilinearen Gesellschaftsform das wichtigste Geschlecht darstellt, da es das Geschlecht der Fortpflanzung ist.
2. Mann (hastiin)
3. Hermaphrodit, was eher eine unzureichende Übersetzung des Begriffs nadleeh zu sein scheint. Mit einem modernen Begriff würde man diese Menschen vielleicht als „Intersextyp" klassifizieren, aber für die Indianer ist ein nadleeh einfach ein Mensch der Charakteristiken eines anderen Geschlechts aufweist als seines Geburtsgeschlechts.
    a. Männliche Frau, also ein nadleeh mit einem weiblichen Körper, der im täglichen Leben aber eine Männerrolle einnimmt.

b. Weiblicher Mann: genau umgekehrt, ein
nadleeh mit männlichem Körper aber
weiblicher Ausrichtung und femininem
Rollenverhalten.

Auch die Natur zeigt uns deutlich, dass die Ächtung
homoerotischer Orientierung alles andere als „natürlich" ist,
sondern eine Folge religiöser Lustfeindlichkeit und
produktionsorientierter Ideologie. Wenn Kinder für den Kaiser
oder Führer gemacht werden müssen, oder die Deutschen sich
ihre Deutschen wieder selbst machen wollen (AfD-
Werbeplakat), dann ist kein Platz für eine Sexualität, die frei von
Produktions- und Warenlogik ist. Im Tierreich ist das anders:
homosexuelle Praktiken sind bei etwa 1.500 Tierarten
beobachtet worden, bei mehr als 450 davon sind sie sehr gut
dokumentiert, nachgewiesen und erforscht. Die von mir so
geliebten Bonobos verhalten sich allesamt bisexuell, vor allem
die Weibchen, die in der matriarchalischen Gesellschaft den Ton
angeben, sind durchweg auch lesbisch aktiv. Mit Hilfe einer
variantenreichen Sexualität in vorwiegend sozialer Funktion
gelingt es diesen Menschenaffen fast jeden Konflikt gewaltfrei
zu lösen und angespannte Situationen lustvoll aufzulösen.
Wieder einmal Lust als Auflösung von Spannung, „poppe net
kloppe", wie der rheinische Volksmund sagt.

Die soziale Funktion von Sexualität scheint insgesamt viel
wichtiger zu sein als ihre biologische, primär der Fortpflanzung
dienende Funktionalität. Und dies nicht nur bei den Bonobos
oder beim Menschen. Es ist schon verblüffend zu erfahren, dass
z.B. bei den Giraffen tatsächlich nur 6% aller sexuellen
Handlungen zweigeschlechtlich und damit potentiell
Nachkommenschaft erzeugend stattfinden. 94% aller sexuellen
Aktionen bleiben innerhalb des eigenen Geschlechts! Und da
steckt ein Aufwand dahinter bei diesen riesigen Tieren! Die
Geschichten von schwulen Pinguinen sind aus Discovery
Channel hinlänglich bekannt, überhaupt scheint ein gewisser

Anteil an homosexuellen Paaren sogar evolutionsmäßig von
Vorteil zu sein. Die Bereitstellung zusätzlicher Pflege- und Hege-
Paare sichert die erfolgreiche Aufzucht der Nachkommenschaft,
auch wenn die biologischen Eltern sterben oder aus sonstigen
Gründen nicht zur Verfügung stehen. Bei Trauerschwänen ist
noch weitergehend zu registrieren, dass männlich homosexuelle
Paare, die zum Beispiel Eier bzw. Nester stehlen oder eine
temporäre Dreiecksbeziehung mit einer Schwänin aufnehmen,
die dann nach der Eiablage vertrieben wird, bei der Aufzucht der
Küken deutlich erfolgreicher sind, sprich es erreichen mehr
Exemplare das erwachsene Alter als bei einem „normalen" Paar.
Das macht Hoffnung für all die adoptierten Kinder, die im
letzten Jahrzehnt glücklich in gleichgeschlechtlichen
Gemeinschaften untergekommen sind.

Mit der nächsten Periode der Entwicklung verlässt das Kind die
eher autoerotische Erfahrungswelt. Bisher ging es um
körpereigene Partialobjekte, die als erogene Zonen entdeckt
wurden. Die nun folgende Phase verschiebt den Fokus vom
eigenen Körper zur sozialen Beziehung. Die Psychoanalyse
bezeichnet sie als „Latenzperiode", was vom lateinischen latere
= „verborgen sein" abgeleitet wird, da hier die Sexualität und
Libido verborgen zu sein scheint und unterdrückt wird. Ich
glaube, dass dies ein großes Missverständnis ist und lediglich
daran liegt, dass bei den meisten Erwachsenen und vermutlich
allen Wissenschaftlern die nachfolgende Pubertät einwandfrei
funktioniert hat und die sogenannte „Pubertätsamnesie" dafür
sorgt, dass sie sich einfach nicht mehr richtig an die Ereignisse
dieser Zeit erinnern. Es wird so getan, als würde der junge
Mensch in dieser Zeit lernen, die Triebwünsche zu verschieben
und stattdessen zu „sublimieren", um neue Dinge zu lernen und
sich an den erwachsenen Vorbildern zu orientieren, um
kulturelle Werte und kognitive Fähigkeiten zu übernehmen.
Sexuelle Energie werde zwar nach wie vor produziert, aber diese
in soziale Handlungen umgewandelt und in eine Abwehr von
Sexualität kanalisiert. Das klingt nicht nur bemüht, das ist es

auch! Wir reden hier von ungefähr sechs Jahren, vom fünften bis zum elften Lebensjahr, in denen das Kind nur Befriedigung sucht, indem es neue Fähigkeiten erlangt, die Umwelt erkundet und den ganzen Tag sublimiert, um sich die sachlichen Dinge des erwachsenen Lebens anzueignen!? Und dann soll auch noch die Sexualität des Kindes zur Seite gedrängt werden, weil das Spielen mit Freunden und die Schule stattdessen an Bedeutung gewinnt!? Träumt weiter! Die Latenzperiode ist nur deshalb „latent", weil sie (noch) nicht so unter Beobachtung steht. Kleinkinder brauchen sehr viel Aufmerksamkeit, deshalb sind die orale, anale und auch noch die phallische Phase vor allem bei heutigen Ein-Kind-Familien gut beobachtet. Ab der Pubertät, die entgegen der landläufigen Meinung nicht vom Kind ausgeht, wie wir sehen werden, wird das Ganze „erwachsen" und wird daher wieder besser wahrnehmbar, weil am Ende der Pubertät, wenn sie denn gelingt, eine Sexualität etabliert ist, die den gesellschaftlichen Normen entspricht, die ja von den Eltern repräsentiert wird. Die Zeit dazwischen unterliegt keiner so lückenlosen Beobachtung und Kontrolle. Meine große Befürchtung ist, dass die Tendenz der lückenlosen Überwachung und die allgemeine Atmosphäre der Angst dazu führt, dass diese Periode, in der die Kinder wenigstens ein wenig Freiheit erfahren, auch noch unter das Joch der spießigen Repression fällt. Eigentlich ist die Zeit vor der Pubertät sogar die am meisten sexualisierte und vor allem die spannendste. Da dies aber die eigene Pubertätsamnesie in Frage stellen würde, kann nicht sein, was nicht sein darf. In Wahrheit ist diese so „harmlose" und „ruhige" Entwicklungszeit für die Libido des Kindes eine unfassbar aufregende, in der man relativ unbeobachtet alles Mögliche ausprobieren kann. Das ist die Zeit der „Doktorspiele", die sich nicht mehr auf Partialobjekte am eigenen Körper als erogene Zonen (Mund, After, Genital) beziehen, sondern den fremden Körper in seiner Mannigfaltigkeit erlebt und erfährt, wie dies viele Erwachsene niemals in ihrem Leben zu Stande bringen. Und dann haut die Pubertät ihnen die Erinnerung daran weg, schade drum! Wer

sich erinnern kann, der weiß um die „Stinkespiele", bei denen
man sich gegenseitig am Hintern gerochen hat wie die Hunde im
Park. Oder der linkische Versuch mit noch untauglichen Mitteln
die in der Schule oder von Erwachsenen beschriebene
Kopulation auszuprobieren. Jedes Ringen mit einem Freund
oder einer Freundin in diesem Alter ist eine hocherotische und
sexuelle Aktion, die nicht selten die ersten Erektionserfahrungen
und Erregungsmomente auslöst. Die Kinder beobachten die
Erwachsenen in dieser langen Phase sehr viel genauer und
sensibler, als diese es sich denken können. Gewohnt an den
tiefen Schlaf oder die narzisstische Egozentrik des Säuglings
wird sorglos erotisch agiert, ohne zu bemerken, dass dem
Kleinkind damit durchaus regelmäßig die „Urszene" vorgeführt
wird, wo das Kind sich fragt, was der Papi da auf der Mutti
macht! Und das ist auch gut so! Und dass die Erwachsenen, die
eine Klassengesellschaft mit repressivem Menschenbild
repräsentieren, davon nichts wissen, ist auch gut. Diese Bastion
der Kindheit droht aber inzwischen zu fallen. In den USA ist ein
8-Jähriger ernsthaft zu einer Haftstrafe verurteilt worden, weil er
seiner Schwester beim Urinieren in einem Gebüsch zugeschaut
hat. Das muss man sich mal vorstellen, anstatt Freude darüber
zu empfinden, dass er so eine gesunde Neugier entwickelt, wird
das Kindsein und damit die freie Libido öffentlich kriminalisiert.
Was die GSM-Telefone mit GPS jetzt schon anrichten und wie
damit die Bastion der verbliebenen kindlichen Freiheit bedroht
wird, ist noch gar nicht absehbar. Was passiert mit dermaßen
kontrollierten und damit deformierten Kindern und
Jugendlichen? Es dauert nicht mehr lange, und wir werden die
Folgen erkennen.

Kianos soziale Kontrolle wird nicht von hochtechnisierten
Helikoptereltern in paranoider Leitung geleistet, sondern von
der ihn ständig und selbstverständlich zwanglos umgebenden
Gruppe von Freunden, Verwandten und Bekannten aller
Altersstufen, ein optimaler Umgang, der auch die Gettoisierung
in schulischen Anstalten, die nach Alter und Leistungsfähigkeit

differenzieren, verhindert. Keine soziale Blase, sondern reale Inklusion ist am Werk. Hoffentlich bleibt diese doch recht lange Zeit im Leben der jungen Menschen noch eine Weile „latent" und den Erwachsenen einigermaßen verborgen!

Denn nach dieser Zeit des „Austobens" tritt die grobe Kelle der Kultur und der das Kind umgebenden Gesellschaft in Erscheinung, die Pubertät! Sie ist die erste Phase der sogenannten „Adoleszenz", also des „Heranwachsens", des endgültigen Übertritts in die Erwachsenenwelt. Im Allgemeinen wird es so formuliert, dass der Heranwachsende „in die Pubertät kommt". Das ist genau betrachtet aber eine gänzlich falsche Sichtweise. In Wahrheit ist es so, dass ab einer bestimmten, wahrgenommenen Schwelle der Entwicklung des Kindes die umgebende Gesellschaft, das soziale Umfeld der Erwachsenen auf einen Schlag, quasi über Nacht die Einstellung zum Nachwuchs verändert. Sobald es augenscheinlich so ist, dass das Kind geschlechtsreif und damit erwachsen zu werden droht, ist Schluss mit lustig, da wird die Latenz gnadenlos ausgetrieben zugunsten der Präsenz einer erwachsenen Ordnung. Verhalten und Attitüden der Jugendlichen, die bis jetzt noch „süß", „putzig" oder „drollig" waren, sind auf einmal eklig, unverschämt, widerborstig und anmaßend. Der kindliche Narzissmus und die Unbekümmertheit stellen mit einem Schlag eine reale Bedrohung für die Erwachsenen dar und müssen ausgemerzt werden. Was nun folgt, ist nichts anderes als Folter, heutzutage in den Industrieländern meist eher seelischer Natur, früher oder in südlichen Regionen der Welt noch offener auch körperlicher, wobei man nicht sagen kann, dass das Eine harmloser ist als das Andere. Diese „Austreibung" des kindlichen Dionysos, des polymorph Perversen gipfelt in der Initiation, dem symbolischen Abschlussritual der Jugend, bis hin zu schwerster, offener Folter in Form von weiblicher Genitalverstümmelung, sprich Klitorisbeschneidungen vor allem in weiten Teilen Afrikas. Nach meiner Kenntnis hat dieses Phänomen der Initiation niemand für frühe Gesellschaften so gut beschrieben und zusammengefasst wie mein alter Freund Reinhard Sonnenschmidt in seinem Buch „Mythos Trauma und Gewalt in archaischen Gesellschaften". Hier sehen wir gnadenlos, wie die jungen Menschen einer Gehirnwäsche unterzogen werden, die sogar dezidiert dazu führen soll, dass der Proband nach dieser Prozedur „ein neuer Mensch", „ein Anderer", „eine neugeborene Person" wird. Erreicht wird dies durch reine Folter, durch Schmerz, Leid und Gewalt. Früher ganz handgreiflich und mit Blut, Schweiß und Tränen, heutzutage subtiler und psychologischer, aber nicht weniger brutal. Der lustvolle Umgang mit Allem, dem das Kind noch einigermaßen differenziert frönen darf, wird durch die von der Gesellschaft erwartete und postulierte Askese ersetzt. Der Mensch muss als Erwachsener seine Triebhaftigkeit besiegen zugunsten der später immer lustfeindlicher werdenden Normen des Realitätsprinzips. Ob für Kiano auch eine solche Gehirnwäsche und brutale Initiation droht, hängt vor allem davon ab, ob seine Gemeinschaft noch eher matriarchalisch organisiert ist oder bereits in das Stadium der patriarchalischen Herrschaft eingetreten ist. Wir werden sehen, welchen Aufwand das Patriarchat betreiben muss, um die Erinnerung an die mütterliche Geborgenheit im Uterus, die im Kind noch weiterlebt als Erfahrung von Lust und Gemeinschaft, durch die Ordnung des Herrn zu ersetzen.

In der Pubertät wird Alles glattgebügelt, die Reste kindlicher Lust und Freiheit werden ausgetrieben. Als überdimensionaler Türsteher steht diese als Gehirnwäsche funktionierende Lebensphase vor dem jungen Menschen. Dass er da zunächst rebelliert und sich gegen die gewaltsame Traumatisierung wehren will, ist doch wohl nur zu verständlich! Das dermaßen rebellische Kind, das sich gegen die Deprivation seines bisher entwickelten „Ichs" wehrt und sich nicht einfach dem anonymen und nicht hinterfragbaren „Über-Ich" der Erwachsenenwelt unterordnen will, wird zum „Puber-Tier", eine schreckliche Wortschöpfung in einem aktuellen Bestseller. Was für eine

Denunziation des letzten und völlig berechtigten Aufbegehrens des freien Kindes gegen die Unfreiheit in einer repressiven Gesellschaft! Das Trauma ist so groß, dass es tatsächlich geeignet ist, beim überwiegenden Teil der nun erwachsenen Personen das vollständige Vergessen der sexuellen, lustbestimmten Erlebnisse in der Kindheit zur Folge hat. Diese Pubertätsamnesie funktioniert erschreckend perfekt, ich werde später im biografischen Appendix aufzeigen, unter welchen seltenen Bedingungen dieser Vorgang zu „unterlaufen" ist. Die ganze Palette der Libido, des Dionysischen und der Liebe wird reduziert auf die erwachsene, „reife" Form, die in christlich-religiösen Gesellschaften ausschließlich der Fortpflanzung zu dienen hat und ansonsten die Askese als paradoxes Ziel der Lust-Befriedigung anstrebt. Die ungehemmte Lust wird ins Dunkle verschoben, findet öffentlich nicht statt und ist den herrschenden Männern nur in der Schattenwelt einer heuchlerischen Doppelmoral gestattet.

Die Phase der Adoleszenz wird dann in der bürgerlichen Entwicklungspsychologie auch tatsächlich als „grundlegende Reorganisation des Gehirns" bezeichnet, natürlich ohne die Mittel zu thematisieren, mit denen eine repressive Gesellschaft dies erreicht: Folter, Deprivation und seelische Gewalt. Das Erwachsenwerden als Trauma einer erzwungenen Anpassung wird selten aus der Perspektive des „Opfers" kritisch betrachtet, sondern im Gegenteil als „gelungen" bewertet, wenn am Ende angepasste, mit den nötigen Ängsten zur Unterdrückung von revolutionären Befreiungstendenzen ausgestattete Bürger dabei herauskommen. Was sind das für Ängste, die am Ende der Entwicklung das Leben unserer modernen Erwachsenen bestimmen, deren Wurzeln in den verschiedenen Phasen der Kindheit liegen?

Liebe und Angst

Fritz Riemann hat in seinem Buch „Grundformen der Angst"
eine tiefenpsychologische Theorie der Angstentstehung geliefert,
die perfekt als Grundlage einer kritischen Auseinandersetzung
mit dem bürgerlichen Konzept des Ichs dienen kann. Wenn man
sie von etwas esoterisch anmutenden astrologischen
Herleitungen befreit und um eine angemessene kritische Sicht
auf die Herrschaft ergänzt, so hat man ein sehr gutes Werkzeug
zur Hand, um die Dialektik von infantiler Sexualität und adultem
Charaktertyp zu begreifen. Dabei greift Riemann auf die
Arbeiten von Wilhelm Reich, Alexander Lowen und Erich
Fromm zurück, die alle an einer Typologie der
Charakterstrukturen gearbeitet haben, die sich aus den
traumatischen Erlebnissen der infantilen Sexualphasen ableiten
lassen.

Wir haben ja erfahren, dass eine „gelungene" Kindheit davon
abhängt, wie stressfrei, wie behutsam das Kind von einer
sexuellen Erfahrung zur nächsten von den älteren
Bezugspersonen geleitet und geführt wird. Das Kind macht
dabei ja eine durchaus auch schmerzliche Erfahrung, die vom
zunächst völlig selbstbezogenen Genuss in der oralen Phase
immer weiter zur Objektbesetzung und damit ja auch zur
Trennung vom unmittelbaren Liebesobjekt geht. Ist das
Lustmachende in der empfangenden frühen oralen Phase quasi
ungetrennt erlebt, so ahnt das Baby in der späten oralen Phase
schon, dass es da ein Außen gibt, meint aber, dass es das mit ein
wenig Mühe sich schon wieder einverleiben könne, wenn es nur
tüchtig daran kaut und schluckt. Diese verzehrende,
kannibalistische Periode ist noch keine vollständig begriffene
Trennung von Subjekt und Objekt, das Partialobjekt wird zwar
schon als solches wahrgenommen, aber eine Aneignung und
damit Vernichtung im Verzehren ist die einzige Antwort der
Libido auf das geliebte Objekt. In der analen und phallischen
Phase setzt sich das Subjekt Kind bewusst gegen die Objektwelt

und beginnt die Umgebung als Quelle seiner Liebesobjekte auszuwählen. Eine klare Trennung von Subjekt und Objekt wird gelernt, wobei das Objekt auch in der Liebe als Objekt verbleibt und nicht wie in der oralen Phase symbiotisch mit dem Subjekt verschmilzt. Der Lustgewinn ist aber so auch immer mehr von den äußeren Umständen, von den Anderen und dem Anderen abhängig. Das Realitätsprinzip will beachtet sein, damit man das Begehrte bekommt. Die Erwartungen der versorgenden Personen müssen erfüllt werden, die Auseinandersetzung mit dem Lustvermittler ist notwendig. Diese Entwicklung, vom rein empfangenden oder alles verzehrenden Säugling hin zur sich seiner selbst bewussten fast erwachsenen Person in der Adoleszenz ist eine oft schmerzhafte Reise aus einer behüteten Kindheit in die häufig triste Lebenswirklichkeit einer Klassengesellschaft.

Alle Phasen der infantilen Sexualität wollen durchlaufen sein und jeweils überwunden werden. Wir haben gesehen, dass dies auf zwei Arten geht: liebevoll und Ich-stärkend oder brutal und streng, was bedeutet Ich-schwächend und Überich-unterstützend. Im ersten Fall wird die lustvolle Erfahrung der vorigen Phase jeweils in die neue Phase aufgehoben, in dem bekannten dreifachen Sinne von „negieren“, „bewahren“ und „erhöhen“. Das heißt zum Beispiel, dass die orale Fixierung nach der späten Oralphase weg ist, aber die Erinnerung an den Lustgewinn bleibt genauso wie die spätere Möglichkeit des oralen Lustgewinns, zum Beispiel im Kuss, aber auch im Rauchen, Essen und Trinken. Was dann als erweiterte Kulturtätigkeiten bis hin zum kulinarischen Abenteuer als Erhöhung des oralen Genusses angesehen werden kann. Was ist aber, wenn das Kind daran gehindert wird, die Lustgewinne in den verschiedenen Phasen ausgiebig und befriedigend zu machen? Stattdessen hat es nur eine Ahnung von den Möglichkeiten, kann sie aber nicht genießen. Um sie dennoch zu „überwinden“, was die erwachsene Umwelt ja verlangt, muss das Kind sie verdrängen, was dann als Erwachsener, quasi durch die

Hintertür zu ganz bestimmten psychischen Problemen führen kann, je nachdem in welcher Phase der Entwicklung etwas schiefgegangen ist.

Riemann unterscheidet dabei vier Charaktertypen, die jeweils mit ihrer spezifischen Angst zu kämpfen haben, weil sie eine Regression zu einer der infantilen Phasen durchmachen, wenn sie diese nicht optimal durchlaufen haben. Da dieser Weg, den jeder Mensch in einer modernen Gesellschaft zu gehen hat und die Übergänge in die nächste Phase sowie am Schluss zur ziemlich lustfeindlichen erwachsen Welt überaus schmerzhaft sind, auch beim „Gelingen", hat jeder Mensch mit all den hier beschriebenen Ängsten zu tun, auch die scheinbar ganz „Normalen". Jedoch bedeutet eine besondere traumatische Erfahrung in bestimmten Phasen eine Verfestigung des Charaktertyps und eine ungesunde Macht der Angst über den Erwachsenen, dass es tatsächlich zur Herausbildung von Neurosen und sogar Psychosen kommen kann.

Analog zu der Reihenfolge der beschriebenen Phasen sind diese Charaktertypen zu unterscheiden, die ich hier nur im Bezug auf die Liebe kurz beschreiben werde, für eine detaillierte Typologie verweise ich auf die Autoren oben:

1. Der schizoide Charakter, der die frühe orale Phase nicht konfliktfrei überwunden hat und daher Angst verspürt vor der Selbsthingabe, die als Ich-Verlust und Abhängigkeit empfunden wird. Wir erinnern uns, dass es da um das reine Empfangen ging, dem Kind wird, im Optimalfall angelegt an die mütterliche Brust, ohne großes Dazutun einfach nur „gegeben". Es ist passiv und dennoch vollständig geborgen und versorgt. Geht hier etwas schief, so entwickelt sich eine Angst vor dieser misslungenen Nähe bei dem Säugling. Statt Geborgenheit ist es Bedrohung und der schizoide Mensch entwickelt als Maßnahme gegen diese fundamentale Existenzangst ein großes Distanzbedürfnis, das er dann auch als Erwachsener nur schwer durchbrechen kann.

Aufkommende Affekte werden kontrolliert und isoliert, bloß nichts anmerken lassen! Die Angst davor sich selbst zu verlieren in einer Nähe und damit einer Abhängigkeit ist für diesen Menschen übermächtig. Da beschäftigt er sich lieber mit abstrakten Dingen, sucht die ja dennoch aufkommenden Gefühle zu sublimieren und zu rationalisieren. Wenn sich ein schizoider Mensch dann doch wider Willen mal verliebt, dann weist er gerne darauf hin, dass da wohl seine Hormone verrücktspielen und diese Störung des Geistes bald wieder vorbei sein wird. Also intellektualisiert er seine Gefühlswelt. Das Verhältnis von Sheldon und Amy in der Sitcom „The Big Bang Theory" zeigt das in einigen Episoden sehr schön. In einer Folge machen sie, nachdem Amy sich offensichtlich in einen von Pennys ehemaligen Freunden verliebt hat, eine Differentialdiagnose wie bei Dr. House, was ihr denn wohl fehlen könnte. Sie stellen die Symptome zusammen und am Ende bleibt nur sexuelles Begehren übrig, worauf aber Sheldon meint „Nicht so schnell, ich weiß nicht, ob wir die Hypothese vom Alien-Parasiten nicht zu schnell verworfen haben". In der Liebe fehlen dem Schizoiden vor allem die „Mitteltöne", er kann sich weder werbend verhalten, geschweige denn verführend, aber dennoch begehrt er natürlich, wie jeder Mensch begehrt, egal wie sehr er es verdrängt. Und er begehrt auch Nähe, obwohl (oder gerade?) weil er solche Angst davor hat.
Mein Lieblingsbeispiel für das Verhalten von Schizoiden bei Riemann ist die Geschichte von einem Mann, der sich zu einem Ehevermittlungsbüro aufmacht (heute würde er „parshipen") und dort aus den Fotos diejenige heraussucht, die ihm am wenigsten gefällt, um genau sie zu heiraten. Denn nur so wäre vielleicht sein Verlangen und Begehren zu stillen, ohne dass er in Gefahr geriete, sich zu verlieben und somit abhängig zu werden und seine Unabhängigkeit zu verlieren! Für diese Menschen stimmt das lateinische Sprichwort „Omne animal post coitum triste", „jedes Lebewesen (Tier) ist nach dem Geschlechtsverkehr traurig

(im Sinne von einsam)", denn wenn die unmittelbare
Erregung und Lust gestillt ist, wird die Nähe sofort danach
zur Bedrohung! Diese Abspaltung des Trieberlebens ist
natürlich im Extremfall eine sehr gefährliche Sache. Viele
Serienvergewaltiger haben eine schizoide Charakterstruktur.
Da erwachsene Partner ihnen fast immer Angst machen,
finden wir bei Schizoiden auch Tendenzen zu
Liebesobjekten, die nicht diese Furcht einflößen. Manchmal
sehr junge Menschen, bis hin zur Pädophilie, aber auch sehr
viel ältere Partner, zu denen dann eher ein elterliches oder
geschwisterliches Verhältnis besteht. Auch Homosexualität,
hier mehr motiviert aus Vermeidung des anderen
Geschlechts denn aus gefühlter Neigung, ist nicht selten.

2. Der depressive Charakter, bei dem die späte orale Phase
    nicht befriedigend abgelaufen ist, und der daher eine Angst
    vor der Selbstwerdung, die er als Vereinsamung und
    Verlassenheit erfährt, entwickelt. Das Gebiet der Liebe ist
    ihm, ganz im Unterschied zum schizoiden Charakter,
    vermeintlich sein eigentliches Terrain. Wir erinnern uns, die
    späte orale Phase ist diejenige, die verschlingt, bis hin zum
    Kannibalismus. Und genau das macht der Depressive auch
    noch als Erwachsener. Er klammert und klebt wie eine
    Tapete, seine Verlustängste sind so extrem, dass sie fast jede
    Beziehung durch Eifersucht und passiv-aggressives
    Verhalten des Depressiven zerstören müssen. Der
    depressive Charakter verhält sich entweder wie ein Kind und
    ordnet sich dem Partner völlig unter, ohne eigenen Willen,
    ohne Profil, oder er bemuttert den Partner, auch wiederum
    bis zur Selbstaufgabe. Das Ziel ist die totale Symbiose, der
    Wunsch den anderen vollständig aufzufressen vor Liebe, so
    dass man wirklich Eins wird, dass man nicht mehr weiß, wo
    der eine aufhört und der andere anfängt. Der Depressive
    verzichtet auf ein eigenes Ich, wenn er den anderen nur
    lieben darf! Das geht so weit, dass die Liebe ganz
    unabhängig vom Verhalten des Partners wird. Selbst wenn
    man schlecht behandelt wird, hört man nicht auf, den

anderen zu lieben, da diese Liebe selbst der einzige
Lebensinhalt geworden ist. Dass von hier der Schritt hin zu
erpresserischer Liebe mit Selbstmorddrohungen und
Schuldzuweisungen nicht groß ist, wird jeder erkennen
können. Da wird der/die Depressive schnell mal krank, was
unterschwellig daran liegt, dass der Partner ihn/sie nicht
genug liebt! Bleibt dann der schwache Partner nach solchen
Erpressungen aus Mitleid, Schuldgefühlen und Angst bei
dem Depressiven, so kommt es nicht selten zu tragischen
Beziehungen, bei denen am Ende nur noch Hass und
Todeswünsche unter einer brüchigen Oberfläche der
Harmonie übrig bleiben. Sexualität spielt für diesen
Charakter oft nur eine untergeordnete Rolle, aber
Zärtlichkeit und Anhänglichkeit wie bei einem Kind ist zu
beobachten. Andererseits liefern sich diese Menschen aber
auch sexuell total aus, wenn sie meinen, dass es der
Sicherung der Beziehung dient. Bis hin zur Hörigkeit und
zum Masochismus wird jede Erniedrigung ertragen, wenn
sie nur der Wunsch des geliebten Menschen zu sein scheint.
Es ist leicht vorstellbar, wie sich solche Beziehungen mit
depressiven Charakteren unangenehm hochschaukeln
können.

3. Der zwanghafte Mensch oder der Analcharakter, der in der
    analen Phase steckengeblieben ist und daher Angst vor
    jedweder Veränderung empfindet, da er jeden Progress als
    Chaos und Bedrohung empfindet. Liebe ist diesem
    Charakter überhaupt suspekt! Dieses Gefühlschaos, das man
    kaum unter Kontrolle hat, widerspricht seinem absoluten
    Bedürfnis nach Sicherheit und Macht über die eigene
    Existenz. Hier finden wir diese „Kontrollfreaks", die in
    Beziehungen einen Machtkampf sehen, bei dem sie am
    Ende jeden Aspekt des Lebens des Partners beherrschen
    und steuern wollen. Der Partner soll also, wie beim
    Depressiven, in Abhängigkeit gebracht werden, aber nicht,
    um Symbiose zu erreichen und damit Liebe zu beweisen,
    sondern um Macht und Kontrolle zu haben und den Partner

nach dem eigenen Willen formen zu können. Im Alltag werden da zum Teil abstruse und absurde Regeln aufgestellt, deren Sinnhaftigkeit sich nur dem Zwangscharakter erschließen. Da dürfen vermeintlich verkeimte und damit gemeingefährliche Gegenstände nicht mit vermeintlich sauberen in Kontakt treten, noch nicht einmal in der Waschmaschine zur Reinigung. Da gibt es einen mysteriösen Zusammenhang zwischen dem Abendessen und den jeweils dazu passenden Getränken, dessen Logik sich nicht außerhalb des Zwangssystems erschließen lässt. Man sieht, wie hier Zündstoff für echte fatale Affären angehäuft werden kann, wenn sich ein Zwangscharakter und ein Depressiver verbinden! Es gibt natürlich eine gewisse Affinität, da sich Kontrollzwang und Unterwerfung zu ergänzen scheinen. Der Zwanghafte lebt dann auf Kosten des Depressiven, der sich völlig unterordnet und den Machtansprüchen gerecht zu werden sucht. So kann der Analcharakter sozusagen ein Leben auf Pump führen, saugt den anderen wie ein Vampir aus, um sich selbst im Hintergrund zu halten. Einmal gebunden, ist es auch sehr schwer, den Zwanghaften wieder los zu werden, denn eine Trennung wäre ja auch wieder eine Veränderung und die will er nicht, selbst wenn er eigentlich unglücklich ist. Aber immerhin ist er deshalb in der Regel sehr treu und man kann sich ziemlich sicher sein, dass er bleibt. Niemals eine Scheidung, denn dann fängt das ganze Gedöns ja wieder von vorne an! Hier weiß ich, was ich habe, und das ziehe ich durch! Das erotisch-sexuelle Leben ist bei den zwanghaften Menschen vor allem ein Macht- und Herrschafts-Gebiet. Da werden Grenzen abgesteckt, entweder durch manipulative Potenzprotzerei oder auch durch das Gegenteil, durch das Zurückhalten der sexuellen Zuwendung. Überhaupt findet der Zwanghafte mit Leichtigkeit vielerlei Dinge, die ihn beim Geschlechtsakt stören könnten, Geräusche, Gerüche, Müdigkeit, Arbeitsüberlastung, vermeintliche Krankheiten, Unzulänglichkeiten am eigenen Körper wie Behaarung,

Fettpolster, Muttermale etc. alles Mögliche kann zum
unüberwindlichen Hindernis für eingeforderte körperliche
Zuwendung werden. Dennoch wird der Partner als
persönlicher Besitz angesehen, über den man mit voller
Macht verfügen kann, auch wenn man ihn gar nicht begehrt.
Eifersucht und Kontrollzwang sind oft sogar seine einzigen
Liebesbekundungen, zu denen er fähig ist. Riemann schreibt
so treffend, dass vermutlich ein Zwangscharakter den
Keuschheitsgürtel erfunden hat.

Unter diese Rubrik fallen dann auch die autoritären
Persönlichkeiten mit narzisstischer Neigung, die von unserer
Gesellschaft leider so massenhaft produziert werden und die
den Fundus für antidemokratische und faschistoide
Bewegungen stellen. Aus diesem Grund werde ich später –
analog zur Geschichte über Kiano – die Lebensgeschichte
eines fiktiven AfD-Mannes skizzieren, um aufzuzeigen, wie
die gesellschaftlichen Verhältnisse, repräsentiert durch
autoritäre, strenge Eltern, die Monster schaffen, die wir
verachten, mit denen man dennoch eigentlich Mitleid haben
müsste. So wie das Biedermeier die Zeit der Melancholie war
und mit dem Rokoko als dem „galanten Zeitalter" die
Hysterie ihre Blüten trieb, so muss man also große Teile des
20. und wohl auch das 21. Jahrhundert als die Zeit der
autoritären Persönlichkeit und damit der Charakterstruktur,
die am empfänglichsten für Faschismus ist, begreifen.

4. Der hysterische Charakter schließlich, dessen prägendes
   Trauma in die phallische Phase fällt, verspürt eine panische
   Angst vor allem Endgültigen, vor jeder Notwendigkeit, vor
   allem Starren, er ist somit das Spiegelbild des
   Zwangscharakters. Steht der Zwangscharakter für die
   Übertreibung des Apollinischen, so findet man im
   Hysteriker die Übertreibung des Dionysischen. Damit ist die
   Liebe, vor allem in ihrer leidenschaftlichen, rauschhaften
   und ekstatischen Form, das eigentliche Element dieser
   Personen. Versucht der depressive Charakter in der Liebe
   sein Ich aufzugeben und zu opfern, so geht es dem

113

hysterischen Menschen darum sein Ich über die abenteuerliche Beziehung zum Anderen zu erweitern, überhaupt erst zu sein, sich zu definieren. Nicht Symbiose ist das Ziel, sondern Erlebniserweiterung in der intensiven und fordernden Beziehung. Der Hysteriker liebt die Liebe selbst, oft mehr als den Partner, der eher austauschbar zu sein scheint. Sie lieben die Abwechslung und sind selten wirklich treu. Sie wollen zwar geliebt werden, klammern aber nicht, wie der Depressive, denn sie wollen nicht von einem Partner geliebt werden, mit dem sie verschmelzen möchten, sondern von möglichst vielen Menschen, die ihre Existenz damit erweitern. Eine enge Bindung zum Elternteil des anderen Geschlechts und starke Aggression bis zum Hass gegen das eigengeschlechtliche Elternteil bestimmen oft die Prägung des hysterischen Charakters. Da dies häufiger bei Mädchen als bei Jungen der Fall zu sein scheint – ursprünglich galt ja die Krankheit „Hysterie" als nur bei Frauen vorkommend, da ihr Ursprung in einer Fehlbildung der Gebärmutter (Hysteria) gesucht wurde – nennt C.G. Jung diese frühkindliche Phase auch elektrale Phase, analog zu ödipal. Angespielt wird dabei auf die Mythengestalt Elektra, die ihre Mutter umbringt aus Rache für deren Mord am Vater.

In der Sexualität ist die hysterische Persönlichkeit, tatsächlich traditionell häufiger bei Frauen als bei Männern anzutreffen, von einer starken Koketterie bestimmt. Scheinbar immer sexualisiert, kess und verführerisch, verweigert sie sich dann am Ende doch, um die Macht über den Verehrer zu behalten. Oftmals bezaubernde und charmante Personen, können sie einen Partner zur Weißglut bringen mit ihrer Flatterhaftigkeit. Sie suchen sich auch oft unscheinbare bis hässliche Gefährten aus, da sie das Gefühl, wie wahnsinnig geliebt zu werden, brauchen. Riemann beschreibt es wieder so schön in einer Fabel, wo ein prächtiger Pfau eine gemeine Henne heiratet und man ihn fragt, warum er denn diese Wahl getroffen habe. Der Pfau antwortet: „Ich und meine Frau lieben mich bis zum Wahnsinn." Die Selbstbestätigung steht im Mittelpunkt und führt auch häufig zu starker sexueller Aktivität, in dem subjektiven Glauben, dass man den Akt an sich liebt. In Wahrheit dient die Sinnlichkeit hier eher der Bindung des Geliebten, der Geliebten durch die Kraft der Sexualität, denn der eigenen erfüllten sexuellen Begierde. Der tägliche Akt als permanenter Liebesbeweis, um sich der Zuneigung und Bewunderung des Partners sicher zu bleiben. In dieser Anlage zur Promiskuität finden Hysteriker auch häufig kurzzeitige Erfüllung darin, funktionierende Partnerschaften anzugreifen und Freundinnen, Bekannten und sogar Verwandten den festen Freund, die feste Freundin auszuspannen durch Verführung. Kommt es dann daraus zu einer eigenen festen Bindung, so sind die Erwartungen daran so groß, dass bald nur noch Schuldzuweisungen und Streit übrig bleiben, weil es im Alltag nicht so schön ist, wie es im Film, Märchen oder im Wunsch des Hysterikers versprochen wurde. Riemann selbst bezeichnet die Scarlett aus „Vom Winde verweht" als eine gelungene Darstellung einer hysterischen Frau.

Es sei noch einmal betont, vermutlich kann jeder von uns alle vier Grundformen der Angst nachvollziehen, denn es gibt im Leben eines jeden Menschen Momente, in denen man sich von einer Beziehung umkreist fühlt und Angst davor hat sich selbst zu verlieren (schizoid), aber auch Situationen, in denen man sich einsam und verlassen fühlt und sich am liebsten in einem anderen symbiotisch aufgehoben fühlen würde (depressiv). Auch das beängstigende Gefühl, wenn man sich in einem emotionalen Chaos befindet, und keine Ahnung hat, wie man da „lebend" wieder rauskommen soll, ist jedem Liebenden vermutlich schon einmal untergekommen (zwanghaft). Schließlich kennt sogar der in einer festen Beziehung seit vielen Jahren glückliche Mensch diese Momente, wo einem auffällt, dass man noch niemals in New York war und eigentlich ausbrechen müsste, um sich noch

einmal lebendig fühlen zu dürfen (hysterisch). Existenzangst,
Verlustangst, Gewissensangst und Zukunftsangst, wer nicht
irgendwann mit einer dieser Ängste zu tun hat, ist dann auch
schon wieder in Verdacht einer neurotischen Auffälligkeit. So
sind wir alle im Idealfall manchmal schizoid, depressiv,
zwanghaft oder hysterisch, je nach der erkannten Bedrohung.
Auffallend und mit Leidensdruck verbunden wird es halt immer
dann, wenn eine der Ängste dominierend wird und das
Gefühlsleben der Person zu beherrschen droht, bis hin zu
pathologischen Formen in Neurose und Psychose.

Andererseits finden wir in allen vier Charaktertypen ganz
reizende und liebenswürdige Exemplare. Schizoide Personen
haben als Revolutionäre oft das Zeug zu großen Umschwüngen,
da sie frei von traditionellen Beschränkungen sind. Als
Wissenschaftler oder auch Politiker treten sie sehr selbstbewusst
auf und gehen unbeirrt als Pioniere ihren Weg. Bei depressiven
Charakteren finden wir häufig eine große Opferbereitschaft und
ein sehr warmes Herz für andere, leidende Menschen.
Fürsorglich und hilfsbereit, oft aus einer frommen, religiösen
Grundhaltung heraus, sind sie wenig egoistisch und sehr
verständnisvoll. Wenn sie dann noch den für Depressive
typischen trockenen, etwas schwarzen Humor haben, der genau
dann auftaucht, wenn man eben „trotzdem lacht", dann ist der
Depressive nicht nur bedauernswert, sondern auch
liebenswürdig! Selbst der auf den ersten Blick wenig
sympathische Zwangscharakter hat seine guten Seiten, wenn die
Angst nicht zu sehr die Kontrolle hat. Diese Menschen sind in
der Regel sehr zuverlässig, verantwortungsvoll und konsequent.
Ihre Arbeit verrichten sie sehr, sehr ordentlich, bis hin zur
Pedanterie, was in vielen Berufen ja nicht das Schlechteste ist.
Einen Kontrolleur in einem Atomkraftwerk wünsche ich mir
eher als Zwangscharakter denn als Hysteriker! In ihrer Freizeit
sind diese Menschen oft von einer großen Liebe zur Natur
geprägt, sie können stundenlang einen Wasserfall in die Tiefe
brausend oder den Ozean an die Klippen schlagend beobachten,

gerade weil dort eine permanente Veränderung, Bewegung vorgeführt wird, die der Analcharakter selber nie erleben kann, weil er es sich nicht traut. In den Medien sind Varianten des Zwangscharakters inzwischen Kult, welche Fernsehserie kommt ohne ihn aus? Adrian Monk, Sheldon Cooper und Konsorten bilden die schrulligen Identifikationsfiguren für die Analos des Alltags. Und die hysterische Person schließlich ist per se erst einmal reizend, wenn man sie nicht jeden Tag rund um die Uhr aushalten muss, durchaus häufig im doppelten Sinne! Holly Golightly aus „Frühstück bei Tiffany" muss man doch einfach lieben. Die meisten weiblichen Hauptfiguren in Filmen sind entweder hysterisch gezeichnet, wenn es eher um Komödien geht, oder depressiv angelegt, wenn es um Liebestragödien geht. Immer ein wenig naiv, kindlich, aber deshalb auch rührend und wundergläubig, stehen die Hysterikerinnen ganz oben in der Kindchenschema-Hierarchie. Sie stehen gerne im Rampenlicht und haben einen starken Drang zur Kunst. Viele große KünstlerInnen zeigen eine hysterische Grundstruktur, denn sie sind spontan, risikofreudig, lebendig und mitreißend. Sie leben und lieben das Leben im Eiltempo.

Es gibt also keine Hierarchie zwischen diesen Ängsten, ein wenig davon tut jedem gut, denn die Gefahren der Realität sind ja ebenso konkret. In ihren schweren Fixierungen aber sind alle Ängste sowohl subjektiv als auch objektiv gefährlich. Für ein von Angst geplagtes Individuum ist es vom Empfinden her fast egal, welche Angst ihn auffrisst. Und sozialpsychologisch ist jede Produktion von zu vielen Angstopfern einer bestimmten Art ein großes Problem, da die gesellschaftlichen Institutionen mittelfristig diese Ängste perpetuieren. Sehen wir uns nur eine zwanghafte Angstgesellschaft wie die USA an, wo der Tod geleugnet wird und Menschen sich einfrieren lassen, wo kleine Kinder wegen sexueller Belästigung in Gefängnisse gesteckt werden. Diese zwanghaft-autoritäre Umgebung muss massenhaft Analcharaktere hervorbringen, von denen dann eben auch ein bestimmter Prozentsatz zu psychotischen

Serienmördern werden (muss). Jede Gesellschaft hat die
Verbrecher, die sie selbst produziert, die sie verdient. Der
Zusammenhang zwischen rigider Sexualerziehung und
Vergewaltigungen ist eindeutig belegbar als proportional, das
heißt je freier die Erziehung, desto weniger Straftaten dieser Art
sind zu erwarten. Im freizügigen Schweden und Dänemark der
70-er Jahre mit frei verfügbaren Pornos und sexuell
selbstbewussten Frauen gab es angeblich so gut wie gar keine
Vergewaltigungsdelikte.

Die Kenntnis dieser Grundformen der Angst hilft auch dabei,
die Scharlatanerie von aufgeblasenen Persönlichkeitsprofilen zu
entlarven, die wichtige „Unternehmensberater" in Firmen
veranstalten, um angeblich deren Effektivität zu steigern. Da
werden „Explorer" identifiziert, die visionäre Projekte anstoßen
und entwickeln, was nichts anderes ist als Personen mit einer
schizoiden Charakterstruktur. Diese Projekte brauchen dann
akkurate „Planer", die das Ganze organisieren, wozu ein
zwanghafter Charakter perfekt geeignet erscheint. Die
Fleißarbeit übernehmen dann die „Worker", die sich aufopfern
für das Projekt, wie es so in der Struktur von depressiven
Personen angelegt ist. Um das fertige Produkt dann intern und
extern zu verkaufen, tritt der Hysteriker in Gestalt des
„Animators" und „Verkäufer" auf. Sehr bekannt ist auch die
folgende Aufteilung der Charaktertypen, die von Riemann
abgeleitet einen Versuch darstellt, diese Ordnung der Typen im
Produktionsalltag gewinnbringend anzuwenden:

1. Die eigenständige Persönlichkeit, die natürlich dem
    schizoiden Charakter entspricht. Als positive Merkmale
    tauchen dann auch folgerichtig auf: sachlich,
    unabhängig, objektiv, unbestechlich, verschwiegen,
    zielstrebig. Als negative Eigenschaften entsprechend:
    isoliert, distanziert, kontaktscheu, karriereorientiert, ehe-
    und familienscheu

2. Die beständige Ordnungspersönlichkeit, was fast ein
    Euphemismus für den Zwangscharakter ist! Ihre
    Attribute sind nach diesen Pseudopsychologen: treu,
    pflichtbewusst, verantwortlich, konservativ (positive
    Eigenschaft?), verlässlich, gradlinig. Negative Merkmale:
    pedantisch, intolerant, stur, fanatisch, alles wirkt
    übertrieben.
3. Die beziehungsorientierte Nähepersönlichkeit, was
    natürlich den depressiven Charakter beschreiben soll.
    Hier sind die positiven Eigenschaften: hilfsbereit,
    sensibel, menschenorientiert, leidensfähig, selbstlos,
    freigiebig. Die negativen: konfliktscheu, klammernd,
    kann nicht „Nein" sagen, auch bei Überforderung nicht,
    bezieht alles auf sich, manipulierbar.
4. Die unkonventionelle Freiheitspersönlichkeit, also der
    Hysteriker tritt auf. Positiv gesehen ist er spontan,
    initiativ, großzügig, impulsiv, lebensbejahend,
    dynamisch. Negative Schwächen sind damit: er
    übertreibt, stark beeinflussbar, unkontrolliert, flüchtig,
    unzuverlässig, unrealistisch.

Die Etiketten sind je nach Beraterfirma austauschbar und in
spektakulären Schaubildern oder Diagrammen visualisiert, am
Ende aber immer auf die bekannte Typologie zurückführbar und
letztlich zur obskuren Dienstleistung banalisiert, die dann mit
absurden Geldsummen honoriert wird. Alter Wein in immer
neuen Schläuchen.

Liebe und Herrschaft, vom Patriarchat zur Freizeitindustrie

Wir haben also bis jetzt gesehen, dass die anhaltende
Traumatisierung von Kleinkindern in bestimmten Phasen ihrer
Entwicklung jeweils spezifische Ängste bei den Kindern
erzeugen können, die ein Leben lang die Persönlichkeit prägen
und beeinflussen. Man könnte nun kurzschließen und den

119

individuellen Elternpaaren eine subjektive Schuld zuweisen. Dies tun im Prinzip alle Ratgeber in Sachen Erziehung, die neben all den zweifelhaften Methoden vor allem einen schwerwiegenden erkenntnistheoretischen Fehler begehen. Es sieht bei ihnen so aus, als würden die Eltern aus irgendwelchen Gründen alles falsch machen und ihren Kindern schaden und vielleicht sogar schaden wollen. Es wird eine subjektive Schuld zugewiesen, ohne sich um objektive Parameter zu kümmern. Es wird überhaupt nicht kritisch geschaut, welche Funktion die Eltern da erfüllen, nämlich die Rolle der Herrschaftsstabilisation und zwar nahezu alle Eltern, zu allen Zeiten, weil dies ihre historische Funktion und Aufgabe ist! Die herrschenden Produktionsverhältnisse geben die Erziehungsinhalte und Formen vor, die Mütter und Väter versuchen nur jeweils so gut wie sie es können diesen Vorgaben zu entsprechen. Manchmal (in finsteren Zeiten) ist es am besten für das Kind, wenn dies misslingt. Die Erziehung ist im Wesentlichen eine Institution zur Festigung des Patriarchats und das schon so lange, wie es aufgeschriebene Geschichte gibt. Und all die Ratgeber, die es für Eltern gibt, sind nichts anderes als Anleitungen zu dieser gewollten Zucht von funktionierenden Arbeitnehmern im Dienste der kapitalistischen Herrschaft unseres Jahrhunderts.

Es ist überhaupt zu beachten, dass jede Analyse und wissenschaftliche Auseinandersetzung im Bereich der Soziologie, der Sozialpsychologie oder der Politik unbedingt die „Herrschaftsfrage" zentral beantworten bzw. analysieren muss. Tut sie das nicht, so kann man sicher sein, dass sie im Interesse der bestehenden, sprich der herrschenden Verhältnisse fungiert. Sie ist damit herrschaftserhaltend, repressiv, reaktionär und rückschrittlich und zwar ohne dass eine weitere Begründung nötig wäre. Wer die Herrschaft nicht kritisch analysiert, dient ihr bereits, es gibt keine „unparteiischen" Geisteswissenschaften.

Es gibt einen langen Streit, ob es nicht-patriarchalische Gesellschaften überhaupt gibt, gab oder geben kann. Die

WissenschaftlerInnen (auch Frauen unterstützen die Männerherrschaft und müssen dies sogar tun, wenn sie Karriere machen wollen) des Patriarchats mit ihrer androzentrischen (also vom Mann als Zentrum ausgehend) Sicht, werden niemals einen Beweis für die historische Wirklichkeit eines Matriarchats liefern, so wie man von der Chemischen Industrie keinen Beweis für die Schädlichkeit von Plastik erwarten darf. Matriarchat muss überhaupt nicht historisch bewiesen werden, es ist logisch evident. Nur die patriarchalische Unterdrückung der historischen Wahrheit kann diese Tatsache über Jahrtausende ignorieren. Wenn wir uns klarmachen, dass den ersten Menschen der Zusammenhang von Zeugung und Geburt nicht bewusst sein konnte, so muss jede Geburt ein unfassbares Wunder gewesen sein, dessen offensichtlicher Urheber die Frau als Mutter gewesen ist. Die Lebensspenderin, die Urmutter ist nicht aus Zufall das Motiv der ältesten jemals gefundenen Idole, meist in Form von kleinen Statuetten von Frauengestalten mit ausladenden Hüften und großen Brüsten. Als bekanntes Beispiel sei an die Venus von Willendorf erinnert, die fast 30.000 Jahre alt ist! Jedes Gedankenexperiment spricht dafür, dass die urzeitlichen Menschen in ihren Müttern die großen Gottheiten gesehen haben.

Von „Matriarchat" zu sprechen ist nur aus einem Grund in meinen Augen fragwürdig, da es keine „Herrschaft" im Sinne von „archein" für „herrschen" gewesen sein wird. Wir haben gesehen, dass die Herrschaft und Gewalt in dieser Zeit der ersten Menschen von der Natur ausging und die soziale Organisation eine urdemokratische, solidarische Gemeinschaft war, ohne „Häuptlinge" oder „Könige". Das „Wir" ist noch nicht arbeitsteilig getrennt in Klassen oder auch nur in Geschlechterhierarchien. Jeder in der Gruppe ist gleich wichtig, da sie nur als Solidargemeinschaft bestehen kann. Daher ist die „Muttergesellschaft" keine in der Menschen über Menschen herrschen, sondern in der ein Kampf der Solidargemeinschaft gegen die Unbilden der Natur geführt wird. Daher wird statt von

Matriarchat häufig von „Mutterrecht" gesprochen, da hier die ausgesprochene Herrschaftsausübung durch eine bestimmte Rechtsauslegung ersetzt wird, was der historischen Realität vermutlich näher kommt.

Mit der Sesshaftigkeit ändert sich die Situation dann grundlegend. Die Arbeitsteilung nimmt institutionelle Formen an, auch was die Geschlechterrolle angeht. Die Einführung von Privateigentum durch die Einzäunung von Territorien, die man sich reserviert, führt zur Etablierung von Erbschaftsfragen, die es so in einer nomadisierenden Gemeinschaft, die ja keine immobilen Güter anhäufen kann, gar nicht gibt. Das Territorium muss geschützt werden, die exklusiven Ansprüche auf das Gebiet werden festgeschrieben. Die Familien, die sich als erste angesiedelt haben schwingen sich zu Herrschenden auf, verstehen sich später in Rom als „Patrizier", also vom väterlichen Vorfahren erbt man die Stellung in der Gesellschaft. Die Herrschaft ist damit dezidiert eine männliche, patriarchalische. Die richtigen Väter muss man haben, ansonsten bleibt man ein unbedeutender Zugezogener. Wenn man sich die Welt in diesem Übergang von Nomadentum zur Sesshaftigkeit vorstellt, so muss man erkennen, dass die „Einfriedung" der eigenen Parzelle als Deklaration des Privateigentums alles andere als ein friedlicher Akt gewesen ist. Da, wo früher die Menschen mit ihren kleinen Herden an Nutztieren überall ihr Lager aufschlagen konnten, wo die Umgebung geeignet erschien, waren nun plötzlich vor allem die strategisch besten Stellen dauerhaft reserviert. Denn die ersten Patrizierfamilien wählten natürlich keine beliebigen oder gar schlechten Orte für ihre Ansiedlungen aus, sondern im Gegenteil die besten. Die ältesten Siedlungen finden wir regelmäßig an strategisch bedeutenden Punkten wie Flussübergängen (weshalb es viele alte Städtenamen mit der Endung „furt" gibt, wie Frankfurt, Schweinfurt etc.), natürlichen Hafenformationen am Meer, auf Hügeln und Bergen, die das umgebende Land dominieren können. All diese Orte, die vorher die bevorzugten Stellen zum Quartiernehmen waren, standen plötzlich nicht mehr zur Verfügung, weil eine Sippe dort Zäune aufgestellt hat, die nicht Frieden, sondern Krieg bedeuten. Es ist auch kein friedlicher Akt, wenn Nestle die uralten und äußerst raren Quellen in afrikanischen Wüsten aufkauft, umzäunt und das dort gewonnene Wasser an die Menschen dort teuer verkauft. Das ist Krieg, denn in allen Generationen zuvor konnten die vorbeikommenden Leute einfach aus den Brunnen und Quellen trinken. Mauern und Zäune sind prinzipiell kriegerischer Natur, nicht friedlicher, obwohl bis heute jeder Mauerbau mit einem Euphemismus als Akt des Friedens verbrämt wird. Da war der „antifaschistische Schutzwall" der DDR noch einigermaßen ehrlich und deutlich. Die geplante Trump-Mauer soll schön, durchsichtig und unüberwindbar werden, angeblich nur, um Drogenhändler und Vergewaltiger aus dem Land zu halten. Ja, eine solide Infrastrukturverbesserung sei die Mauer, wenn sie dann auch noch mit Solarzellen ausgestattet sein wird, um Energie zu gewinnen. Ein echtes Prachtstück, das vermutlich auch noch den Tourismus anfeuern hilft.

Natürlich müssen sich die neuen Siedler gegen nomadisierende Angreifer wehren, die sich vielleicht auf die Überwinterung an der bekannt guten Stelle verlassen haben. Die Legitimation aller militärischen Aktionen aus der Siedlung heraus ist damit einfach: „wir verteidigen uns ja nur". Dass die dauerhafte Ansiedlung bereits an sich ein kriegerischer Akt gegen die alte Lebensweise darstellt, verschwindet schnell aus dem Bewusstsein und den Geschichtsbüchern der Sieger. Bei diesen Kämpfen an den Grenzen der neuen Stätten des Privateigentums werden dann auch Gefangene genommen und als Sklaven zur ersten beherrschten Klasse, neben den Frauen, die in den eigenen Reihen bereits der Unterdrückung preisgegeben sind. Patriarchat, Privateigentum und Krieg bilden eine Einheit in der Menschheitsgeschichte, die es am Ende aufzuheben gilt. Dies kann nur in einem großen revolutionären Akt geschehen und kann nicht aufgeteilt werden. Das heißt der Krieg wird nicht überwunden, solange es Privateigentum (an Produktionsmitteln) gibt und das Privateigentum ist nicht aufzuheben, solange das Patriarchat mit seiner Wettbewerbs- und Eroberungslogik besteht.

Eine meiner Professorinnen, Hedda Herwig, liebte es mit Gedankenexperimenten zu spielen und zu arbeiten, um komplexe geschichtliche Vorgänge quasi im Gehirnlabor zu simulieren. Dabei entwickelte sie eine spannende Überlegung zur Entstehung und Notwendigkeit des Patriarchats, gerade wegen der Stärke der objektiven Position der Frau in den frühen Gemeinschaften. Ich möchte diese fiktive Gemeinschaft an der Schwelle zur Geschichtlichkeit daher „Herwig-Gemeinschaft" nennen und ihr Gedankenexperiment hier kurz wiedergeben. Nehmen wir die Situation an, dass in gemäßigtem Klima mit ausreichend Regenfällen und nicht zu langem Winter, die Möglichkeit der Sesshaftigkeit konkret gegeben ist. Die Menschen haben die ersten dafür notwendigen Produktivkräfte entwickelt, die Viehzucht funktioniert, die Frauen haben mit der Egge oder dem Furchenstock den Boden soweit bearbeiten gelernt, dass eine verlässliche Ernte erwartet werden durfte. Die Bedeutung der Jagd, dem Domizil der Männer, auch wenn Frauen außerhalb der Schwangerschaften und Stillzeiten durchaus an der Jagd beteiligt waren, ließ stark nach. In dieser neuen Situation, so Hedda Herwig in ihrem Gedankenspiel, war es für die Frauen realistisch denkbar eine reine Frauengesellschaft aufzubauen, wie es sie in der Mythologie ja auch durchaus gibt (Amazonen). Auch auf solch einem niedrigen Niveau der Produktivkraftentwicklung kann eine Gemeinschaft ohne Männer funktionieren, eine solche ohne Frauen allerdings nicht!

Stellen wir uns vor, die „Matriarchinnen" hätten Ernst gemacht. Die umzäunten Dörfer liefern annähernd genug Nahrung für die Gemeinschaft, vor allem wenn man die Population so klein wie möglich hält. Am besten wäre es, wenn man die wegen ihrer

Muskelmasse dauernd hungrigen Kerle nicht mitversorgen müsste. Warum also nicht einfach abschaffen? In der Fauna beobachten die Menschen ja auch, dass es viele Tierarten gibt, die nur Herden aus weiblichen Mitgliedern und ihren Nachkommen bilden. Die Männer sind ausgeschlossen und warten als Einzelgänger oder in isolierten Kleingruppen auf die seltenen Zeiten der Brunft, um eine neue Runde der Fortpflanzung einzuleiten, um dann gleich wieder vom Hof gejagt zu werden. Stellen wir uns eine Gruppe von vielleicht zwei oder drei Dutzend geschwängerter Frauen vor, die sich von den Männern trennen und ein eigenes Dorf gründen. Im Laufe der Zeit kommen an die 30 Kinder zur Welt, ungefähr die Hälfte männlich, die andere Hälfte weiblich. Da die Frauen beschlossen haben auf das Zusammenleben mit den Männern zu verzichten, werden die männlichen Nachkommen genau unter die Lupe genommen und nur die vielversprechendsten in der Obhut der Gruppe belassen. Wie bei den bedauernswerten Hühnern, wo die männlichen Küken gleich nach dem Schlüpfen geschreddert werden, bleiben hier schon einige auf der Strecke. Die ausgewählten männlichen „Drohnen" werden so weit versorgt, wie es für ihr körperliches Gedeihen notwendig ist. Höhere Ausbildungsziele werden nicht angestrebt. Die Natur hat es ja praktischerweise so eingerichtet, dass ein adulter Mann mühelos in kurzer Zeit einige Dutzend Frauen schwängern kann, wobei sogar die Qualität seines Samens zunimmt (Coolidge Effekt!). Ist dies geschehen, sind alle Frauen schwanger, haben die „Männchen" ihre Schuldigkeit getan und es gilt nach der Zeugung wieder die berühmte feministische Weisheit: „eine Frau ohne Mann ist wie ein Fisch ohne Fahrrad". Die Kerle werden aus der Dorfgemeinschaft verstoßen oder sogar getötet, und der Zyklus beginnt von vorn. Es werden ja wieder die Geschlechter der Nachkommen ungefähr Halbe-Halbe geteilt sein und so kann es über Generationen immer weiter gehen. Machen wir das gleiche Gedankenexperiment umgekehrt, dass die Männer beschließen, ohne Frauen zu bleiben, so sehen wir schnell, dass dies nicht funktioniert. Und nicht nur wegen der Notwendigkeit

des Stillens, es geht einfach nicht auf, weil eine Frau nur eine
begrenzte Anzahl Kinder „produzieren" kann und daher nicht
einfach nach der ersten Geburt geschweige denn bereits nach
der Zeugung „entsorgt" werden könnte. Es geht zum Verrecken
nicht, denkt mal drüber nach.

Diese Tatsache wird nun den Männern irgendwann bewusst und
klar, die Frauen könnten sie einfach rausschmeißen, sie sind,
über die Notwendigkeit der einmaligen Begattung aller Frauen
der Gruppe hinaus, letztlich überflüssig! Als Reaktionsbildung
auf diese bedrohliche Erkenntnis und Gewissheit errichten die
Männer eine Bastion gegen die Frauen und „erfinden"
sozusagen das Patriarchat mit all seinen Institutionen, Regeln
und Gesetzen. Reaktionsbildung bedeutet, dass man etwas in die
genau andere Richtung forciert, um der ursprünglichen
Bewegung zu entkommen. Also anstatt als Sexknechte
unterzugehen, schwingen sie sich zur absoluten Herrschaft über
die Frau auf, um sich alle Privilegien der Herrschaft zu sichern.
So wie ein latent homosexueller Mann sich betont männlich
geben wird und homophob reagieren wird, so stilisiert sich der
objektiv überflüssige Mann als Krone der Schöpfung, als Herr
der Welt, um die eigentlich überlegenen Frauen langfristig zu
unterdrücken. Die Herwig-Gemeinschaft als permanente
Bedrohung des Patriarchen, der deshalb ungeheuer viel Energie
in die Unterdrückung der Frauen stecken muss, bis heute. Ein
ewiges ideologisches Gefecht, das der Usurpator „Mann" auf
Dauer nicht gewinnen kann, auch wenn es schon einige
Jahrtausende so aussieht, als sei die patriarchalische Ordnung
unerschütterlich. Am Ende wird die überlegene, kommunikative
und zwischen Apollinischem und Dionysischem besser
vermittelnde weibliche Lebens- und Arbeitsweise siegen. Aber
keine Angst ihr Männer, da für die Frauen vom Matriarchat
nicht die komplette Existenz abhängt, wie dies beim Mann der
Fall ist, hat sie es vermutlich nicht nötig so brutal vorzugehen
wie das Patriarchat. Der Mann wird wahrscheinlich als Variante
bestehen bleiben dürfen, da die Ressourcen ja nicht mehr so

knapp sind wie in Urzeiten! Und außerdem sind Frauen insgesamt viel liebesfähiger (und liebenswürdiger) als Männer. Was wiederum nicht bedeutet, dass sie keine Vertreterinnen des Patriarchats sein können. Von Maria-Theresia über Thatcher bis Merkel, all das sind Frauen, die sich in einer patriarchalischen Herrschaftsposition etablieren konnten. Das heißt, ein Patriarch muss nicht unbedingt ein Mann sein, obwohl er es meist sein wird und nicht jede Frau steht automatisch für eine mutterrechtliche Solidargemeinschaft. Geschlecht ist letztlich eine historisch entstandene Rollenzuweisung und keine natürliche unveränderliche Kategorie, wie die zuletzt erfahrene Einführung eines dritten, intersexuellen Geschlechts in die bürgerliche Gesetzgebung auch noch einmal beweist. Ein Urteilsspruch des Bundesverfassungsgerichts, der vor 50 Jahren absolut undenkbar gewesen wäre. Es muss aber auch klar sein, dass damit in keiner Weise das Patriarchat aufgehoben ist oder auch nur angegriffen erscheint, es ist einfach nur eine Differenzierung der herrschaftlichen Definitionen, damit auch ja niemand durch das bürokratische Raster der Industrienationen fällt. Männer, Frauen, Transgender, alle haben am Ende ein geschlechtliches Etikett und können registriert werden.

Nun hat sich also das Patriarchat mit der Einführung der Sesshaftigkeit und des Privateigentums etabliert, was zwingend mit der Entwicklung von Legitimationsideologien einhergehen muss, da es keine evidente „natürliche" Ableitung des männlichen Machtanspruches gibt, wie das Gedankenexperiment von Hedda Herwig eindrucksvoll zeigt. In der matriarchalischen Welt ist in der Dialektik von Apollon und Dionysos ganz klar Dionysos der Richtungsgebende, wenn man so will der Herrschende, denn es wird nichts mühevoll gemacht, was nicht den gemeinsam begehrten Zielen dient. Im Patriarchat nun wird alles dem Apollon untergeordnet, die Dialektik von Apollinischem und Dionysischem fällt auseinander, die Ausbeutung und Herrschaft des Menschen über den Menschen tritt auf den Plan. Die Welt der Titanen, Götter und Helden wird

erschaffen und besungen, alles zur Glorie des Mannes, der die
Welt auf seinen Schultern trägt wie Atlas. Bloß nicht dem Mann
die Kraft rauben, die ganze Welt würde einstürzen! Diese
Botschaft soll vermittelt werden und das funktioniert bis heute,
wo die Feministinnen die Schuld zugesprochen bekommen,
wenn die Großartigkeit des Mannes zu bröckeln beginnt. Mit
dem Siegeszug des Christentums verschwinden dann hinter dem
einen und einzigen Gott auch alle weiblichen Gottheiten von der
Bühne der Staatsreligion. Um den verständlichen Widerstand der
Frauen einzudämmen wird die Figur der Maria als weibliche
Ikone aufgebaut. Natürlich ganz im Sinne des Patriarchats
verzerrt als eine Frau ohne Sexualität, die sogar ein Kind gebärt,
ohne fleischlich sündigen zu müssen. Sie ist die Idealmutter,
auch im ganz modernen freudschen Sinne, da sie keinen Sex mit
dem Vater hatte und so den Ödipuskomplex bei Jesus, ihrem
Sohn, verhindern kann. Ja, sie ist die einzige Frau, die überhaupt
etwas wert ist, da sie außer als Mutter nichts Weibliches mehr an
sich hat.

Ansonsten werden die Frauen, vor allem in ihrer Sinnlichkeit
und ihrer dionysischen Seite, diffamiert und dämonisiert. In der
Dialektik von Apollinischem und Dionysischem wird auch dem
brutalsten Herrscher sehr schnell klar, dass es unmöglich ist die
Geknechteten völlig als apollinische Werkzeuge zu
instrumentalisieren. Irgendwann muss das Begehren auch
bedient werden, da ansonsten der Sklave lieber den Freitod
wählt, wenn nicht die kleinste Befriedigung gewährt wird.
Zudem wollen die Männer ja auch aus erotischen Gründen eine
gewisse Sinnlichkeit der Frauen erhalten. Aber keine
eigenständige bitte, nur als Objekt, die weibliche Lust sollte nie
als Subjekt auftreten! Wobei in diesem Konstrukt die Hausfrau
und Gattin mit dem wenigsten dionysischen Freiraum
auszustatten ist, da sie nicht einmal der sexuellen Befriedigung
des Mannes dienen sollte, es reicht völlig, wenn sie Kinder
gebiert und den Haushalt führt. In nahezu allen Zeiten sehen wir
eine Verfügungsgewalt der Männer über Frauen, die als

austauschbare Objekte Funktionen zur Monopolisierung des Genusses beim Mann zu übernehmen haben.

Die Misogynie erreicht dann schließlich im ausgehenden Mittelalter den Höhepunkt, wo die Frau zum Inbegriff des Sünde und des Bösen hochstilisiert wird. Falsche etymologische Herleitungen machen aus dem lateinischen „femina" = „Frau" ein zusammengesetztes Wort aus „fe" = Glaube und „minus" = weniger, also die Frau als das weniger glaubende Wesen, als die geborene Sünderin. Da eine totale Unterdrückung der weiblichen Lust zwar gewünscht war, aber unmöglich erschien, erkannte das Patriarchat schnell die Notwendigkeit eines Ventils, einer kontrollierbaren und eingegrenzten Abfuhr des Libidinösen. Die Erinnerung an die Zeit des Matriarchats blieb im Zweistromland und danach im antiken Griechenland ja bestehen, vor allem im Kult des Dionysos. So gab es für ein paar Tage im Jahr die Züge des Dionysos, bei dem die Frauen sich als Mänaden gebärden durften und sich allen Ausschweifungen hingeben konnten. Der Begriff „Mänaden" leitet sich vom griechischen „mania" ab, das wir noch heute im klinischen Begriff der „Manie" kennen, und bedeutet so viel wie „Raserei" oder „Wahnsinn". Heute ist der Begriff der „Bacchantinnen" für diese liebestollen Begleiterinnen des Bacchus/Dionysos geläufiger, da er auch für die römische Zeit und die dort stattfindenden Saturnalien Geltung behält. Man findet aber auch den Namen „Thyiaden" gleich die „Stürmenden" oder „Dionysiaden", wo unser Gott ja schon drinsteckt. Das meint immer das gleiche Phänomen, dass die ansonsten unterdrückten Frauen für eine abgesteckte Zeit ohne Hemmungen ihren Ausschweifungen und sexuellen Lüsten nachgehen dürfen, solange sie danach wieder in ihren geregelten, apollinischen Alltag zurückkehren.

Da dieses Prinzip gut zu funktionieren schien bei der Umsetzung der Herrschaft des Mannes, wurde es dann auch im Umgang mit den kriegsgefangenen Sklaven angewandt. Bei den

römischen Saturnalien, einem Vorläufer unseres Karnevals,
fielen die Standesgrenzen, die Sklaven wurde wie Herren
behandelt und einige Herren ließen sich sogar aus Spaß für einen
Tag wie die Knechte behandeln und bedienten ihre feiernden
Sklaven. In der gesamten Geschichte finden wir durchgehend
dieses Prinzip von „Brot und Spiele", die für die
Herrscherweisheit steht, dass man den Unterdrückten ein Ventil
lassen muss, damit sie nicht aufbegehren. Eine dekadente
Herrschaftsform, die von der Notwendigkeit solcher
Freiheitsnischen nichts wissen will, ist dem Untergang geweiht.

Unsere Gesellschaft heute hat dieses Prinzip zur Meisterschaft
gebracht. Herbert Marcuse nennt dieses Herrschaftsinstrument
„repressive Entsublimierung". Das heißt ganz einfach, dass man
den zahllosen Knechten, die alle Arbeit für die wenigen
Herrschenden erledigen müssen, einen regelmäßigen Bereich
gibt, in dem sie sich scheinbar frei und ungehemmt austoben
können. Natürlich ist dieser Bereich genauestens definiert und so
angelegt, dass er stets privat bleibt und damit niemals ein
wirklich subversives Element bekommt. Die Lust, die man heute
jedem kleinen Angestellten und Arbeiter gewährt, ist eine
Freizeit ohne Tabus, als Pornographie, Freizeitindustrie und mit
der Gewährung privater Paraphilien, die in Realityshows im
Fernsehen vorgeführt werden und zur bestaunten Normalität
erklärt werden. Xhamster und youporn für Männer, fifty shades
of grey und Chippendales für Frauen. Die Trennung von
Apollon und Dionysos wird institutionalisiert. Wenn die tägliche
Arbeit keinen Genuss mehr bringt, weil sie entfremdete
Lohnarbeit ohne unmittelbaren Sinn für den Arbeitenden ist,
dann bekommt man die Lust eben davon getrennt in seiner
Freizeit serviert, damit man danach auch wieder brav zur Arbeit
geht. Der Genuss, die Befriedigung, die Lust liegt also außerhalb
des eigentlichen Tuns und wird separiert angeboten, als Ware.
Es gibt keinen direkten Zusammenhang, höchstens vermittelt
durch das bei der Lohnarbeit verdiente Geld, denn die wirklich
geilen Sachen kosten im Kapitalismus eben etwas.

Es sieht nach Befreiung aus, wirkt aber zumindest affirmativ, bei genauem Hinschauen sogar repressiv. Wer wichst, macht keine Revolution! So die Rechnung der Herrschenden, die aufzugehen scheint. Wer überall nackte Körper angeboten bekommt, wird nicht für eine freiere Sexualität aufbegehren. Gegen den Priester, der alles verbietet, war leichtes Angehen, gegen den verständnisvollen liberalen Vertrauenslehrer, der sogar für die homosexuellen Tendenzen Verständnis hat, ist kaum ein rebellisches Kraut gewachsen.

Die Unfreiheit wird nicht mehr durch Zwangsmaßnahmen, Büttel oder auch Beichtväter durchgesetzt, sondern einfach durch einen Alltag, der von den Abhängigen so gerade eben noch erträglich empfunden wird, weil die Brocken des Dionysos fein portioniert zugeworfen werden. Nur wenn diese „Zuckerbrot und Peitsche"-Strategie nicht gut justiert ist, kommt es zu fatalen Ausbrüchen, mit Burnout, Suizid, bis hin zum Familiendrama als erweiterter Selbstmord. Wenn man sich so ein normales Leben in der Entfremdung einmal von außen und nüchtern betrachtet, muss man sich wundern, wie relativ selten diese Tragödien geschehen:

Auch ein Alltag hat nur 24 Stunden. Acht Stunden etwa davon verbringt ein normaler Angestellter oder Arbeiter an seiner Arbeitsstelle, wo er einer Tätigkeit nachgeht, die er ohne Bezahlung ganz sicher nicht machen würde und die alles andere als ein Spiel ist oder Spaß macht. Zwei Stunden Fahrt hin und zurück sind keine Seltenheit, in Ballungsgebieten wie dem Ruhrgebiet auch noch im täglichen Stau, so dass wochentäglich eine Situation entsteht, wie sie so unnachahmlich in dem Film „Falling Down – Ein ganz normaler Tag" von Michael Douglas dargestellt wird. Für die tägliche Nahrungsaufnahme nehmen wir noch einmal zwei Stunden an. Ein Krimi im Fernsehen um 20:15 ist der erste Lust-Brocken, der zur Erhaltung der Arbeitskraft hingeworfen wird. Kein sehr aktives Er-„Leben", aber immerhin keine reine Notwendigkeit, das Reich Apollons wird mal kurz verlassen. Dann noch zwei Stunden in einem Krimi oder historischen Roman lesen und „tablettieren", also mit dem Android-Tablet das Internet durchstöbern und das eine oder andere Spielchen machen. In einem unbeobachteten Moment noch die benötigte Zeit „xhamstern" und schon hat man die nötige Bettschwere für die so gesunden acht Stunden Schlaf. Oops, da sind ja schon 24 Stunden rum! Selbst der Urlaub ist am besten wie zu Hause, nur woanders. Deutscher Bäcker auf Mallorca, Zigeunerschnitzel in Paris, ansonsten alles Abklappern, was man auch im Reisebericht des ZDF schon gesehen hat. Die Ferien brauchen schließlich auch Struktur! Warum nicht, wie gewohnt, Mittagspause pünktlich um 12, Abendessen wie immer nach Feierabend, also spätestens 19 Uhr! Die Sucht duldet auch bei Autotrips keinen Aufschub, jede Stunde anhalten und Rauchen sind die lustvollen Highlights der Holidays.

Und das ist eine einigermaßen privilegierte Existenz in Deutschland! Nur ein Job ernährt die Familie, keine existentiellen Sorgen, im Gegenteil, ein gewisser Wohlstand in diesem geistigen Elend. Der Mietwagen im Ausland ist nicht die unterste Kategorie und der Kreuzfahrt-Urlaub, bei dem wirklich alles so ist, wie man das vom Traumschiff im TV kennt, ist auch finanzierbar. Alles inklusive, außer der Freiheit! Wo ist da Zeit für wirkliche Liebe? Das exzessive Rauchen und vielleicht noch ein beginnendes Alkoholproblem kompensieren die verdrängte orale Lust, die eigentlich nach einem langen Kuss, nach Fellatio oder Cunnilingus schreit!

Orgasmus, *la petite mort*

Was soll denn ein Abschnitt über den Orgasmus im Kapitel über Herrschaft? Das mag sich mancher fragen, aber genau hier gehört er hin! Man kann es nicht oft genug wiederholen, damit nicht immer eine Begriffsklitterung stattfindet, die den Fokus auf die Hauptsache und den wirklichen Klassenkampf verhindert: Herrschaft ist Monopolisierung von Genuss. Es herrscht nicht der Vorsitzende des Kleintierzuchtvereins und auch nicht die Frau im Hause, die im Alltag das Kommando über die Familie hat, das kann Macht sein, im Idealfall rationale Macht, weil die Betreffenden die Besten für den Job sind, Herrschaft ist es nicht. Und gerade an der Analyse des Orgasmus' kann man die Wirksamkeit des Patriarchats beobachten.

Auch das Phänomen des Orgasmus zeigt bei genauer Betrachtung eher die vergesellschaftende Funktion der Sexualität und weist die rein natürliche in ihre biologischen Schranken. Orgasmus bedeutet eigentlich nur „heftige Erregung", weshalb die Fachwissenschaftler auch eher von „Klimax", also Höhepunkt sprechen, wenn sie die heftige Spannungsentladung im sexuellen Akt beschreiben. In der normalen Praxis ist der männliche Orgasmus zwar in der Regel mit der Ejakulation, also einer biologischen Aktion zur Befruchtung einer weiblichen Eizelle verbunden, aber es gibt durchaus auch Ejakulationen ohne orgiastische Gefühlsausbrüche und wohl auch Orgasmuserlebnisse ohne Samenerguss. Diese tantrischen männlichen Orgasmen sind wohl eher Injakulationen, also dass der Erguss nach innen, in den Körper erfolgt, was ich nicht für eine gesunde Technik halte. Der sogenannte „sächsische Griff" auf einer Stelle zwischen Hodensack und After angewandt, drückt den Samenleiter nach außen ab, so dass der Weg für die Samenflüssigkeit versperrt ist. Ein Rückfluss in die Samenbläschen oder in die Prostata (wo der Hauptanteil des Ejakulats gebildet wird, die Spermien machen nur etwa 3 - 5% der Flüssigkeit aus), um dann gleich noch einmal zur Verfügung zu stehen, ist wohl eher unwahrscheinlich. Man muss davon ausgehen, dass zumindest bei nicht exaktem Griff, das meiste durch die Harnröhre in die Blase entweicht. Wie das alles luststeigernd sein soll, entzieht sich meiner Vorstellungskraft, was nichts heißen soll, meine eher beschränkte Fantasie auf diesem Gebiet ist kein Maßstab.

Zudem zeigt die Tatsache, dass die Spermien selbst sowohl bei
der Ejakulation wie auch beim Orgasmus keinerlei Bedeutung
haben, dass es sich eher um ein Phänomen der Psyche als um ein
biologisches handelt. Es wäre tragisch für die vielen sterilisierten
Männer, wenn es anders wäre. Ist nach der Vasektomie das
Ejakulat auch frei von zeugungsfähigen Inhaltsstoffen, so ändert
dies nichts am Empfinden des Mannes beim Geschlechtsakt.
Die Frage, ob Tiere überhaupt so etwas wie Orgasmen erleben
können, beschäftigt die Biologen seit langem und ist nicht
entschieden. Wir haben uns ja inzwischen angewöhnt, solche
„akademischen" Fragen nicht mehr positiv oder positivistisch
beantwortet haben zu wollen, sondern sie einfach als reines
Denken anzugehen und somit zu ganz entspannten Antworten
zu kommen, die sich nicht festlegen müssen auf einen
bestimmten modus operandi. Also völlig egal, ob Tiere einen
Orgasmus haben oder nicht, es ist auf jeden Fall klar, dass der
menschliche Orgasmus etwas ganz Einzigartiges und Besonderes
ist und vor allem psychosoziale Funktionen hat.

Die einfache Anschauung einer tierischen Begattung lässt einen
allerdings schwerlich daran glauben, dass dieser Akt orgiastisch
erlebt wird, vor allem von weiblichen Tieren. Katzen und Hunde
mit ihren mit Widerhaken versehenen Penissen lassen das
Weibchen vielleicht schreien, aber ob das Lustschreie sind, wage
ich zu bezweifeln, da wird wohl eher Schmerz artikuliert. Der
Nackenbiss bei allen Katzenartigen zeugt auch eher von der
Nähe zur Vergewaltigung als zur liebevollen Vereinigung im
gemeinsamen Höhepunkt. Aber dieses „sadistische
Missverständnis" gibt es auch, wenn Kinder ihre Eltern beim
Akt beobachten, vielleicht täuschen wir uns und es macht den
Tieren doch Spaß, wünschen würde ich es.

Hier, wenn wir uns dem weiblichen Orgasmus zuwenden, ist mal
eine der wenigen Stellen, wo tatsächlich einfache
sozialwissenschaftliche Techniken wie statistische Verteilungen
zur Erkenntnis führen können, weil es so eindeutig ist, oder wie

der Statistiker es formulieren würde „signifikant". Es gilt zwar zu beachten, dass Umfragen in Sachen Sexualität immer mit Vorsicht zu genießen sind, da das Zugeben eines Versagens in diesem Bereich den meisten Menschen peinlich ist, weshalb sie dann lieber bezeugen, wie toll es alles ist, aber dann sind die „schlechten" Zahlen ja nur um so dramatischer, weil sie vermutlich noch zu gut geredet sind! Nur 4% aller Frauen in Deutschland geben an, dass sie schon einmal einen vaginalen Orgasmus hatten, also vermutlich gibt es keine einzige, weil die wenigen ihren Männern mit der Aussage eine Freude machen wollen! Wie soll das auch rein physiologisch möglich sein? Die Scheidenwand verfügt über so gut wie keine Nerven, weil sonst eine Geburt, die ja den gleichen Weg zu gehen hat, überhaupt nicht auszuhalten wäre, wenn dort irgendwelche Nervenrezeptoren wären. Aber was schert das den Herrn, wenn er genau dort sein Vergnügen findet? Wie gerne würde das Patriarchat an diesem Mythos „vaginaler Orgasmus" festhalten, da man dann mit gutem Gewissen das uralte Rein-Raus-Spiel der Penetration weitertreiben könnte, was dem Mann ja zu 90% zum Orgasmus reicht!

Während Männer also beim Geschlechtsverkehr zu einem extrem hohen Anteil ejakulieren und einen Orgasmus haben (die wenigen Sonderfälle, wo das auseinanderfällt beachten wir nicht extra), kommen die Frauen auch mit einer Stimulation der Klitoris nur auf etwa 33% Orgasmus beim Akt. Auch dieser Wert ist vermutlich noch zu hoch, ich würde vermuten, dass es einer sehr großen Erfahrung der Frau bedarf, um bei einer vaginalen Penetration und dann womöglich noch in Missionarsstellung zum Höhepunkt zu kommen. Wahrscheinlich gibt es nicht sehr viele Frauen, die vor dem 30. Lebensjahr überhaupt einen Orgasmus in Zweisamkeit erleben. Daran sieht man, wie wenig „natürlich" dieser ist und wie wenig Arbeit die patriarchalische Gesellschaft darauf verwendet, den jungen Mädchen die Möglichkeit der Lust beizubringen. Monopolisierung von Genuss eben, wichtig ist, dass der Mann

kommt, die Frau muss schauen, wo sie bleibt. Heutzutage hat
sich die Frau immerhin in weiten Teilen das Recht auf
Selbstbefriedigung erkämpft, wo sie zu immerhin 34% mit einem
entspannenden Orgasmus rechnen darf. Immer noch bedeutend
weniger als beim Mann, der da deutlich einfacher gestrickt ist.
Unvergessen und noch immer eine ihrer hervorragenden Taten
ist der Auftritt von Nina Hagen in einer Talkshow, wo sie
Hinweise gibt, wie man sich als Frau selbst befriedigen kann,
denn auch das will erst einmal gelernt sein. Die Männerwelt wird
es von sich aus nicht auf den Lehrplan setzen. Ich habe bewusst
das etwas steife Wort „Selbstbefriedigung" benutzt, weil es
streng genommen gar keinen Ausdruck für das weibliche
Handanlegen gibt.

„Onanie" ist schon für die männliche Selbstbefriedigung
eigentlich der falsche Begriff, denn die Sünde, der sich Onan in
der Bibel schuldig gemacht hat, war keine Selbstbefriedigung,
sondern ein Coitus Interruptus zur Verhinderung einer
Schwangerschaft. Onanieren meint generell, den Samen zu
„verschleudern", also gegen die Wand zu klatschen, aber nicht
dezidiert im Zuge der Selbstbefriedigung. Das andere geläufige
Fachwort für Selbstbefriedigung, auch für beide Geschlechter
gebräuchlich, ist „Masturbation". Das beschreibt die männliche
Selbstbefriedigung eigentlich perfekt und lustig, denn das Wort
setzt sich zusammen aus „maskulin", also „männlich" und
„turbare" für „heftig bewegen", wie wir es aus dem Begriff
„Turbine" kennen. Für die weibliche Form also auch eher
ungeeignet. Für beide Geschlechter benutzbar wurde der Begriff
dann dadurch, dass er etymologisch umgedeutet wurde, um die
moralische Ächtung des Vorgangs stärker zu betonen. Demnach
soll es von „manustupratio" kommen, was von „manus" für
„Hand" und „stuprum" für „Unzucht", also etwa „Unzucht mit
der Hand" heißen soll. Dies kann aber nur ungenügend belegbar
hergeleitet werden und ist als Ursprung des Begriffs mehr als
unwahrscheinlich.

Ihr seht, es ist schwierig, denn auch die Gassenwörter sind
unpassend, „wichsen"? Das ist schon dem Polieren des
männlichen Stabes nachempfunden. „Fingern"? Das kann alles
heißen. Selbst die wunderbare Enzyklopädie des Obszönen „Sex
im Volksmund" von Ernest Bornemann kennt kaum Begriffe,
die exklusiv die weibliche Selbstbefriedigung benennen. Die
meisten sind einfach durch das Anhängen von „in" an Begriffe
für die männliche Selbstbefriedigung gebildet:
Alleinunterhalterin, Balalaikaspielerin, Selbstfahrerin und so
weiter. Ein paar wenige sind direkt auf das weibliche Genital
orientiert: Rillenmasseuse, Ziehharmonika oder Frau Reibrat, das
sind aber dann auch schon fast alle. Nicht sehr witzig, wenig
originell, uninspiriert und zu Recht fast unbekannt. Für die
männliche Selbstbefriedigung hingegen gibt es ein paar hundert
Umschreibungen, von denen „wichsen" nur die bekannteste ist.
Da finden sich lustige Beispiele wie „sich den Kaspar
schneuzen" oder „die Pfeife ausklopfen" neben banalen
Analogiebildungen wie „zupfen", „polieren", „abhampeln" und
was es noch alles so gibt. Eine auffallend große Menge an
Varianten für eine in der Regel so einfache Handbewegung! Auf
jeden Fall ist es kein Zufall, dass es kein wirklich gutes Wort für
die weibliche Variante gibt, da es im Patriarchat schlichtweg
keine Rolle spielt. Die weibliche Lust muss nicht extra benannt
werden, weil sie kein interessierendes Gebiet ist. Was keinen
Namen hat, existiert auch nicht wirklich. Die Lust ist männlich
und ist im Patriarchat am besten auch ausschließlich für den
Herrn reserviert!

Wenn das Patriarchat in Gestalt der Wissenschaft sich in den
modernen Zeiten des weiblichen Orgasmus' annimmt und
annehmen muss, kann nichts Gescheites dabei herauskommen.
Da werden G- und A-Punkte erfunden, nur um die Illusion eines
vaginalen Orgasmus bei der Frau aufrechtzuerhalten und damit
die Bedeutung des Penis und der Penetration für die weibliche
Lust zu betonen. Jedoch halte ich auch die als Analogiebildung
daherkommende Behauptung des exklusiven klitoralen

Orgasmus für Unsinn. Vor allem der weibliche Orgasmus ist eine Kulturleistung, kein rein biologischer Reflex, was dem männlichen schon immer anhaftet. Zum Einen ist der Höhepunkt der Frau für eine erfolgreiche Befruchtung in keiner Weise notwendig, vermutlich sogar kontraproduktiv. Wenn man sich einfach mal die Richtung der üblichen Kontraktionen bei der weiblichen Klimax anschaut, dann geht es eher nach außen als nach innen. Und wie sehr vor allem der menschliche (weibliche) Geist die alles entscheidende „erogene Zone" ist, zeigt ein von Mick Jagger kolportiertes Erlebnis eindrucksvoll. Ein junges Groupie macht sich über ihn her, obwohl er kaum große Lust verspürt auf eine sexuelle Vereinigung. Gelangweilt liegt er auf dem Rücken und lässt das euphorisierte Mädchen auf sich herumturnen. Völlig verzückt ruft sie aus „Ich ficke mit Mick Jagger! Ich ficke mit Mick Jagger!" und geht ab wie eine Rakete. Und das obwohl der alte Mick nach eigenen Angaben überhaupt nichts macht, einfach nur daliegt.

Es ist auch bekannt, dass bei großer Sehnsucht und starker emotionaler Hinwendung Frauen durchaus nur durch den Gedanken an den Geliebten oder durch leichte Berührungen und Streicheln z.B. am Rücken, also einem „unverdächtigen" Körperteil zu einem Orgasmus fähig sind. Und dies ist nur ein scheinbarer Widerspruch zu der Tatsache, dass vermutlich viel weniger Frauen beim Geschlechtsakt jemals einen Orgasmus erfahren, als man anzunehmen geneigt ist. Bei Umfragen geben immerhin 16% der Frauen zu, dass sie niemals einen Orgasmus beim Geschlechtsverkehr haben. Angesichts der sozialen Diskriminierung, die dieses „Versagen" für die Frauen bedeutet, ist die tatsächliche Zahl vermutlich noch viel höher. Das zeigt aber auch, dass die Bedeutung des Höhepunkts völlig überschätzt wird. Da wird ein Wettbewerbsszenario eröffnet, um die Paarbindung im bürgerlichen Sinne zu stabilisieren.

Dass Frauen, im Unterschied zu Männern, zu multiplen Orgasmen fähig sind, kann in verschiedene Richtungen

verweisen. Zum Einen lässt sich daraus die These ableiten, dass
das Patriarchat mit seinen rigiden, genealogisch begründeten
Sexualnormen die weibliche Sexualität systematisch unterdrückt,
was heißen würde, dass in vorpatriarchalischen Zeiten davon
ausgegangen werden muss, dass eine Frau rasch hintereinander,
also quasi gleichzeitig mit mehreren Partnern kopulieren konnte
und dabei mehrfach „kommen" konnte und durfte. Zum
Anderen kann man auch argumentieren, dass genau diese
Tendenz zum multiplen und damit freien Orgasmus zeigt, dass
es sich um eine erlernte und durch Kulturleistung erworbene
Fähigkeit handelt, die gänzlich unabhängig von der Begattung zu
betrachten ist. So wäre dies eine Option, die sich den Männern
erst noch erschließen müsste im Zuge einer Befreiung der
Sexualität aus einer Verwertungslogik. Die Tatsache, dass in der
Regel Frauen erst in einem höheren Alter regelmäßig
orgasmusfähig sind, spricht auch für die These des Erlernten
und Kulturellen am weiblichen Sexualleben. Ein Stadium der
Aneignung und Befreiung aus reiner tierischer Triebhaftigkeit,
das die Männerwelt erst einmal erreichen muss. Wenn Hipster-
Girlies von ihren Orgasmuserfahrungen in tabulosen Talkshows
berichten, so muss man davon ausgehen, dass sie nicht wissen,
wovon sie reden, und ihnen wünschen, dass sie mit 30 Jahren
vielleicht mal erfahren, was ein wirklich erlebter Orgasmus sein
kann, im Gegensatz zu dem, was sie mit 19 vielleicht dafür
halten! Dem weiblichen Orgasmus fehlt in der Regel ja der
sozusagen objektive Beweis wie dies die männliche Ejakulation
darstellt. Das Thema des sogenannten „Squirting", der
weiblichen Ejakulation, ist noch sehr wenig erforscht, obwohl es
bereits bei Aristoteles behandelt wird. Auch dies ein Beleg dafür,
wie unwichtig und sogar tabuisiert die weibliche Lust bei den
männlichen Wissenschaften behandelt wird. Selbst die
Häufigkeit dieses Phänomens liegt völlig im Dunkeln, die
Angaben schwanken von etwa 4% bis über 50% der Frauen!
Lediglich an den schon erwähnten Festtagen, die den Frauen ein
Ventil ihrer Sinnlichkeit gaben, die Saturnalien, das

Bacchantinnentum, der Karneval, lebt die Erinnerung an die paradiesischen Zeiten ohne Ausbeutung der Frau weiter.

Wie stark und förderlich das Erleben von Orgasmus und ungetrübter Lust sein könnte, ohne jetzt in die Schwärmerei eines Wilhelm Reichs zur orgiastischen Potenz zu verfallen, können wir heute nur an den extremen Fällen von spontanen Orgasmen in Extremsituationen erahnen. Bei großer Angst, schweren Traumata, plötzlichem Schmerz und nervlicher Aufregung kann man bei entsprechend veranlagten Personen das Auslösen von ungewollten Orgasmen beobachten. In ganz extremen Momenten von Geiselnahmen, Unfällen und Foltererlebnissen scheint der Körper die durch das jeweilige Trauma hervorgerufenen Spannungen nicht mehr kognitiv oder emotional bewältigen zu können und verschiebt das Ganze in den Bereich der Sexualität, um dort über die Klimax eine Abfuhr der Spannung anzubieten, um den drohenden Kollaps zu vermeiden. Ein berühmtes Beispiel für einen dafür disponierten Menschen war wohl der Komponist Anton Bruckner, der aufgrund seiner Sozialphobien in Gesellschaft so unter Stress litt, dass er permanent befürchten musste eine Pollution zu erleiden, weshalb er bei solchen Gelegenheiten stets mit einer wasserdichten Unterhose bekleidet war. Leider ist nicht überliefert, ob es wirklich zu solchen Entladungen kam oder es sich lediglich um eine paranoide Angst des Mannes handelte. Auch hier spielen Scham und Peinlichkeit mal wieder eine erkenntnisverhindernde Rolle.

Kurt

Erinnern wir uns an Kiano und seine Kindheit in einer Zeit des Urkommunismus, wo er in einer behütenden Gemeinschaft aufgewachsen ist und schauen uns im Folgenden den Gegenentwurf an, ein Kind der Entfremdung nach ein paar tausend Jahren Arbeitsteilung, Privateigentum und Klassengesellschaft.

Wir sind im Nachkriegsdeutschland der Wirtschaftswunderzeit.
Der Vater von Kurt, geboren im heutigen Tschechien, kommt
als Spätheimkehrer aus russischer Gefangenschaft nach
Westdeutschland. Voller Ehrgeiz nimmt der entwurzelte junge
Mann, dem der Krieg und die Gefangenschaft die Jahre der
Jugend gestohlen haben, den Kampf gegen die Bürokratie auf,
um sich aus eigener Kraft sein Studium zu ermöglichen und sich
seinen Traum von der Gründung einer wohlhabenden und damit
„perfekten" Familie zu erfüllen. Seine Erfahrungen im Krieg
haben ihn gelehrt, dass Menschen, die Angst haben, gehorsam
sind. Die autoritären Strukturen in der deutschen Armee und in
der sowjetischen Gefangenschaft hat er verinnerlicht: „sorge
dafür, dass die Menschen Angst vor dir haben, dann tun sie alles,
was du willst". Ein repressives Menschenbild, bei dem jeder
verdächtigt wird egoistisch zu sein, weil man sich seines eigenen,
als „gesund" empfundenen Egoismus durchaus bewusst ist.
Diese Einstellung fordert von jedem Menschen Verzicht und
Askese, weil nur dadurch etwas von Wert geschaffen werden
kann.

Da er klug und fleißig ist, geht er seinen Weg und beendet sehr
erfolgreich sein Studium. Der Wiederaufbau des Landes mit all
seinen Aufgaben und Chancen erlaubt eine Karriere, die von
Anfang an in höheren Hierarchieebenen angesiedelt ist. Er wird
später darauf pochen, dass er in seiner Berufslaufbahn niemals
einen direkten Vorgesetzten hatte, sich also nie einem Boss
unterordnen musste. Es war immer klar, er war der Chef im
Ring! Seine Frau sucht er danach aus, dass sie ähnliche Ziele
verfolgt wie er, sie sollen eine Erfolgsgemeinschaft sein, die am
Ende eine Vorzeige-Familie präsentieren kann. Nach dem
Universitätsabschluss als Jahrgangsbester und der ersten Stelle
als Personalchef einer mittelgroßen Firma geht es an die
Verwirklichung des Projekts „perfekte 50-er Jahre Familie",
Adenauers Stolz. Bald kommt dann auch der ersehnte Sohn auf
die Welt, Kurt. Er soll es einmal leichter und besser haben, die
Karriere ist vorgeplant, Wirtschaftsstudium und am Ende

genauso erfolgreich sein wie der Vater, nur ohne die schwere
Anfangszeit.

Gleich die frühe orale Phase bringt dem Kind, in das alle
Hoffnungen der ehrgeizigen Eltern gesteckt sind, wenig
Erfüllung. Die Mutter ist von ihrem Naturell her nicht in der
Lage Wärme und Geborgenheit zu geben, die Hauptlast der
Betreuung liegt bei der Großmutter väterlicherseits, die den
eigenen Sohn und damit auch dessen Erbfolger zwar
leidenschaftlich liebt, aber mehr als Bewundernde denn als
Gefährtin. Das Kind ist zwar wohlbehütet, aber nicht frei und
unbelastet, ständig wird es am Vater gemessen, schon als
Säugling, da die Großmutter ja den Vergleich hat, den sie
idealisiert. „Der Vater hat aber nicht so viel geschrien!" „Der
Kurt ist aber viel öfter kränklich!" „In dem Alter konnte der
Papi aber schon (sprechen, laufen, schwimmen, was auch
immer)!" Der einzige Halt ist ihm im ersten Lebensjahr der
Schnuller, der ihm dann in der späten oralen Phase von der
Autorität rituell genommen wird. Feierlich holt der Vater eine
große Schere heraus und zerschneidet das Gummi vor den
Augen des Sohnes, die symbolische Kastration schon ganz zu
Beginn des Lebens! Als der Junge zu weinen beginnt, wird er
laut ausgelacht, eine Folter-Strategie, die ihn seine ganze Jugend
begleiten und traumatisieren wird.

Es sind nicht nur die großen Traumata, die in dem Kind die
Angst erzeugen, es sind die kleinen narzisstischen Kränkungen,
die das Urvertrauen zerstören oder verhindern, die das Kind
ohne Halt durch seine emotionale Entwicklung gehen lassen, so
dass ihm nicht die rationale Verarbeitung und Ich-Entwicklung
zur Bewältigung der Krisen gelingt, sondern lediglich
Verdrängung und Über-Ich als Instrumente dienen können. Er
will ja alles richtig machen, der Autorität gefallen, aber egal was
er macht, es ist nie genug und nie richtig. Goethe hat diesen
Mechanismus des kindlichen Erlebens sehr schön ausgedrückt in
den Schriften zur Kunst: „Man sehe ein lebhaftes Kind, das mit

aller Energie und Lust des Lebens rennt, springt und sich
ergötzt, dann aber etwa unverhofft von einem Gespielen hart
getroffen oder sonst physisch oder moralisch heftig verletzt
wird; diese neue Empfindung teilt sich wie ein elektrischer
Schlag allen Gliedern mit, und ein solcher Übersprung ist im
höchsten Sinne pathetisch, es ist ein Gegensatz, von dem man
ohne Erfahrung keinen Begriff hat." Diese traumatisierende
Erfahrung des „elektrischen Schlages" muss der Junge jeden Tag
mit den strengen Eltern und der bigotten, frömmelnden
Großmutter erleiden. Mal kurz das Glück einer Freude erfahren,
trifft ihn der autoritäre Hammer umso gnadenloser wie ein Blitz
aus heiterem Himmel.

Die übervorsichtige Mutter und der an hygienischen
Zwangsneurosen leidende Vater vermiesen ihm natürlich auch
die späte orale Phase gründlich. Da wird peinlichst darauf
geachtet, dass der Junge nichts, aber auch gar nichts in den
Mund nimmt, das nicht ausdrücklich dafür vorgesehen ist, sprich
Nahrungsmittel. Der Vater, der öffentliche Türen nur mit dem
Ellenbogen öffnen kann und sich dauernd die Hände waschen
muss, um sich nicht vor dem eigenen Schmutz zu ekeln, wird
cholerisch, wenn das Baby etwas vom Boden Aufgenommenes
in den Mund schieben will, selbst wenn es so etwas wie ein
Bonbon oder ein Löffel ist, Dinge, die man ja sonst durchaus
oral aufnehmen darf. Wie soll das Kind das verstehen? Plötzlich
ist es „Igitt" und „BaBa", nur weil es auf dem Boden liegt? Egal,
wie sehr Kurt der Autorität dienen und gehorchen will, immer
wieder gibt es etwas zu meckern. Angst zu verbreiten in einem
strengen Regiment ist den Eltern das Mittel ihrer Wahl bei der
Erziehung Kurts zu einem anständigen und vor allem
erfolgreichen Mann.

In der analen Phase schließlich bleibt unser junger Narziss
endgültig stecken, da er hier zum ersten Mal auch Macht über
die Reaktionen der Eltern erfährt und die Autorität sich in der
Doppelung offenbart als geliebte Instanz, der man gefallen und

gehorchen will und angstmachendes Hassobjekt, dem man am liebsten an die Gurgel gehen würde, wenn es nicht so übermächtig wäre. Es ist leicht vorhersehbar, dass den peniblen und hypersauberen Eltern die anale Phase an sich ein Greul ist. Verdauungsprodukte sind so ziemlich das Letzte, mit dem der propere Spießbürger der Zeit sich auseinandersetzen will. Die Erziehung zur frühestmöglichen Sauberkeit wird zum großen Wettbewerb der Zeit. Da wird jeder Trick angewendet, wenn er sich auch aus heutiger Sicht wie Folter darstellt. Sehr früh, viel zu früh, wird Druck auf den kleinen Buben ausgeübt, damit er sich von der Windel löst und das Töpfchen nutzt. In der Nacht wird er mehrfach aus dem Tiefschlaf gerissen und auf den Topf gesetzt, damit er nicht ins Bettchen macht und früh „stubenrein" wird. Eine Folter, die sich sowohl auf das Schlaf-, wie auf das Verdauungsverhalten lebenslang auswirken wird.

Der einzige Lichtblick ist ihm die inzwischen geborene jüngere Schwester, der er ein fürsorgender, ja liebender älter Bruder sein will. Auch da zwar autoritär, aber die Auswüchse der selbst erfahrenen Strenge vermeiden wollend, solidarisieren sich die fast Gleichaltrigen im Laufe der Zeit gegen die Eltern. Doch die dauernden Kränkungen, vor allem durch den Vater, hören nicht auf. Die kleine Schwester wird dann sogar noch zur Quelle der Scham, da diese, wie das so üblich ist, das eine Jahr Unterschied in der Entwicklung schnell aufgeholt hat. Ein Mädchen mit drei Jahren ist häufig deutlich dem vierjährigen Jungen voraus. Sie lernt scheinbar mühelos das Schwimmen, Fahrradfahren und Tennisspielen, während er verlacht wird, weil er in den Augen des Vaters ein Versager ist, der nicht einmal die kleine Schwester übertrumpfen kann. Doch ihr ist Kurt nicht böse, da die beiden Kinder aufeinander angewiesen erscheinen, zumal sie in einer großen Isolation aufwachsen. Gleichaltrige Spielgefährten werden kaum gefunden, zum Einen, weil die steile Karriere des Vaters häufige Ortswechsel nötig macht und damit keine Heimat mit festen Freunden erfahren wird. Zum Anderen machen auch

der Standesdünkel und die Attitüde des „etwas Besseres sein"
den Anschluss der Kinder in der Schule und Freizeit schwierig.

Die ödipale Phase trägt dann unter diesen Umständen – anders
als bei Kiano – ihren Namen zu Recht. Vor allem der
unterschwellige Hass auf den unerreichbaren, tyrannischen Vater
führt zu einer fatalen Identifikation mit allen autoritären
Strukturen, die ihn bis zum Erwachsenenalter nicht mehr
verlassen wird. Weit weg davon ein Rebell gegen die Autorität zu
sein, vertritt der Junge in seiner Umgebung die rigiden
Einstellungen der Eltern und begehrt nur an Nebenschauplätzen
stur auf, wo er weiß, dass es dem Vater nicht so wichtig ist, als
dass er es zum Äußersten kommen lassen würde. So besteht der
Knabe darauf, dass er Fußball spielen will und nicht das
standesgemäße Tennis, obwohl ihm klar ist, dass für den Vater
das Gekicke ein verhasster Proletensport ist, dem Jungen aus
besserem Hause nicht nachzugehen haben.

Als Heranwachsender mit schwacher sozialer Kompetenz
schützt sich Kurt mit der Übernahme der als überlegen
erfahrenen konservativen Einstellungen des Vaters. Er wird
noch als Erwachsener, in den 90-er Jahren ein glühender
Anhänger von Adenauer sein und freut sich wie verrückt, dass er
ihn in einer ZDF-Sendung selbst wählen darf und dieser dann
wirklich „Unser Bester" aller Zeiten wird. In einer späteren
Sendung dieser Reihe wurden übrigens die besten Musiker
Deutschlands gesucht, und als dann das Ergebnis der Wahl die
Böhsen Onkelz an die Spitze katapultierte, wurden sie
klammheimlich auf Platz 25 zurückgesetzt, um den Sieg des der
Subversion von welcher Seite auch immer unverdächtigen
Herbert Grönemeyer zu verkünden. Nach weiteren willkürlichen
Manipulationen des konservativen CDU-nahen Senders wurde
das Format als das entlarvt, was es war, ein Versuch der
reaktionären Meinungsmache, die den nun kommenden rechten
Bewegungen frühes Futter gegeben haben. Doch dies am Rande
und „off topic".

Auf jeden Fall macht man sich in einer Schulklasse der frühen
70-er Jahre nicht gerade beliebt, wenn man den krudesten
Konservatismus christlich-demokratischer Prägung favorisiert.
Die Außenseiterrolle lässt gleichaltrige Freunde rar gesät sein.
Wegen der strengen Regeln des Elternhauses dürfte der Junge eh
nie auf eine Fete gehen, selbst wenn er eingeladen würde. Da
spielt der unauffällig Pubertierende, dem zur wirklichen
Rebellion die Ich-Stärke damals schon fehlt, doch lieber mit den
viel jüngeren Kindern auf der Straße Fußball. Seinen
Traumberuf Jugendrichter, der vielleicht seine seelische Balance
hätte unterstützen können, darf er später nicht anstreben, da der
Vater ein Jurastudium nicht erlaubt, sondern auf den Gewinn
versprechenden Wirtschaftswissenschaften besteht. Als der
junge Student schließlich immer noch mit großer Leidenschaft
und Freude mit 8-Jährigen vor der Tür kickt und eine
Konzentration auf die Karriere nicht stattfindet, nehmen die
Eltern wieder einmal regelnd Einfluss auf Kurts Leben. Zum
Glück sind sie inzwischen vermögend und haben die richtigen
Beziehungen, um für den Sohn eine „geografische Lösung" zu
finden, damit er doch noch einigermaßen erfolgreich oder
zumindest unauffällig erwachsen werden kann. Im fernen
Ausland fällt seine Andersartigkeit nicht so auf, da kann er als
fleißiger Zwangscharakter von deutscher Gründlichkeit sogar
reüssieren und erfährt sich zum ersten Mal wirklich als
„wichtig", wenn auch nur im Schatten seines inzwischen als
Wirtschaftsboss in der BRD bedeutenden Vaters. Er findet
sogar eine ihn bewundernde exotische Frau und gründet mit ihr
eine propere Ein-Kind-Familie, die nach außen hin bis heute
eine längst verloren geglaubte Nierentisch-Idylle repräsentiert.

Leider ist ihm ein lebenslanger Aufenthalt im Ausland nicht
vergönnt, vielleicht hätte er dann ein zwar spießiges, aber
äußerlich erfolgreiches Leben aufbauen können. Fernab von der
Autorität des Vaters gelingt es ihm offensichtlich ein
narzisstisches Gleichgewicht aufzubauen, in dem er nicht mehr
der ewige Versager ist. Narzissmus bedeutet keineswegs, wie

vielfach fälschlich angenommen wird, dass man sich selbst übermäßig liebt, sondern dass man sein Spiegelbild begehrt und liebt. Das ist ein großer Unterschied. Narzissten haben eine ausgesprochene Ich-Schwäche, weshalb es an sich selbst kaum etwas gibt, was sie lieben könnten. Um sich selbst zu lieben, muss man sich selbst erkennen, wie dies die Aufgabe des Ödipus in der Mythologie ist. Eine autoritäre Persönlichkeit aber wie Kurt ist nicht frei genug, um ein Bewusstsein von sich selbst zu haben. Er bemüht sich ein Leben lang den Anforderungen der Autorität, die sich in seinem Über-Ich manifestiert hat, zu genügen. Und da dies unmöglich erscheint, muss das Gelingen als Täuschung vorgegaukelt werden, der Öffentlichkeit, aber auch sich selbst. Aus diesem Grund gelingt es Kurt auch scheinbar mühelos sein permanentes Versagen nicht zu sehen und sich für großartig zu halten, weil sein Bild von sich von Hybris geprägt ist. Hybris meint Selbsterhöhung im Größenwahn, weil er sich einer omnipotenten Autorität untergeordnet hat und dies als Erfüllung halluziniert.

Doch zurück in Deutschland, wo der betagte Vater noch immer ein Tyrann ist, aber ein gealterter, geschwächter Despot inzwischen, wird Kurt sein Versagertum regelmäßig wieder neu vorgeführt. Unfähig in Europa so etwas wie eine Karriere wirklich fortzusetzen, wird er als inzwischen 50-Jähriger wieder komplett abhängig vom Übervater, was natürlich für Kurt eine schlimme Regression bedeutet. Die Hassgefühle auf den Vater nehmen allmählich überhand, die Schwäche des Greises wird für kleine Respektlosigkeiten und arrogante Besserwisserei ausgenutzt, wo er früher nur gekuscht hätte. Als der Vater schließlich stirbt, fallen alle fragilen Bindungen auseinander. Die alte Autorität ist tot, deren Inhalte sind überlebt, die neuen Repräsentanten des Konservatismus sind ihm viel zu modern und damit nach „links" abgedriftet. Dem Vater kann er nicht mehr dienen, selbst konnte er nie ein Bewusstsein von sich selbst entwickeln, lebte nur in seiner eingebildeten narzisstischen Großartigkeit, die außer ihm niemand sehen kann. Da ist es

nicht verwunderlich, dass er sich eine neue Autorität sucht, ja
suchen muss, der er dienen kann und vor der er sich hervortun
kann, denn ohne Autorität fällt er völlig auseinander. Doch was
kann größer als der übermächtige Vater sein? Da muss es dann
schon etwas Bombastisches wie „Volk", „Nation" und
„Abendland" sein, die es mit und in der AfD zu verteidigen gilt!
Diese faschistoiden Bewegungen verfolgen ja bei genauem
Hinsehen überhaupt keine positiven Ziele, denn es wird selbst so
ein Kernbegriff wie „Nation" selten mit konkretem Inhalt
gefüllt. Für Zwangscharaktere typisch, die vermutlich in diesen
Parteien deutlich in der Mehrheit sind, kämpfen sie vor allem
gegen das vermeintlich Böse, aber selten für das Gute. In diesem
Sinne ist der Name der ursprünglichen Bewegung auch
entlarvend genug: PEGIDA = Patriotische Europäer **gegen** die
Islamisierung des Abendlandes.

So ist die systemisch herbeigeführte Ich-Schwäche der
spätkapitalistischen Gesellschaft einer der Gründe für das
irrationale Erstarken der AfD. Die verdrängten sado-
masoschistischen Triebimpulse können in der "Bewegung"
ausgelebt werden. Der vom Über-Ich gepeinigte Loser findet
noch schwächere Gruppen, wie etwa Flüchtlinge, als Hass-
Objekte zur eigenen Erhöhung im aggressiven Akt gegen die
vermeintlichen Schädlinge der großen Sache "Deutschland". Wie
das chancenlose alte Kleinbürgertum in der Weimarer Republik
(Handwerker, Beamte etc.) den Nazis hinterherlief, so laufen
heute die gescheiterten Söhne der Väter des Wirtschaftswunders,
die nie selbst etwas leisten konnten, den neuen Faschisten
hinterher. So anders sind die Zeiten eben nicht, Kapitalismus
bleibt Kapitalismus, repressives Menschenbild bleibt Repression,
autoritäre Gesellschaft bleibt autoritär und menschenfeindlich.
Der Vater ist nicht erreichbar und nicht zu übertrumpfen, dann
eben in den Dienst einer noch höheren Sache stellen, der
Nation! Eine bedauernswerte, zu bemitleidende Existenz, aber in
einer Welt voller „Kurts" werden die Opfer zu Tätern, wenn es

keinen organisierten und effektiven Widerstand durch progressive Kräfte gibt.

Doch ist es wirklich die individuelle Schuld der Eltern von Kurt? Waren sie in der Lage sich über den Geist der Zeit zu erheben? Ich denke nein, denn sie sind als Opfer der Kriegszeiten anzusehen, in denen sie aufwachsen mussten. Sie haben die Ideologie ihrer Zeit an Kurt weitergegeben, in der festen Überzeugung, dies alles aus Liebe getan zu haben. So ist die systemisch herbeigeführte Ich-Schwäche der spätkapitalistischen Gesellschaft einer der Gründe für das scheinbar irrationale Erstarken der AfD und anderer faschistoiden Parteien.

Ich hoffe es ist an diesem Beispiel klargeworden, wie sich Herrschaft und Repression erhalten durch Institutionen, Regeln und Moralgebilde, die sich in der Erziehung an die jeweils neue Generation vermittelt.

Historische Formen der Liebe

Liebe ist nur in diesem sehr eingeschränkten Sinne Natur, als dass sie auch der Fortpflanzung dient. Wir haben gesehen, dass aber selbst dort, bei der Limerenz, der reinen Geilheit des Begehrens, der Geist in Form von Kommunikation, Vorstellung, Werbung etc. seine wesentliche Beteiligung hat. Als Konzept der „reinen" Liebe, als „ideale" Liebe, als „romantische" Liebe ist sie vor allem und fundamental Kulturleistung und damit wesentlich historisch.

Frauen und Sklaven werden von Beginn des Patriarchats und der Klassengesellschaft an sexuell missbraucht, immer und überall. Deren Lust spielt keine Rolle, sie sind reine Objekte, nicht Subjekte. Da der Mann das sexuelle Vergnügen für sich gepachtet hat, werden Frauen benutzt, um alle Bedürfnisse im erotischen Bereich abzudecken. So gilt die klassische Dreiteilung der Frauenrollen im antiken Griechenland im Prinzip schon immer in der Klassengesellschaft und fast unverändert bis heute, nur dass es inzwischen viel heimlicher zugeht: „Die Kurtisanen haben wir für das Vergnügen, die Konkubinen für die tägliche Bequemlichkeit, die Gattinnen haben wir, um eine legitime Nachkommenschaft und eine treue Hüterin des Herdes zu haben", heißt es in einer dem Redner Demosthenes (384–322 vor Christus) zugeschriebenen Rede. Es ist hoffentlich klar, dass hier die drei klassischen Liebes-Ebenen von den Frauen bedient werden, damit der Mann als Herrscher sie rein genießen kann: Eros als Sexualität von Kurtisanen serviert; Philia als Geselligkeit und Spiel von den Konkubinen besorgt; Agape als hohe Kultur des gottgefälligen Familienlebens muss von der Gattin für den Pascha erarbeitet werden.

Für Sokrates war es laut einer überlieferten Anekdote sogar so, dass er sich ganz bewusst eine böse und zänkische Ehefrau gesucht hat, die sprichwörtliche Xanthippe, um zu beweisen, dass man als Philosoph jeden Menschen lieben kann, also ganz in unserem Sinne von Liebe als Kunst und Arbeit aus anthropologischer Anlage heraus. So diente er dem Schönen und Edlen in der am wenigsten schönen Form einer streitsüchtigen Frau. Dass seine „Kurtisanen" meist junge Männer waren, an der Grenze zur heute als Päderastie bezeichneten Leidenschaft, ist nur eine historische Abweichung, das Prinzip bleibt gleich. Als gesellige Gefährten hatte er seine Schüler, wie es im Symposium des Platons so meisterlich beschrieben ist.

Hier ist auch ein Grundgedanke formuliert, der über die Jahrtausende unter dem Einfluss der Herrschaft des christlichen repressiven Menschenbildes eine fatale Umdeutung erhalten hat, die platonische Liebe. Heute versteht man darunter eine asexuelle Liebesbeziehung, bei der die Partner entweder keinerlei sexuelles Interesse aneinander haben oder aus irgendeinem Grund – meist theologisch oder magisch abgeleitet – keinen Sex haben wollen oder können. Bei Platon selber sieht es ganz anders aus. Er beschreibt stattdessen eine fortschreitende Bewegung, die sich einstellen kann, wenn man mit jemandem in

Liebe vereint ist und allmählich diese Liebe immer tiefer und transzendenter wird, weil man das Liebenswerte am Anderen immer weiter erforscht und es immer abstrakter, sprich allgemeiner wird. Liebt man also vielleicht beim Kennenlernen, eventuell sogar unter dem Einfluss von Limerenz, vor allem die äußere Form, die körperliche Schönheit des geliebten Objektes, denn Objekt ist der noch weitgehend Unbekannte in diesem Moment noch vor allem, so ist dies erst der Anfang eines Prozesses, an dessen Ende die platonische Liebe steht, wenn alles optimal läuft. Dabei genießen sich die Beiden auch körperlich, verbringen jedoch ebenso viel Zeit miteinander, auch jenseits der sexuellen Aktivität. Man geht zusammen zum Tanz, verbringt gesellige Stunden miteinander, lernt so den Witz und den freundlichen Geist des Partners kennen und mindestens ebenso lieben wie dessen körperliche Schönheit. Natürlich geschieht dies nur, wenn der Andere auch liebenswert ist und man selbst auch, da man ansonsten bald wieder getrennte Wege gehen würde. Hier ist der Geliebte schon nicht mehr nur Objekt, sondern wird für den Liebenden in diesem weiteren Kennenlernen immer mehr zum Subjekt, zu einer wahrnehmbaren Persönlichkeit, die verzaubert und noch viel stärker bindet als die reine sexuelle Partnerschaft. So erarbeitet man sich einen gemeinsamen Alltag, in dem man sich an dem anderen erfreut, wo man gemeinsam gesellige Stunden verbringt, lacht, weint, redet und spielt miteinander. Natürlich spricht nichts dagegen, dass man auch noch regelmäßig miteinander schläft, wenn man denn Bock darauf hat, aber die persönliche Bindung in Freundschaft (Philia) wird bald wichtiger für das emotionale Gleichgewicht sein als die pure Lust. Wenn nun beide Partner auch noch die Zeit und den Geist dazu haben sich intellektuell und kulturell miteinander zu vervollkommnen, in dem man gemeinsame Lektüre plant und miteinander bespricht, künstlerische oder wissenschaftliche Arbeit miteinander diskutiert, so erhebt sich die Partnerschaft noch einmal über die spielerische Gemeinsamkeit hinaus und wird zur gemeinsam erfahrenen Liebe zum Allgemeinen, zum Schönen, Guten und

Wahren überhaupt. Am Ende dieses Weges der
Selbstverwirklichung aneinander liebt man im Anderen dessen
hohen Geist, den man gemeinsam erklommen und erfahren hat,
so dass die sexuellen und geselligen Gründe für die Liebe relativ
gesehen immer unwichtiger werden. Nur so, wenn das Paar
gemeinsam diesen Weg der Erkenntnis geht, liebt man auch den
erschlafften Körper noch und den älteren Menschen, der einfach
keine Lust oder auch keine gute Gesundheit mehr hat, um
gesellige Eskapaden bei Tanz, Urlaub, Sport oder was auch
immer zu veranstalten. Ganz wie in dem Lied von Ulla Meinecke
„Kleine Schwester" angedeutet, dessen Text ich hier mal
hineinkopiere zur Illustration:

> Kleine Schwester mit der runden Stirn, mit dem süßen
> Mund
> Wie du dein Näschen kraust und Komplimente klaust
> Süß dir beim Spielen zuzuseh'n, so nett mit dir
> auszugeh'n
> Dich zu mögen braucht keinen Grund
> Jeder spielt gern mit 'nem jungen Hund
>
> Kleine Schwester, mich rufst du an, wenn dein Mann
> nicht kann
> Wenn du verletzt, dann nie absichtlich, deine Tritte sind
> nebenbei und flüchtig
> Du gibst mir dein Lächeln als Schmerzensgeld
> Ein Gesichtchen wie du kommt gut durch die Welt
> Dich zu mögen braucht keinen Grund
> Jeder rennt gern zu 'nem jungen Hund
>
> Kleine Schwester, du nimmst solang's umsonst ist
> Du kriegst, weil du sehr süß bist, pass' auf, dass du nicht
> verblühst
> Heiße Blicke werden kälter, kleine Hundchen werden
> älter
> Dich dann noch zu mögen gibt mir Grund

Wir sehen in der ersten Strophe noch einmal die oben vorgestellten Kindchenschemata zusammengefasst, „runde Stirn", also Kopf optisch groß gegenüber dem Körper, die Gesichtsmerkmale tief angesetzt, Nase klein, Mund „süß", was ja wohl einen Kussmund, den wir ja Saugmund genannt haben, beschreibt. Dieses Geschöpf, so putzig wie ein Welpe, mag man ohne jeden weiteren Grund. Es macht Spaß mit so einer süßen kleinen Schwester sexuell oder gesellig zu verkehren. Sie ist das Objekt fast jeder Begierde.

Die zweite Strophe spricht von ersten Konflikten, wenn der Alltag mit diesem Geschöpf, in dem man die Schönheit feiern kann, nicht so perfekt ist, wie das äußere Erscheinungsbild der Person. Sie hat als Subjekt auch Eigenschaften, die nicht immer liebenswert sind, was man zunächst nicht merkt, wegen der Limerenz, aber nach einer längeren Bekanntschaft (wenn die Hormonausschüttungen nachlassen) doch nicht mehr leugnen kann. Sie ist nicht immer treu, verletzt die Menschen um sich herum, weil sie ignorant sein kann. Sie verteilt Tritte, weil sie weiß, dass sie wehtun kann und darf, ohne Folgen fürchten zu müssen. Und wenn dann doch mal einer wütend wird, dann wird mit einem Lächeln der Kindchenappell noch einmal um eine universale Komponente verstärkt, dann ist sicher wieder alles gut.

Aber die dritte Strophe zeigt, wo es unweigerlich hin geht, äußere Schönheit ist vergänglich und dessen sollte sich aus der süßeste Mensch der Welt bewusst sein. Der Pädagoge Janusz Korczak zeigt in seinen didaktisch-praktischen Schriften sehr schön auf, was es für ein Nachteil, vor allem für kleine Mädchen, es später sein kann, wenn sie als kleine Kinder zu niedlich sind. Denn irgendwann ist das eben vorbei und da man zuvor alles quasi für einen Augenaufschlag geschenkt bekommen hat, weil man so putzig und wie ein junger Hund anzuschauen ist, hat man nicht gelernt, sich selbst auch innerlich für andere Menschen liebenswert zu machen. Also denkt daran, „heiße

Blicke werden kälter, kleine Hundchen werden älter", was
überhaupt nichts macht, wenn man ganz im Sinne der
platonischen Liebe eine Persönlichkeit entwickelt hat, im
Idealfall gemeinsam diesen Weg mit geliebten Menschen
gegangen ist und so als Subjekt, als geistiger Mensch, für Platon
als Ideal in der Form eines Philosophen, geliebt wird und selber
liebt. Als reifer Charakter gibt man den Menschen „Grund zu
lieben", auch wenn die äußere Schönheit längst vergangen ist.

Also noch einmal: die platonische Liebe ist nicht Askese, wie
übrigens auch der ebenso missverstandene freudsche Begriff der
Sublimierung nicht asketisch zu leben bedeutet. Es heißt nur,
dass die Liebe darüber hinaus geht, dass sie die einseitige
Bindung an sexuelle Attraktivität überwindet und die ganze
Person als Subjekt und im Idealfall als Repräsentant für das
Menschliche überhaupt geliebt wird. Erst das Christentum führt
den repressiven Begriff der Sünde im Zusammenhang mit der
Sexualität überhaupt ein. Für die Griechen der Antike
undenkbar. Das heißt nicht, dass es keine Tabus, Verbote und
Repressionen im Bereich der Lust gab. Die gab es sehr wohl.
Auch die Griechen waren Patriarchen und Besitzer von
Ländereien, die es zu vererben gab. So passten sie auf, dass die
Frauen des Hauses unter sexueller Kontrolle blieben. Sklaven
hatten eh nicht das Recht auf eigene Lust, sie waren Objekte, die
man ungestraft missbrauchen durfte für die eigene Befriedigung.
Auch der Umgang mit der Homosexualität war längst nicht so
locker, wie es auf den ersten Blick erscheint. Es ist zwar richtig,
dass es in Sachen Lust gar keine Unterscheidung zwischen
„homosexuell" und „heterosexuell" gab, dieser Dualismus der
Geschlechter fand so gar nicht statt, dennoch war nicht alles
gesellschaftlich sanktioniert. Der „richtige" Mann durfte sich
zwar mit einem schönen Jüngling vergnügen, genauso wie er das
mit der Sklavin jederzeit tun konnte, aber eben immer als Mann!
Wenn ein erwachsener, gestandener Mann aus einer der
herrschenden Familien Athens jedoch in einer passiven oder
weiblich empfundenen Form sexuell verkehrte, dann hatte er ein

echtes Problem! Ließ der angesehene Senator sich also von einem Jüngling anal penetrieren, dann war es aus mit der Toleranz. Und auch die Ausübung eines Cunnilingus bei einer Frau galt als zutiefst unmännlich und erniedrigend, so dass sogar in bestimmten Zeiten die Todesstrafe auf diese Form der Lust stand! Ist ja auch klar, das dient ja auch vor allem der Lust der Frau, das kann nicht erlaubt sein!

Das, was wir heute als romantische Liebe bezeichnen ist eine Erfindung der Troubadoure und Minnesänger im 12. und 13. Jahrhundert, also zu der Zeit, in der die deutschen Gründungsstädte auf den Plan traten, womit das Ende des Feudalsystems eingeläutet wurde und die Urgründe des Bürgertums entstanden. Die urbanen Umgebungen, zunächst im Breisgau und später in allen spätmittelalterlichen Fürstentümern, brachten eine völlig neue Situation für das Patriarchat. Waren seit Griechenland und Rom bis zum Mittelalter die Umstände einer Sklavenhaltergesellschaft und des Feudalsystems so klar hierarchisch, dass die wenigen herrschenden Familien und ihre männlichen Mitglieder beinahe tun und lassen konnten, was sie wollten, so war das in den neuen Städten, nachdem einige Jahrhunderte das gesellschaftliche Leben sich im Wesentlichen auf dem Lande abgespielt hatte, anders. Die aristokratischen Männer mussten gebändigt werden, um dauernde Streitigkeiten bis hin zu Kriegen zu vermeiden. Es war inzwischen nicht mehr so einfach möglich, dass die Ritter umherzogen und sich jedes Mädchen und jede Frau nahmen, wenn es ihnen nur gefiel. Es galt ein Konzept von Liebe zu etablieren, das wie bisher die Monopolisierung des Genusses beim feudalen Manne beibehielt, ohne zu sehr für Konfliktpotential mit dem aufkommenden städtischen Bürgertum und Geldadel zu sorgen.

Die ziemlich anarchische Praxis der Feudalherren auf den ausgedehnten und dünn besiedelten Latifundien funktionierte in einer urbaner werdenden Umgebung einfach nicht mehr. Das immer häufiger werdende Zusammentreffen unterschiedlicher und damit konkurrierender Herren führte zu Konflikten, die bei permanenter Austragung zu dauernden Fehden führen würde und auch geführt hat. Mit der Einführung einer Idee der Hohen Minne, das Umwerben einer hochangesehen Frau, einer Liebe, die Ideal bleibt, die eigentlich nicht gelingen darf, da die Frau ansonsten erniedrigt würde. Mit dieser Konstruktion eines „Liebesdienstes" wird eine soziale Bändigung des Mannes etabliert. Die angebetete Frau bleibt unerreichbar, egal wie viele Dienste der Ritter ihr erfüllt. Welch absurde Formen dieser Frauendienst als hohe Minne annehmen kann, ist bei Ulrich von Liechtenstein in dessen mittelhochdeutschem Werk „Vrouwen dienest" in sehr unterhaltsamer Art und Weise dokumentiert. Es ist natürlich kein Zufall, dass die deutsche Romantik in Person von Ludwig Tieck dieses Buch ins Neuhochdeutsche überträgt und als ersten Roman in der Ich-Erzählform als epochal feiert. So kann eine hohe Frouwe (als weibliches Gegenstück zum Herrn, also eine Art Patriarchalisierung der hohen Weiblichkeit) mehrere Ritter, in Form einer Königin nahezu unzählige Krieger und Landesfürsten in ihre Dienstbarkeit nehmen, ohne mit einem einzigen tatsächlich intim werden zu müssen. Die Hoffnung auf eine noch so unwahrscheinliche Vereinigung bleibt aber stets vorhanden und damit der Antrieb zu weiteren Taten. Dass diese „edlen" Ritter sich dennoch unterwegs mit Mägden, Schauspielerinnen und Leibeigenen in der „niederen Minne" üben, dient dem geregelten Triebabbau und stabilisiert in Verbindung mit der an Anbetung grenzenden Beziehung zur Herrin das soziale Gefüge. In diesem damals neuartigen Konzept ist die bis heute bekannte Dialektik der Idealisierung und Dämonisierung der Weiblichkeit als Heilige und Hure bereits angelegt, die ihren transzendenten Ursprung in der christlichen Erbsünde und dem repressiven Menschenbild des Christentums hat. Alle Menschen sind Sünder und der einzige Ausweg ist die Askese, also der Verzicht, der sich hier als Dienst an etwas Höherem als Sublimierung tarnt und sich zudem als sexuelle Ausbeutung an den schwächsten Frauen heuchlerisch dann doch auslebt. Die Doppelmoral ist also von Anfang an ein inhärenter und notwendiger Baustein der bürgerlichen Gesellschaft, und zwar schon in ihren spätmittelalterlichen Vorläufern.

Die Romantik, die unserem heutigen populären Ideal der Liebe den Namen gegeben hat, ist auch nur auf den ersten Blick das, was sie zu sein scheint. In Wahrheit ist sie eine höchst widersprüchliche Epoche gewesen, die den Künstler zwar zu befreien suchte, die Inhalte und damit die Rezipienten aber in eine mystisch-rigide Naturideologie zu führen drohte. Die große Leistung dieser Epoche wird die Rettung alter Texte, Geschichten und Lieder bleiben, denn wie viele wunderbare Dinge wären vielleicht für immer verschwunden? Die Gebrüder Grimm sammelten unermüdlich bisher vorwiegend mündlich überlieferte Märchen, die zwar häufig etwas zensiert wurden, wenn sie zu eindeutig „volkstümlich" derb daherkamen, aber immerhin, die Kleinodien wie Schneewittchen, Brüderchen und Schwesterchen, Rapunzel, Aschenputtel, Hänsel und Gretel und so weiter, sind uns in einer zwar überarbeiteten aber ansprechenden Form erhalten geblieben. Oder die wunderbaren (Volks-)Lieder im Buch Clemens Brentanos und Achim von Arnims „Des Knaben Wunderhorn", wobei die Titelwahl schon von der Naivität der etwas träumerischen romantischen Epoche zeugt. Goethe wäre die auffallend sexuelle Konnotation ganz sicher nicht entgangen, was ihn nicht daran hinderte, gerade den „naiven Anspruch der Reihe" zu loben! Schließlich die Sammlung „Phantasus" von Ludwig Tieck, in der auch meine Lieblingsgeschichte der Gattung versteckt ist, „Die Elfen", eine allegorische Geschichte über die Folgen von Xenophobie und Rassismus, die leider heute wieder aktueller denn je ist.

Der normale moderne Konsument von Liebesromanen und Blockbuster-Liebesfilmen, die landläufig als „romantische Komödien" oder als „Liebesdramen" bezeichnet werden, assoziiert mit „romantisch" ausgestreute Rosenblätter, Kerzenschein, gemeinsam erlebte Sonnenuntergänge und

anderen Kitsch. Doch das wahre Wesen der Romantik ist eher
geprägt von Tod, Verlust, Versagen und Opfer. Sie stellt den
Sieg des Gefühls über die Sexualität dar, aber als Heuchelei,
denn der herrschende Mann treibt weiter im Geheimen sein
unmoralisches Leben.

Als Friedrich Schlegel den Begriff „Romantik" einführte, war
damit zunächst einmal jede Literatur gemeint, die sich nicht des
bis dahin klassisch verwendeten Lateins als Schriftsprache
bediente, sondern der romanischen Volkssprachen, sprich vor
allem Italienisch und Französisch. Dante Alighieris „Göttliche
Komödie", zwischen 1307 und 1321 entstanden, ist der erste
literarische Text in italienischer Sprache, der das Italienische als
Schriftsprache überhaupt erst geschaffen hat und gilt bis heute
als eines der größten Meisterwerke der Weltliteratur. Dieses
epochale Werk lehnt sich an klassische Vorbilder der Antike an
und verweist ausdrücklich auf die Aeneus von Vergil. Die
epische Verserzählung ist – anders als die späteren Romane, die
in Prosa geschrieben sind – in einem elfsilbrigen Versmaß
verfasst und beschreibt die Reise eines Ich-Erzählers durch die
drei Reiche des Jenseits, die Hölle, das Fegefeuer und das
Paradies.

„Il Decamerone" von Giovanni Boccaccio entsteht kaum 20
Jahre später, bedeutet so viel wie „Zehn-Tage-Werk" und ist
eine Novellensammlung mit 100 Geschichten, die man als
Vorläufer des modernen Romans bezeichnen kann. Eine
Novelle ist ein Prosastück mittlerer Länge, das man somit in
einem Rutsch lesen kann, also in der Regel kürzer als ein Roman,
den man schwerlich in einer einzigen Sitzung liest. Pier Paolo
Pasolinis Verfilmung „Decameron" von 1970 wurde als
Pornografie diffamiert, ist aber eine zugleich witzige wie
tragische Adaption von neun Geschichten des Buches in einem
fulminanten Streifen.

„Der sinnreiche Junker Don Quijote von der Mancha" von
Miguel de Cervantes aus dem frühen 17. Jahrhundert gilt als der

erste moderne Roman und bis heute als eines der besten und bedeutendsten Bücher überhaupt in der Literaturgeschichte. Selbst Hegel nennt den Quijote eine „Weltfigur"! Wie so oft in der Kunst ist ein Werk genau dann epochal, wenn Form und Inhalt kohärent sind und dialektisch verbunden ein neues Zeitalter einläuten. Genau dies tut der Ritter von der traurigen Gestalt. Das Thema ist letztlich das Ende des Mittelalters, der Beginn der Moderne, des bürgerlichen Zeitalters. Ritter und Minne erscheinen nur noch als Karikatur, das Zeitalter des Feudalismus ist obsolet geworden. Satirisch verbrämt wird darin vor allem der Ritteroman Amadis von Gallien, der in unzähligen Fortsetzungen so etwas wie die Trivialliteratur der Renaissance darstellte. Sozusagen der Harry Potter des 16. Jahrhunderts. Da es Cervantes gelingt, trotz der Absurdität und Komik seiner Versuche die Minne zu retten, den Quijote als tragische Figur zu zeichnen, finden wir darin einen Abgesang auf das Mittelalter, der bis heute seine Wirkung nicht verfehlt. Das lange Sterben des Ritters von der traurigen Gestalt ist eine Darstellung des alten „Memento Mori" (bedenke, dass du stirbst) und zeigt den Gegensatz zum modernen Sterben in der Klinik auf bis heute erschütternde Weise.

Der Roman ist eine Form, die des Buchdrucks bedarf, denn der Plot ist zu lang und zu komplex, um auswendig erzählt werden zu können, selbst wenn er in Versen geschrieben wäre. Das Reimen hatte ja vor allem den Grund, sich die zum Teil doch auch schon recht langen Heldenepen besser merken zu können. Die Minne, die dort im Quijote dargestellt wird, ist eine Parodie auf die Hohe Minne der Troubadoure. Die Angebetete Dulcinea ist alles andere als eine hohe frouwe, sie ist ein Bauernmädchen, das der arme Ritter aus seiner Jugend kennt. Anders als im Film begegnet die Romanfigur ihr nicht ein einziges Mal im ganzen Verlauf der Geschichte, der Roman hat also keine Rolle für Sophia Loren! Aber gerade dies nimmt ein wichtiges Motiv der Romantik voraus, nämlich die Vergeblichkeit, die nichts am Drama des Versuchens ändert. Das heutige unsägliche „der Weg

ist das Ziel" als Küchenpsychologie für Gescheiterte scheint hier
zur Welt gekommen zu sein. Die Bedeutung des Don Quijote
für die deutsche Romantik wird auch daran ersichtlich, dass
einer der bedeutendsten Vertreter der Romantik, Ludwig Tieck,
auch dieses Werk ins Deutsche übersetzt hat und mit einem
Vorwort von niemand geringerem als Heinrich Heine verlegen
konnte. Im Spanischen sind mindestens so viele Zitate aus
Cervantes' Roman sprichwörtlich geworden wie in Deutschland
aus Goethes Faust. Bis heute sind Grundfiguren, die hier
erfunden wurden, in den Unterhaltungsgenres der Moderne
wiederzufinden. Der große, schlaksige Don Quijote und der
kleine, dicke Sancho Panza (wobei Panza tatsächlich nichts
anderes als Bauch heißt, wie im kölschen der „Panz") kommen
in unzähligen Varianten in Komödien vor. Am ähnlichsten und
bekanntesten ist das dänische Komiker-Duo Pat und Patachon,
aber auch in diversen Variationen in Karl May Filmen und
billigen Klamotten ist diese Konstellation zur Erheiterung der
Zuschauer zu finden. Der heroische Kampf gegen die
Windmühlen steht bis heute in all seiner Symbolik für den
tragischen Helden, der die veränderten Verhältnisse nicht
erkennt und in eine verlorene Schlacht reitet, die er nicht
gewinnen kann. Auch dieses epochale Scheitern ist ein typisch
romantisches Motiv und als solches im digitalen „epic fail" der
Generation Internet aufbewahrt.

Die Romantik grenzt sich also zunächst einmal von der antiken
Klassik ab. Dort gibt es, in Latein und Altgriechisch verewigt,
Helden und Götter, die heroische Taten vollbringen und am
Ende meist triumphieren, oder zumindest großartig scheitern.
Die deutsche Klassik mit Goethe, Schiller, Wieland und Herder
in Weimar verortet, nimmt ausdrücklich Bezug auf diese
Tradition Griechenlands und Roms, auch wenn sie natürlich im
besten Deutsch ihre Texte veröffentlicht. Es sollte klar sein, dass
diese vier Herren sich selbst nicht als „Klassiker" bezeichnet
haben, dieses Etikett bekamen sie von späteren Betrachtern
zugewiesen. Eben auch in der Abgrenzung zur „Romantik", die

der Klassik als Gegenbewegung unmittelbar folgte. Goethe, der
ja bekanntlich mit fast 83 Jahren recht alt geworden ist, hat den
Aufstieg der meisten „Romantiker" noch erlebt und hielt mit
seiner Meinung zu der neuen Literatur nicht hinter dem Berg.
„Das Klassische nenne ich das Gesunde und das Romantische
das Kranke" formulierte er gegenüber Eckermann. Deutlicher
konnte er kaum werden. Das Moderne an der Romantik ist die
erstmalige Besinnung auf die eigene, lokale, heimatliche
Vergangenheit. Während die deutsche Klassik das Mittelalter als
das finstere Zeitalter weitgehend ignoriert und sich im Gefolge
der Renaissance auf die griechische und römische Antike stützt,
so erhebt die Romantik die deutschen Mythen und Sagen zur
Quelle der Erbauung. Dass hier der Nationalgedanke der
bürgerlichen Revolution zur Ausführung kommt ist leicht
ersichtlich. Das Nibelungenlied, die Merseburger
Zaubersprüche, die Minnesänger vom Kürenberger über
Walther von der Vogelweide bis Wolfram von Eschenbach und
eben unserem Ulrich von Liechtenstein mit seinem
„Frauendienst" treten in das literarische Bewusstsein der jungen
Autoren des ausgehenden 18. Jahrhunderts. Novalis, mit
richtigem Namen Georg Philipp Friedrich von Hardenberg,
bringt auf den Punkt, was das Romantische ist, eine Inflation des
Gefühls, mit dem Ziel das Banale zu „romantisieren": „Indem
ich dem Gemeinen einen hohen Sinn, dem Gewöhnlichen ein
geheimnisvolles Ansehen, dem Bekannten die Würde des
Unbekannten, dem Endlichen den unendlichen Schein gebe, so
romantisiere ich es." Die eine Seite ist also sozusagen eine
Demokratisierung des Gefühls, eine Loslösung vom Heroischen
in der Klassik, hin zur affektiven Besetzung des eigentlich
banalen Alltags. Die andere Seite ist eine Kultur des Mystischen.
Kaum ein romantisches Werk kommt ohne eine sehnsüchtige
Todesmystik aus, ja die hohe Minne ist in der Romantik als
immer letztlich misslungene Liebe ein Begehren des Todes
selbst. Vergegenwärtigen wir uns die großen Liebespaare, die der
Romantik als Vorbilder und Muster dienen: Tristan und Isolde,
zwei Königskinder, die durch einen Liebestrank versehentlich

miteinander verbunden werden und unter dem Einfluss dieser
Droge dann auch eine körperliche Verbindung eingehen.
Nüchtern wäre Sex nicht gestattet und auch hier wird das
Vergehen mit dem Tode bestraft, am Ende der Geschichte sind
beide tot und können sich an den Geschlechtsverkehr gar nicht
erinnern. Tristan begegnet im Laufe der Geschichte auch gleich
drei „Isoldes", um noch einmal klarzumachen, dass es eine
„men's world" ist. Bei Romeo und Julia sieht es nicht viel anders
aus, auch am Ende beide tot, wobei die beiden noch nicht
einmal eine richtige Nacht miteinander verbringen dürfen, da hat
ja mal gar nichts geklappt! Aber der Romantik geht es eben um
den Versuch, um das Bestreben, für das Wunderbare und
Magische zu leben und vor allem zu sterben. Auch wenn dies
heißt, in der Wirklichkeit gar nichts zu haben. Die Erfüllung
wird verwehrt oder eben erst im Tod quasi negativ gewährt. Die
Natur mit ihren mystischen Orten, Bergen, Tälern, Auen und
Wiesen verspricht die Idylle, die der Mensch in seinem Alltag nie
erlangt. Insofern tatsächlich eine moderne Sicht auf das
Dionysische, denn bis heute ist den meisten Menschen der
Zugang zu einer erfüllten und echten Liebe durch die Umstände
verwehrt.

Folgerichtig ist die eigentliche Form des romantischen Werkes
dann auch das Fragment, also das Unfertige, Vorläufige. Ein
Urteil zu fällen ist nicht die Sache der Romantiker, sie bleiben im
Magischen und sind bereit sich dem Märchenhaften hinzugeben.
Alles soll geheimnisvoll bleiben, im Nebel der Magie und der
Mystik verborgen bleiben. Irgendwie sind wir alle Wesen aus der
heimischen Erde geboren und mit ihr magisch verbunden, ein
immer wiederkehrendes Motiv der Romantik (Runenberg von
Tieck, Tannhäuser etc.), das die Begriffe der Blut- und Boden-
Ideologie des Nationalismus noch unschuldig einführt. Die
Unentschiedenheit der Romantik kennzeichnet eine intensive
Dialektik von durchaus gefühlter Wollust, die mit großer
Aggressivität bis hin zur Gewaltphantasie daherkommt auf der
einen Seite und einem Hang zur Katholisierung der Menschen in

demütiger Versenkung nach dem Vorbild mittelalterlicher Mystiker wie Meister Eckhart, der sich zudem der deutschen Sprache bediente und somit als nationale Ikone tauglich war. Die enge Verbindung von romantischem Liebesbegriff und entsagender Gewalt zeigt sich auch in dem überlieferten Hobby von Novalis, der von Ort zu Ort reiste, um öffentlichen Hinrichtungen beizuwohnen, die ihn zutiefst faszinierten.

Bis heute ist es so, dass romantische Geschichten selten für die Protagonisten gut ausgehen. Schauen wir uns einige der größten Liebesfilme bis heute an:

- Vom Winde verweht: Fehlgeburt, Tochter Genick gebrochen, am Ende verlässt Rhett Butler seine Scarlett und alle sind unglücklich!

- Love Story: „nimm die nicht, die hat Krebs!" ruft man Ryan O'Neal mit Michael Mittermeier zu, vergeblich, Frau (Ali MacGraw) am Ende tot, er sitzt alleine verzweifelt auf einer Parkbank.

- Titanic: das kann ja nicht gut ausgehen, wieso geht man in einen Film, wo man das Ende schon aus den Geschichtsbüchern kennt? Der Pott geht unter, Jack ertrinkt seiner Rose unter den Fingern weg!

- Die große Liebe meines Lebens: dieser Film ist durch ein Zitat in „Schlaflos in Seattle" wieder ins Bewusstsein gerückt und gilt als der „Heulfilm" für Frauen überhaupt! In Wirklichkeit ist er einfach nur hoffnungslos sentimental. Auch hier wird das Glück der beiden Protagonisten durch dramatische Umstände verhindert, Querschnittslähmung, Missverständnisse und am Ende nur die Hoffnung auf ein Wunder.

- Harold and Maude: der einzige Liebesfilm in dieser Reihe, der Hoffnung macht und den ich uneingeschränkt empfehlen kann. Die Geschichte endet zwar auch mit dem Tod der Geliebten, aber mit welcher Hoffnung und unendlicher Liebe als Befreiung wird hier

agiert! So gut, dass man diesen Film eigentlich mit dem
Etikett „romantisch" beleidigt.

Diese Reihe ließe sich noch sehr lange erweitern, aber was sie
nur anzeigen soll, die „romantische Liebe" ist eine misslungene
Liebe, sie ist im Prinzip immer eng mit dem Tod verbunden.
Selbst ein Happyend wirkt nicht endgültig, wenn man sich
überlegt, wie es ein halbes Jahr später zwischen den
Protagonisten zugehen wird, weil sie so gar nicht zueinander
passen wollen, wie z.B. bei „Pretty Woman" oder „Dirty
Dancing", wo jeder Schwachkopf sieht, dass die Paare zum
Scheitern verurteilt sind. Man muss schon an Wunder glauben,
wenn man den Altersunterschied und die Klassendifferenz in
diesen Streifen als zu vernachlässigende Größen einfach
ignoriert. Wenn also jemand dir mit „Romantik" kommt, ist eine
gewisse Vorsicht nicht unangebracht, da ist viel Magie und
Mystik, also auch Scharlatanerie und Täuschung am Werke, um
das Unglück unserer Zeit aus der Banalität der bürgerlichen,
spießigen Existenz in eine märchenhafte Illusion zu erheben.

Dialektische Konklusionen

Ein Film von Jim Jarmusch aus dem Jahre 2013 mit dem Titel
„Only Lovers Left Alive" zeichnet das Bild eines absolut
perfekten Paares mit Namen Adam und Eve, gespielt von Tom
Hiddleston und Tilda Swinton. Ihre Verbindung ist so stark,
dass sie selbst über viele tausend Kilometer wirksam bleibt.
Während Eve in Tanger lebt, spürt sie, dass ihr geliebter Mann
Adam, der in Detroit in einem alten Haus lebt, in einer
depressiven Verstimmung mit suizidalen Gedanken steckt. Wie
bei der Quantenverschränkung sind sie zwei Teilchen, deren
„Spin" sich bedingt, egal wie groß die Entfernung zwischen
ihnen ist. Für Adam ist es gar nicht so leicht Selbstmord zu
begehen, denn er ist, wie seine Gefährtin, ein Vampir. In der
Zeit, in der er sich eine silberne Kugel für seinen Revolver
beschafft, eilt Eve ihm zur Seite, um ihn wieder in die Spur zu

bringen. Die Vertrautheit der beiden Liebenden ist unfassbar, nicht von rasender Leidenschaft geprägt, sondern von unendlicher Zärtlichkeit bestimmt. Seit Jahrhunderten hatten sie Zeit, diese Vertrautheit und ideal gereifte Liebe zu erarbeiten. Mit den besten Kulturschaffenden aller Epochen, die sie erleben durften, verbunden, ist er als Musiker avantgardistisch erfolgreich und sie verwirklicht sich im Bereich der Literatur, gemeinsam mit dem Freund Christopher Marlowe, der seit 1564, später unter verschiedenen Pseudonymen, schriftstellerisch aktiv ist. Sie arbeiten also beide in einem kreativen Beruf, der die Möglichkeit einer nicht entfremdeten Arbeit als Selbstverwirklichung schafft. In ihrer Arbeit gehen sie auch auf, wären da nicht all diese modernen Menschen, die in der ihrerseits völlig entfremdeten spätkapitalistischen Existenz von den hellsichtigen Vampiren als Zombies identifiziert und klassifiziert werden. Also Untote, die zwar lebendig wirken, in Wahrheit aber fremdgesteuerte willenlose Wesen, Zombies eben, sind. Eine sehr passende Beschreibung der modernen Gesellschaft, was auch den Erfolg von Serien und Filmen über die Untoten wie „Walking Dead" oder die Romero-Reihe erklärt, die Geschichten spiegeln überhöht und verdichtet die antagonistische Realität der bürgerlichen Gesellschaft wider. Trotz dieser Erkenntnis, dass fast alle Menschen Zombies sind, scheinen die Vampire so von Liebe oder zumindest Respekt vor den Menschen beseelt zu sein, dass sie keine Personen beißen, um an ihr nötiges Blutkontingent zu kommen. Sie besorgen es aus Krankenhäusern oder von dubiosen illegalen Blutmärkten. Nur die Umstände lassen es nicht zu, dass sie vollkommen glücklich leben, aber immerhin stehen sie mit einer Zehe im Reich der Freiheit, wie Kofler das irdische Ziel eines kreativen, intellektuellen und selbstbestimmten Lebens benannte.

Um ihren Freund Adam nach dem Verlust all seiner historischen und kostbaren Musikinstrumente zu trösten, besorgt Eve ihm ein ganz besonderes Saiteninstrument, womit er seine nächste Sammlung beginnen kann. Zeit haben sie ja genug. Die beiden arbeiten zwar nicht im gleichen Metier, aber der jeweils andere hat sich anscheinend zumindest soweit mit der Leidenschaft des Partners beschäftigt, dass er einschätzen kann, was gut und schlecht ist. Wir werden sehen, dass dieses Interesse am Partner und die Offenheit immer weiter zu lernen eine Grundbedingung für eine gelungene und reife Liebe ist. Am Ende müssen die beiden in Ermangelung von Blutreserven doch über ein junges Liebespaar herfallen, um zu trinken, wobei für mich offen bleibt, ob sie diese damit töten oder sie auf ihren eigenen unsterblichen Weg ewiger Liebe zu bringen suchen.

Es geht im Film aber auch deutlich weniger „ideal". Wir Menschen haben leider keine Zeit, um uns 300 Jahre lang kennen zu lernen und damit unendlich vertraut miteinander werden zu können wie Adam und Eve, schon gar nicht unter den Bedingungen der Lohnarbeit und Entfremdung. Die einigermaßen gelungene Liebe als Gemeinschaft ist in der Wirklichkeit ungleich profaner und schmerzhafter. Ein grandioses Beispiel dafür zeigt der Film von 1966 „Wie ein Schrei im Wind" mit Oliver Reed und Rita Tushingham in den Hauptrollen. Bezeichnenderweise heißt die Frau hier auch „Eve", während die Figur von Oliver Reed den Namen John La Bête, also „das Biest", trägt. Und ein solches ist er auch zunächst. Als einsamer Trapper kauft er sich im Jahre 1850 bei einem seiner seltenen Aufenthalte in einer Hafenstadt für 1.000 $ ein stummes Mädchen, eben Eve, für die langen Winternächte in seiner Hütte im Norden Kanadas. Die junge Frau hat aufgehört zu sprechen, als sie Zeugin eines Massakers an ihrer Familie wurde, ist also schwer traumatisiert. Zu Beginn ihrer Beziehung sieht es nach allem aus, aber nicht nach Liebe. Der unzivilisierte Naturbursche ist der Macho überhaupt. Die zarte Eve kann den bärenhaften John nur als Bestie, als bedrohliches Tier wahrnehmen. Die ungeschickten Annäherungsversuche des Grobians wehrt sie mit allen Mitteln ab. Sie ist dabei sogar erfolgreich, John muss allein in seinem Bett die Nächte verbringen. Dass sie erfolgreich bleibt, angesichts der dramatischen körperlichen Überlegenheit dieses starken Mannes, zeigt schon, dass er vielleicht doch nicht die Bestie ist, die er auf den ersten Blick zu sein scheint, denn er könnte natürlich ohne Mühe eine körperliche Vereinigung mit der nicht einmal halb so schweren Eve erzwingen. Die langen gemeinsamen Tage und Nächte in der Wildnis führen ganz langsam und fast unmerklich zu einer allmählichen Annäherung über die alltägliche Arbeit in der unwirtlichen Umgebung. Die beiden verhalten sich zutiefst menschlich, sie treten in einen nicht entfremdeten Stoffwechsel mit der umgebenden Natur. Sie lernt von ihm alles über das Fallenstellen und das Leben in der Wildnis, er genießt die weibliche Hand, die seine Hütte wohnlicher macht und den tristen Alltag bereichert. Dann geschieht ein Unglück, der Fallensteller wird von einem Puma angegriffen und gerät mit seinem Fuß bei dem Kampf mit dem Tier in eine seiner eigenen Fallen. In einem dramatischen Szenario mit angreifenden Wölfen und zähem Vorankommen wird er schließlich von Eve gerettet und in die Hütte geschleppt. Der verletzte Fuß ist in dieser Abgeschiedenheit eine akute Lebensgefahr. Als Eve erfolglos in einem verlassenen Indianerdorf nach Hilfe sucht und zurückkehrt, ist das Bein von John mit Wundbrand infiziert. Es besteht höchste Lebensgefahr. Sie muss ihm das Bein amputieren, bevor sein Körper letal vergiftet ist. Sie findet die Kraft diese „Operation" mit der Axt durchzuführen und pflegt den fiebernden Trapper mit vollem Körpereinsatz, bis er, zwar als Invalide mit einem Holzbein, aber immerhin wieder fast alle Arbeiten verrichten kann. Gerade als die beiden nun als Gefährten zu bezeichnenden Menschen sich scheinbar näher kommen, kommen in Eve erneut die traumatischen Ängste hoch und sie flieht zurück in die Zivilisation, was der jetzt gehandicapte John nicht verhindern kann und vermutlich auch nicht will. Wir sehen die Einsamkeit und Trauer im Gesicht des Zurückgelassenen, grandios gespielt vom großartigen Oliver Reed. Eve stellt allerdings nach ihrer Rückkehr in die Stadt schnell fest, dass sie sich nicht mehr zurechtfindet dort. Die Unfreiheit und Entfremdung der Zivilisation empfindet sie

inzwischen als unerträglich. Eine arrangierte Heirat mit einem
Stutzer erscheint ihr plötzlich furchtbarer als die karge Existenz
im Wald mit dem Barbaren La Bête. Sie kehrt der normalen Welt
den Rücken und macht sich auf den Weg zur Hütte des
Trappers, die inzwischen zu ihrer Heimat geworden ist. Als sie
dort ankommt ist die Begrüßung unaufgeregt und John weist ihr
sofort wieder eine Arbeit zu, wobei dennoch klar ist, dass hier
zwei Menschen Dinge miteinander erlebt haben und Aufgaben
meistern konnten, die den gegenseitigen Respekt langfristig zu
tiefer Liebe machen werden.

Das sind dann auch die beiden einzigen Filme, die mir spontan
einfallen, die tatsächlich nicht die Limerenz, sondern eine reife,
gewachsene, erarbeitete Liebe zum Thema haben, vermutlich
gibt es noch ein paar mehr, für Hinweise bin ich dankbar. Mein
lieber Lektor Peter Merten macht mich auf die „Der dünne
Mann-Reihe" mit Myrna Loy und William Powell aufmerksam,
und hat damit vollkommen recht! Dieses Paar ermittelt mit einer
unfassbaren Vertrautheit und Souveränität durch die kleinen
Krimigeschichten, dass man tatsächlich von einer reifen Liebe
sprechen kann, zu der sich auch der Hund liebenswert gesellt.
All die romantischen Komödien aber mit ihrem Happyend oder
eben die Liebesdramen mit dem romantisch-konsequenten
tödlichen Ende kommen ja gar nicht so weit, um zu schauen,
wie Liebe sich entwickelt, wie zwei Menschen sich einen
gemeinsamen Weg in einer feindlichen Welt erarbeiten. In dieser
Bandbreite sehe ich die Möglichkeiten von gelebter Liebe auch
in finsteren Zeiten. Es ist kein Paradies, schon weil es vermutlich
noch eine Weile beim Surrogat „Paarbindung" bleiben wird. Es
bedeutet auch immer Arbeit und kostet viel Zeit, aber es ist am
Ende das größte Glück, das wir erfahren können.

Liebe und Freiheit

„L'amour est l'enfant de la liberté" heißt es in einem alten
französischen Kinderlied, übersetzt bedeutet das „Die Liebe ist
das Kind der Freiheit", es gibt nicht viele Liedzeilen, die mehr

Wahrheit aussprechen! Da wir aber Dialektiker sind, wollen wir diese als Identität formulierte Wahrheit um seine andere, immer dazugehörige Seite ergänzen: „Die Freiheit ist das Kind der Liebe". Erst gemeinsam wird die fundamentale Verbindung von Liebe und Freiheit angemessen dargestellt, wie wir im Folgenden nachzuweisen haben. Vorab ergibt sich daraus als ganz einfache, praktische Maxime: Wenn ihr einen Partner gefunden habt und ihr fühlt euch durch diesen eher eingesperrt und eingeschränkt in eurer Entwicklung, dann solltet ihr gehen! Eine Liebe und Beziehung muss einen freier machen, nicht unfrei und abhängig. Ansonsten versucht der Partner mit einer symbiotischen Beziehung eine Regression durchzusetzen, gegen die man sich wehren sollte.

Bei dem Begriff der Freiheit muss man immer unterscheiden zwischen „frei sein von" und „frei sein zu", beide Seiten der Freiheit sind wichtig, stehen aber wieder einmal in einem dialektischen Zusammenhang. Eine absolute „Freiheit von" allem wäre nur im Tod zu realisieren, denn die menschliche Existenz definiert sich ja gerade als Auseinandersetzung mit der umgebenden Welt, die als Gegenstand, als dem Selbst gegenüberstehend, also potentiell feindlich empfunden wird. All die Hindernisse, der Leidensdruck eines menschlichen Lebens sind die Aufgaben, die jedes Leben als historisches so einzigartig und eben erst lebendig machen. Ganz im Sinne von Antonin Artaud: „Keiner hat je geschrieben oder gemalt, geformt, modelliert, gebaut, erfunden, es sei denn, um der Hölle zu entkommen", denn unser Bewusstsein, unsere ganze Lebenskraft ist ja genau dazu da, den Stoffwechsel mit der Natur zu bewältigen, das Leben zu meistern, genauso wie es die Tiere mit ihrem Instinkt zu meistern in der Lage sind. Jede Überwindung von Not ist ja erst der Ausdruck unserer Selbstverwirklichung, des Einbruchs unseres Ichs in die Allgewalt und Allmacht des Allgemeinen.

Aber ebenso wäre eine totale „Freiheit zu" allem ein zutiefst unmenschlicher Zustand, denn dies würde bedeuten, dass es keinen Mangel und keine zu lösenden Konflikte mehr gäbe. Dies ist aber aufgrund der Struktur des menschlichen Bewusstseins undenkbar. Gerade weil wir nicht festgelegt sind und jede Handlung des Menschen vorab im Kopf durch das Bewusstsein vorweggenommen ist, erzeugt jede Befriedigung eines Bedürfnisses unmittelbar ein neues Bedürfnis. Völlige Freiheit zu allem würde heißen, dass den Menschen nichts mehr einfiele, was noch aus der Versenkung der Nichtexistenz zu befreien wäre. Jede Grenze, jede Lücke im menschlichen Wissen ist ja eine Unfreiheit, denn ich kann darüber nicht verfügen, habe keinen Zugang, ein Weg ist mir versperrt, also habe ich nicht die Freiheit, diese Grenze zu überschreiten. Ein solcher Zustand der absoluten, göttlichen Freiheit, die aus einem Wort ein Universum entstehen ließe, würde das Ende der Geschichte bedeuten, ein eschatologischer Endzustand, wo der Mensch als Mensch aufhören würde zu existieren. Die ganze Weltgeschichte kann also nur eine asymptotische Annäherung an die Freiheit sein, ein ewiges Streben hin zu einem paradiesischen Zustand, der als Utopie zwar immer real ist, aber nie erreicht werden kann.

Da wir als Menschen notwendig vergesellschaftet sind und somit nicht für ein einsames Leben gemacht sind, ist es für niemanden gut, ganz alleine zu sein. In einem solchen Zustand wird jedes Handeln immer wieder von dem Umstand besetzt, dass man nicht alleine sein möchte. Deshalb bedeutet alleine sein auch nicht frei sein, sondern ganz im Gegenteil. Das heißt, die Tatsache des Singledaseins schiebt sich vor jede Tat und wird zu einem quälenden Dauerzustand. Alles dreht sich um die Frage der Liebe und die Suche nach einer Beziehung, selbst dann, wenn man vordergründig gar nicht mehr sucht, weil man resigniert hat oder seine Einsamkeit rationalisiert. Es geht viel Zeit drauf, die der Selbstverwirklichung fehlt, es ist deutlich zu sehen, dass eine stabile Paarbindung (oder im leider noch sehr seltenen Optimalfall eine Situation, in der man von Freunden und Geliebten umgeben ist in einer größeren Einheit als Paar oder Kleinfamilie) die Dauer der Mußephasen verlängern kann. Selbst und gerade wenn man nicht dauernd in einer leidenschaftlichen, von Limerenz getragenen Stimmung ist, so gibt eine ruhige, verlässliche Liebe dem eigenen Leben die Sicherheit und Gelassenheit, die man für ein freies Ausleben seiner Kreativität braucht. Der konservative Anthropologe Arnold Gehlen nennt dieses Phänomen „Hintergrunderfüllung", also dass man sich lässig dem Leben widmen kann, weil der menschliche „Hintergrund" adäquat erfüllt ist mit dem Partner. Dabei muss gar keine Aktion erfolgen, es reicht, dass die Erfüllung eines Bedürfnisses prinzipiell möglich ist. Wenn ich also jemanden habe, mit dem ich prinzipiell Sex haben könnte, so reicht dies zuweilen aus, dass ich mich „versorgt" fühle und mich nicht weiter darum kümmern muss. Diese scheinbar einfache Bedingung für ein erfülltes Leben ist nicht zu unterschätzen, es ist nicht schön allein zu sein und am Ende kreisen dann mehr Gedanken um Sex und Liebe, als wenn man in einer Beziehung ist. Genauso, wie man während einer Diät bei dauerndem Hungergefühl nur noch an Essen denken kann und nicht mehr fähig ist zu arbeiten, oder wie Essgestörte den ganzen Tag nur davon reden, was sie alles essen würden, vom Kotzen wird selten gesprochen!

Wovon die partnerschaftliche Liebe das Individuum befreien kann und sollte, sind natürlich vor allem die Ängste, von denen wir vorher gesprochen haben und die quasi jeden Menschen betreffen. Wir haben ja gesehen, dass Angst immer Zwang bedeutet. Zwang bedeutet aber immer Herrschaft und Unfreiheit, unsere unbewältigten Ängste beherrschen uns. Wenn ich unter Zwang etwas tue, dann habe ich nicht die Wahl, wobei es im Prinzip egal ist, ob mich eine objektive Ordnungsmacht mit ihren Gesetzen daran hindert frei zu wählen oder meine subjektive Angst. Dass diese individuelle Angst ja letztlich auch eine Instanz der objektiven Herrschaft ist, haben wir gezeigt, als wir über den Zusammenhang zwischen Erziehung und den Produktionsverhältnissen berichtet haben. In bestimmten Epochen und Klassengesellschaften werden bestimmte Ängste bei der Erziehung der Kinder manifestiert durch die Eltern als Vermittler der geschichtlichen Realität.

Auf jeden Fall ist es bei der Partnerwahl durchaus eine gute Idee ein wenig auf den Charaktertyp des Gegenübers zu achten. Dazu bedarf es natürlich des Wissens um diese Ängste und im Idealfall auch um die eigenen. Ohne kritische Selbsterkenntnis kann man auch die Ängste des Partners nicht wahrnehmen, und umgekehrt! Also wieder eine dialektische Bewegung, wo nicht zu entscheiden ist, was Henne und was Ei ist. Geht man eine Liebesbeziehung mit einem schizoiden Menschen ein, so ist es die Aufgabe, ihm die Angst vor der Hingabe zu nehmen. Das heißt, ich kann meine eigenen Ängste nicht durch reine Selbstbetrachtung wahrnehmen und analysieren, es bedarf eines Objektes, an dem ich diese, meine Ängste betrachten kann, um sie tatsächlich zu „objektivieren", und damit zum Gegenstand einer Lösung zu machen. Indem ich aber die Ängste im Anderen, im Objekt mit meinen Ängsten verbinde, sie darin wiedererkenne, erkenne ich gleichzeitig an, dass dieser Andere nicht mehr nur Objekt ist, sondern zwingend auch Subjekt, da ich sonst keine Ähnlichkeit und Vergleichbarkeit mit meinen eigenen Ängsten feststellen könnte, da ich mich selbst ja als Subjekt annehmen muss. So kann die Liebe dazu beitragen, den Subjekt-Objekt-Dualismus zu überwinden, den Rest muss dann die theoretische Arbeit leisten. Weiß man dann durch das Zusammensein um die Ängste des Partners und damit auch um die eigenen Ängste, dann sollte man auch in der Lage sein, angemessen auf die belastenden Zwänge des geliebten Menschen zu reagieren und damit auch eine Lösung der eigenen Angst zu sehen. Wirkliche Liebe hebt also den Subjekt-Objekt-Dualismus auf, sie ist das Sich-Selbst-Erkennen im Anderen.

Wenn man es schafft, einem schizoiden Menschen das Gefühl von Nähe zu vermitteln und ihm dabei ganz klar zu machen, dass er nicht eingesperrt, sein Ich nicht zerstört wird, sondern dass durch diese erfahrene Hingabe sein Ich sogar stärker und gefestigter wird, so kann man sicher sein, dass diese Erfahrung in dem Schizoiden ein Liebesgefühl erweckt, wie er es selbst nicht für möglich gehalten hätte! Analog sind leicht die Konstellationen bei den anderen Charaktertypen gefunden, die eine befreiende Liebe, die in der Regel zumindest ein Leben lang in guter Erinnerung bleibt, möglich macht. Das heißt nicht, dass es einfach ist, die Angst verschließt sich der Lösung, wird auf jede Aktion in Richtung Überwindung mit Panik und Abwehr reagieren, aber wenn man diesen Verschluss überwinden kann, dann hat man eine gemeinsame Wegstrecke in der Selbstverwirklichung hinter sich gebracht, die einen vermutlich für immer verbinden wird. Dem Depressiven Mut zuzusprechen, ein eigenes Leben, ein selbstbestimmtes Ich zu entwickeln ist so eine Herkulesaufgabe. Ihn auf Distanz zu halten, wenn er sich zum Trabanten meines Ichs macht, ist schon schwer genug, ihn dabei trotzdem nicht dem Gefühl von Ungeborgenheit und Isolation zu überlassen, erscheint oft wie eine Sisyphosarbeit. Und wer je versucht hat, einen schweren Zwangscharakter „locker“ zu machen, so dass dieser in Veränderungen nicht mehr nur Vergänglichkeit und Unsicherheit sieht, der weiß, wie schwer so eine Aufgabe sein kann. Hier gilt es die eigenen Ängste offenzulegen und so Vertrauen aufzubauen. Und dem Hysteriker ein stabiles Umfeld im Reich der Notwendigkeit einzurichten, ohne dass dieser aus der Befürchtung heraus endgültig in die Unfreiheit zu versinken, davonläuft, ist wie ein Eiertanz auf einem Schiff bei Windstärke 9! Aber wenn all diese Arbeit an den Ängsten der Partner gegenseitig gelingt, dann ist eine Fusion gelungen, die das Leben in einer Balance möglich erscheinen lässt, die jeder Mensch anstreben wird.

Damit die Liebe tatsächlich zu einem Triumph der
Menschlichkeit werden kann, muss sie allerdings auch selber
befreit werden von einigen Zwängen und Hindernissen. Da ist
zunächst einmal die Biologie, von der sich nicht nur die
körperliche, sexuelle Liebe zu befreien hat. In der frühen
Menschheitsgeschichte war die Lust noch gänzlich frei von der
Frage der Fortpflanzung, einfach weil man um den
Zusammenhang nicht wusste. Inzwischen ist der Fortschritt im
Bereich dieser Trennung auch enorm, eigentlich müsste, bei
genügender Aufklärung und Offenheit, kein unerwünschtes
Kind mehr auf die Welt kommen. Die Methoden der Verhütung
sind zwar merkwürdig zu Lasten der Frauen verteilt, die in der
Regel die Chemie zu fressen haben, um Nachwuchs zu
verhindern, aber sie sind zuverlässig. Zudem ist durch den
ganzen Bereich der künstlichen Befruchtung ein Zukunftsfeld
aufgezeigt, in dem vielleicht sogar Schwangerschaften ganz
außerhalb des Körpers möglich werden. Die Frage, ob das
überhaupt wünschenswert ist, möchte ich hier nicht diskutieren,
aber den Gegnern von Homosexualität und allen anderen „nicht
produktiven“ Lustformen (Objektophilie, Zoophilie und was
sonst noch alles denkbar wäre) würde es das Totschlagargument
entziehen „wenn das alle täten, würde die Menschheit
aussterben“. Im Zuge der Versorgung von Frühgeborenen sind
solche Entwicklungen zu sehen in der künstlichen Bereitstellung
einer Umgebung, die als Ersatz für die Gebärmutter tauglich ist,
dass auch eine komplette Schwangerschaft in einem künstlichen
Uterus nicht mehr wie Science Fiction erscheint. Auch hier sind
die moralisch-ethischen Fragen von einer künftigen Gesellschaft
zu lösen, die dies hoffentlich ohne alte Warenwert-Ideologien
angehen kann, denn ansonsten wird es ein Horrorszenario mit
Designerbabys für die Superreichen! So ist das eben leider
immer mit der Dialektik, das Gute daran (Befreiung der
Sexualität von der Fortpflanzung) birgt auch immer das Böse
und Gefährliche in sich (Frankenstein, Normmenschen,
Soldatenproduktion etc.). Generell gilt aber, dass jede Technik
im Dienste der Freiheit eingesetzt werden kann oder im Dienste

der Herrschaft und Repression, es gilt daher immer, um die
Freiheit zu kämpfen, den täglichen Klassenkampf nicht aus den
Augen zu verlieren.

Die Liebe muss aber auch von einer Institution und Funktion
befreit werden, die uns allen ontologisch vorkommt und als
unhintergehbar gilt, die Familie. Wir haben bereits gesehen, dass
die bürgerliche Kernfamilie, in der wir alle vermutlich
großgeworden sind, eine sehr neue Erfindung ist und noch nicht
einmal 250 Jahre alt ist. Und auch diese moderne Familie bleibt
eine ökonomische Institution, keine romantische. Das
Romantische daran soll als Illusion diese Form der Einsamkeit
zu zweit nur schmackhafter machen. Die Idee, dass es für jeden
Menschen genau den einen Richtigen irgendwo gibt, den man
nur zu finden braucht, ist so blöd wie modern. Am Ende geht es
nur darum eine ruhige Hintergrunderfüllung für die arbeitende
Bevölkerung, also meist Mami und Papi zu kreieren. Im
Gegenteil ist es so, dass das Ziel sein muss, soviel wie möglich
und so Viele wie möglich zu lieben. Die Liebe ist kein
Kontingent, das man irgendwie verteilt zwischen sich selbst
(Selbstliebe) und einem anderen Menschen, womit die Liebe
dann aber spätestens verbraucht wäre! Auch wenn es sich bei
Freuds Libidotheorie ein wenig so anhört, wenn da die Libido
„verschoben“ wird.

In Wahrheit ist das Lieben eher bildhaft vergleichbar mit der
Lektüre von Büchern. Zu Beginn hat man keine Fähigkeiten im
Lesen und was bevorzugt man da? Richtig, bunte und dem Auge
schmeichelnde Bilderbücher, weil sie einem eine unmittelbare
Geschichte erzählen, ohne dass man des Lesens mächtig sein
muss. Nachdem man ein wenig seine Skills in Sachen Wörter
und Buchstaben aufgepimpt hat, dürfen bei den Bildchen auch
schon mal Sprechblasen und kleine Texte dabei sein, weil diese
Option die Storys deutlich lebendiger und differenzierter
machen kann. Die „Lustigen Taschenbücher“ und andere
Comics treten auf den (Lese-)Plan. Mit einer gewissen Reife

merkt man schließlich, dass Bücher ganz ohne Illustrationen viel spannender und genussreicher sind, da man sich seine Bilder selber machen kann in der Fantasie und sich so einen Kosmos erschließen kann. Da gibt es die Bücher, die einen sofort packen, Liebe auf den ersten Blick sozusagen. Dann begegnen wir aber auch sperriger Lektüre, die sich nicht sofort erschließt, die dann aber manchmal für eine ganze Weile das Lieblingsbuch wird. Wer dann noch das Glück hat wissenschaftliche Bücher lieben zu lernen, der wird aus der Lektüre z.B. eines Hegeltextes unendliche Anregung und Lust ziehen können, um am Ende immer weitere Kreise des Wissens zu erschließen, mit dem Ergebnis, dass alles mit allem zusammenhängt! Für ein Kind oder einen Jugendlichen ist dieser Text natürlich kein Genuss, er ist ihm gar nicht zugänglich, da bedarf es jahrzehntelanger vorbereitender Lektüre. Die meisten Menschen kommen über das Comiclesen nie hinaus, während die Auswahl an möglichen Büchern mit der Bildung steigt, bzw. die Bücher, mit denen man nicht zurechtkommt, die man nicht mit Genuss lesen kann, werden immer weniger.

Und genau so müssen wir uns analog das Lieben vorstellen, eine Fähigkeit, die man wie alle Skills sich aneignen muss. Der erste Schritt bei der Liebe ist ja das Kennenlernen, wo nicht ohne Grund das Verb „lernen" steckt, das ist Arbeit, kostet Zeit und Mühe, und es hängt vom eigenen Fleiß und Willen ab, wie weit man kommt. Da fängt man genauso an, wie beim Lesen, man liebt etwas Buntes, dem Auge schmeichelndes, die äußere Schönheit, den Körper, das Gesicht, die Bilderbücher unter den Menschen. Nach einigen Enttäuschungen oder auch nachdem man mit diesem zunächst nur als hübsch wahrgenommenen Wesen eine Weile zusammen ist, werden weitere Aspekte der Person wichtig, neben dem Aussehen nehmen wir die „Sprechblasen" unseres Gegenübers wahr. Und wenn uns gefällt, was da geredet und ausgetauscht wird, dann freuen wir uns, denn ein schönes Bild mit etwas Text ist ja ein Fortschritt. „Hübsch muss sie sein, aber einen guten Charakter sollte sie auch haben!", die Comicfiguren unter den Geschlechtspartnern. Schließlich sind einem die Gedanken, Ängste, Vorlieben und Ideen des Anderen so vertraut, dass man sie wie die eigenen betrachtet, der Partner hört auf bloßes äußerliches Objekt zu sein, die „Bilder" verschwinden weitgehend aus der Beziehung. Das heißt nicht, dass alles hässlich ist, aber die Schönheit liegt nun vor allem im Geist, in der Gemeinsamkeit, die man erleben durfte. Die gute Partnerschaft über Jahre, die den soliden und unterhaltsamen Roman repräsentiert. Wird die Beziehung zu einer umfassenden und wirklich großen Liebe, dann gehört dazu, dass beide Personen sich ständig weiterbilden und –entwickeln, so dass es eine gegenseitige Aufgabe ist, dem Geist des Geliebten zu folgen. Und wie bei den wissenschaftlichen Büchern, so wird man auch hier immer weitere Kreise ziehen wollen und erkennen, dass alle Menschen liebenswert sein können, wenn man nur gut genug „lesen" kann. Hier wären wir bei den Hegeltexten unter den Liebespaaren, die rar gesät sind und meist über ein gemeinsames Lebensziel im Bereich der Kunst, Wissenschaft oder Kultur aneinander gebunden sind. Und wie bei den Büchern, je mehr Erfahrung man mit dem Lieben hat, je mehr „Menschen" man gelesen hat, desto mehr von denen können einem auch als „Lektüre" gefallen. Man ist ja auch kein besonders guter Leser, wenn man ein Leben lang an einem Buch hängenbleibt. Denn auch wenn zwei Menschen einen Weg der Selbstverwirklichung und freien Entfaltung aller menschlichen Möglichkeiten begehen können, so ist dies keine Garantie auf ewige Liebe im romantischen Sinne. Man wird vermutlich für immer befreundet bleiben, aber wenn die Interessen und das Arbeitsgebiet zu weit auseinanderdriften, dann kann es auch sein, dass der Austausch plötzlich nicht mehr funktioniert. Wenn man hört, dass Stephen Hawking sich von seiner ersten Frau getrennt hat, weil diese eine gewisse Frömmigkeit entwickelt hat und an einen persönlichen Gott glaubte, so hört sich das erst einmal schräg an, ist aber eigentlich einer der besten Gründe, die man sich denken kann. Wenn es nicht mehr passt und sie seinen wissenschaftlichen atheistischen

Weg nicht mehr mitgeht, dann sollte man die Bindung etwas lockern. Dabei geht es nicht darum, dass beide (oder alle, wenn wir endlich diese Beschränkung auf das „heilige Paar" überwinden könnten) Protagonisten exakt den gleichen Weg gehen, sie müssen lediglich gegenseitig vermittelbar sein. Dass in unserer Wettbewerbs- und Isolations-Gesellschaft solche Inseln der Liebe häufig bei Paaren mit dem gleichen Beruf, bzw. der gleichen Berufung, denn wir sprechen hier von Tätigkeiten, die sich tendenziell der Entfremdung entziehen können, vorkommen, ist ein Faktum, aber wegen fehlender Interdisziplinarität auch ein Fatum, das es zu besiegen gilt. Wie in dem Film von Jim Jarmusch gesehen, er Musiker, sie Literatin, aber jeder hat sich mit Interesse so sehr in das Metier des anderen eingearbeitet (ja, schon wieder Arbeit! Wenn ich mich nicht ein Jota für das interessiere, was mein Partner so treibt, dann wird das nichts auf Dauer), dass sie ihm mit Sachverstand das richtige Geschenk machen kann. Es gibt einige Berufe, auch in unseren finsteren Zeiten, in denen man auf dem Weg der Selbstverwirklichung im Idealfall mit erträglichen Entfremdungssymptomen leben kann, aber es werden immer weniger. Camus hat noch den Schauspielerberuf ganz nach oben gesetzt für ein Leben im Angesicht der Absurdität und mit allen Möglichkeiten der Freiheit versehen. Das mag auch heute noch für einige Mimen stimmen, aber ganz sicher nicht mehr für die Gebrauchsschauspieler, die in Soaps mitspielen, die den Massengeschmack bedienen. Da sind industrielle Produktionsbedingungen ohne jeden künstlerischen Anspruch zu finden, die das Agieren in die Nähe von Fließbandarbeit mit vollem Entfremdungspotential rückt. Auch in der bildenden Kunst sind die zwar mageren, aber unentfremdeten Zeiten von Montmartre, der Toskana und Südfrankreich als Künstlertreffs so ziemlich vorbei. Da regiert ein spekulatives Galeriekonglomerat als Agent einer Freizeitindustrie, die lediglich affirmative Ziele verfolgt. Überhaupt haben diese ausgewählten Berufe das Zeug zur Abschöpfung und Bindung von Mehrwert, sprich man kann sie manchmal zu absurd viel

Geld machen, aber damit sind sie natürlich in der
Entfremdungs- und Verwertungsmühle gefangen.
Spitzensportler, Sänger, Musiker überhaupt, Schauspieler, Maler,
Bildhauer, all diese kreativen Berufe führen gerade bei großem
Erfolg in die menschliche Sackgasse mit Depressionen,
Drogenproblemen und Unglück, denn Freiheit und Geld
vertragen sich nicht. Und diesen Widerspruch spürt der Star und
zerbricht häufig daran. Auch eine weitere Sparte des Auswegs
aus der Entfremdung bleibt nicht mehr lange ungeschoren: die
Wissenschaftler. Durch ihre hohe Kompetenz in der
Spezialisierung, die für Außenstehende eine Einflussnahme
schwierig machte, waren sie einigermaßen geschützt, wenn sie
denn einen Ort zum Forschen gefunden hatten. Aber auch hier
versucht die repressive Gesellschaft die Freiheit so weit wie
möglich zu vertreiben. Ein Bachelor oder Master ist kein freier
Wissenschaftler, er ist ein Kopfproletarier, der ein Leben lang
Hilfsarbeiten für wahre Wissenschaftler erledigt, die es kaum
noch gibt. Ein typisches Dekadenzproblem, das noch einmal
aufzeigt, dass es dem Ende zugeht mit dem Kapitalismus. Wenn
eine Herrschaftsform keine überlegene Wissenselite mehr
hervorbringen kann aus eigener Kraft, dann wird es Zeit für eine
Revolution.

Doch zurück zum Modell der Familie: es fällt ja auf, dass sich
heutzutage eher die Superreichen und Mondänen eine große
(Adoptiv-) Familie leisten, deren Betreuung von einer großen
Equipe an Personal geleistet wird. Der kleine Ausgebeutete soll
hingegen höchstens ein oder zwei Kinder bekommen, um den
produktiven Nachwuchs zu sichern, aber dabei gleichzeitig die
Effektivität der Eltern bei der Lohnarbeit nicht gefährden. In
der bürgerlichen Gesellschaft kommt dieser Kleinfamilie die
Aufgabe zu, die Werte einer industriellen Warengesellschaft zu
vermitteln und zwar in einer Form, die möglichst keine
jugendliche Rebellion mehr zulässt. Hierfür wurde das Konzept
der überfürsorglichen Helikoptereltern ins Leben gerufen. Die
Eltern werden ja auch tendenziell immer älter, es ist nicht mehr

die Norm in den frühen Zwanzigern den Nachwuchs zu bekommen, sondern man wartet in den Industrieländern in der Regel so lange, bis die eigene bürgerliche Einrichtung vollendet ist, also bis in die späten Dreißiger und frühen Vierziger. Das hat natürlich zur Folge, dass die Eltern viel angepasster sind, als wenn sie noch zur wirklich jungen und potentiell noch progressiven Generation gehören würden. Das den Kindern übermittelte Über-Ich ist sehr viel konservativer und straffer organisiert als noch vor zwei oder drei Generationen, wo die Eltern noch zur Jugend gehörten, die Interesse an der Veränderung der Gesellschaft hatten. Die Autorität ist auch nicht mehr eindeutig beim Vater lokalisiert, die Mutter ist nicht mehr die reine Unterdrückte, wie zu Kaisers Zeiten, aber anstatt dass sie deshalb die Rolle der Befreierin auf Seiten der Kinder übernimmt, zeigt sie sich als bürgerliche Mutter in der Regel selbst als Unterdrückerin, vor allem als alleinerziehender Elternteil.

Somit strebt unsere moderne Erziehung eher zum Erhalt, zum Konservieren der bestehenden Verhältnisse als zur Befreiung von überkommenen Regeln und Institutionen. Da aber die Freiheit eine unbedingte Voraussetzung für die Entwicklung von Persönlichkeit ist, stellen wir einen erschreckenden Mangel an wirklichen starken Persönlichkeiten fest. Gegen die erfahrenen und raffinierten Eltern im fortgeschrittenen Alter hat das Anarchische im Kind wenig Chancen, am Ende siegt die Anpassung an das überlegene, übergelegte Über-Ich! Die einzige Tendenz, die dem etwas entgegensetzt, ist paradoxerweise die familienzersetzende Wirkung der Lohnarbeit auch der Mütter. Die meisten Elternteile müssen angesichts der wirtschaftlichen Ausbeutungsverhältnisse im modernen Kapitalismus beide einer Lohnarbeit nachgehen, um die Existenz in einer geldbewerteten Konsumgesellschaft sichern zu können. Dadurch gewinnen schon frühkindliche Betreuungsinstitutionen eine immer größere Bedeutung bei der Erziehung der Kinder. Hier sind die Einzelkinder unter Gleichaltrigen und nicht mehr isoliert unter der Knute der Eltern. Wenn es überhaupt einen Ort der Freiheit geben kann, dann hier, die moderne Familie ist es sicher nicht! Die Tendenz der Profitorientierung auch dieses Bereiches der Erziehung, was nichts anderes heißt als Einsparung von Ressourcen, schwächt diese Funktion natürlich. Wenn viel zu wenige, schlecht bezahlte, und damit wenig motivierte Pädagogen sich um die zu Hause gehirngewaschenen Kleinkinder kümmern müssen, bleibt es in der Regel beim „Verwahren" und erreicht nicht den Status von „Entwickeln", der eine freie starke Persönlichkeit entfalten könnte.

Persönlichkeit ist immer eine Frage der Freiheit. Wenn wir uns überlegen, welche Personen wir als stark, charismatisch, charmant und beeindruckend ansehen, so werden wir als gemeinsamen Nenner immer eine gewisse Unabhängigkeit von geltenden Regeln und gesellschaftlichen Zwängen erkennen. Nicht der hyperangepasste, perfekt funktionierende Beamtentyp wird als stark und inspirierend empfunden, sondern derjenige, der sich um die Konventionen nicht kümmert und gegen den Strom schwimmt. Auch die Helden in Serien und Filmen entsprechen diesem Grundsatz in der Regel, werden aber nicht ohne Grund eigentlich regelmäßig mit schweren Defiziten gezeichnet, da wirkliche Freiheit eigentlich nicht erlaubt ist, daher muss sie mit meist psychischen Störungen daherkommen. Da sind dann die faszinierenden Personen entweder psychisch auffällig als Psychotiker oder Schizophrene wie z.B. in Monk oder Perception, als neurotische Drogensüchtige wie in Elementary oder Sherlock, oder was auch immer für seltsame Gestalten da gezeichnet werden. Gemeinsam ist all diesen Persönlichkeiten, dass sie viel Zeit und Arbeit in die Entwicklung ihres Charakters und ihrer Bildung stecken. Freiheit muss man sich erkämpfen durch harte Arbeit und Erkenntnis, auch Selbsterkenntnis, was in den Klischeefiguren oft geleugnet wird. Und wenn gar Frauen eine starke Persönlichkeit zeigen, dann werden sie noch viel umfassender diskreditiert, denn sie verstoßen ja gleich gegen zwei Verbote auf einmal, gegen die bürgerliche Ordnung als Zwangssystem und gegen die patriarchalische Ordnung als Unterdrückungssystem. Wir werden in den biografischen Anekdoten am Ende sehen, dass jedes weibliche Wesen, das sich erdreistet eine eigenständige Persönlichkeit zu entwickeln, mindestens als eiskalte Bestie, schlimmstenfalls als Monster oder Geisteskranke dargestellt wird, denn Freiheit und damit Liebe ist verboten in Zeiten der Entfremdung und Warenästhetik! Wo kämen wir denn da hin, wenn Menschen, für die Arbeit auch Spiel bedeutet, weil sie eine nicht entfremdete Tätigkeit ausüben, die zur Selbstverwirklichung dient und befriedigend ist, zum Maßstab werden würden. Sie müssen Außenseiter bleiben und als Verrückte oder Defizitäre gezeigt werden, weil sie zwar interessant sein sollen, aber nicht als Vorbilder für Alle herhalten sollen. Sie sind die Unikate wie die Lottogewinner, es kann scheinbar jeden treffen, aber auf keinen Fall alle!

Die Befreiung von Angst und deren Ursachen, die wie wir gesehen haben vor allem in den tradierten Erziehungsinhalten voller irrationaler Über-Ich-Inhalte zu suchen sind, die das Zwangssystem des Kapitalismus aufrechterhalten sollen, ist als praktische Sozialpsychologie die zentrale menschliche Aufgabe, die künftige Generationen zu leisten haben. Dies darf aber kein subjektiver, individueller Willensakt sein, sondern kann nur funktionieren als revolutionäre Überwindung eines entfremdeten, unmenschlichen Systems, das zu überwinden ist. Erst wenn wir alle Mitunterdrückten, Ausgebeuteten als Subjekte wie wir es sind erkennen und ihre Ängste, Sorgen, Wünsche und Vorlieben solidarisch mitzutragen bereit sind, ist eine Organisierung denkbar, die alle Grenzen und damit Unfreiheiten einer gewinnmaximierenden Gesellschaft erkennt, begreift und schließlich überwindet, in einem Kampf Vieler gegen die Wenigen, die als Herrschende von der Ausbeutung profitieren. Diese Art des „Mitleidens", des Wiedererkennens des eigenen Schicksals in der Entfremdung des Anderen, das ist wahre Liebe.

Liebe kann eigentlich kein Warenverhältnis sein, aber im Kapitalismus wird alles zur Ware. Die Familie als ökonomische Kategorie darf nicht das Zentrum von Beziehungen sein. In der Regel ist die Frau diejenige, die als Ware „gekauft" wird vom Mann, aber auch die Auserwählte unterliegt dem Warenfetischismus, wenn sie nach einer „guten Partie" sucht. Keine Frau wird freiwillig die Gespielin eines Sugardaddys, aber unsere patriarchalischen Verhältnisse sind so, dass die reichen Kerle ihre dank Viagra bis ins hohe Alter erhaltbare sexuelle Lust monopolisieren. Wer den unterdrückten und ausgebeuteten Frauen dieses Verhalten, egal ob in „echter" oder institutionalisierter Prostitution, vorwirft, der sollte dann auch dem Lohnarbeiter und kleinen Angestellten seine Knechtschaft vorwerfen. Ich hätte nichts dagegen, wenn Frauen und Männer gemeinsam in einem gerechten Zorn gegen die Herrschenden aufbegehren würden. Aber nur den Frauen ihre Passivität und Willigkeit zum Vorwurf machen, das geht nicht, Ware ist Ware, Verkauf ist Verkauf.

Die freie Assoziation freier Menschen ist das eigentliche Ziel menschlicher Geschichte, das Verhältnis von Apollinischem und Dionysischem wieder herstellen als harmonische Selbstverwirklichung in Freiheit und ohne Ausbeutung für die Herrschaftsinteressen Weniger. Dies ist die Erfüllung der Dialektik von Liebe und Freiheit.

Wirkliche Liebe ist wie gesehen eine Tätigkeit, kein Zustand. Liebe ist Arbeit, ganz wie bei Ovid vor mehr als 2.000 Jahren, natürlich dort nur von der Seite des Mannes aus gesehen, schließlich weiß man als guter römischer Patriarch, was sich gehört: reperire, exorare, durare. Jemanden finden, den man lieben möchte, das erwählte Mädchen erweichen, „rumkriegen", durch Bitten, Flehen, Werben und schließlich dieser Liebe Dauer verleihen. Liebe ist aber auch immer Spiel, also muss Arbeit zum Spiel werden, um Liebe zu erzeugen oder gar selber ein Liebesakt zu sein. Liebe ist nicht entfremdetes Tun. Entwicklung und Veränderung ist das, was einzig Dauer ermöglicht. Eine wirklich liebende Mutter im Sinne der schenkenden Liebe als Beispiel möchte, dass das geliebte Kind jeden Tag Fortschritte macht, dass es sich verändert und im Idealfall der Mutter ganz fremd wird, um etwas Eigenes zu werden, das man dann als eigenes Subjekt anerkennen kann und muss. Eine geliebte Tochter oder ein geliebter Sohn muss jedes Jahr anders sein, damit ein wahrer Mensch aus ihm wird. Die Mutter, die ihr Kind als ewige Regression, als kleinen Schatz aufbewahren will, ist in Wahrheit die echte Rabenmutter, die ihr Kind als Objekt klein und unfrei halten will. Nur ein Prozess kann unendlich und damit von Freiheit beseelt sein, ein unbewegter Zustand niemals.

Selbstverwirklichung geht kontinuierlich in Richtung des Gattungswesens und damit in Richtung allgemeiner Liebe. Von mir aus kann man auch die Limerenz zum persönlichen Hobby auswählen und sich jeden Tag neu verlieben in den eigenen Partner, weil dieser jeden Tag anders ist, weil er sich weiter verwirklicht und entwickelt hat. Jeden Tag schlauer, kreativer, lustiger wird, was auch immer seine Passion ist. Nur so ist eine dauerhafte Beziehung denkbar, ohne dass es einem zum Halse heraushängt, weil man etliche Jahre mit einem immer gleichen Menschen zu tun hat. Diese dauernde Veränderung und Entwicklung ist aber natürlich zeitintensiv, bedeutet Arbeit an sich und bedarf der Muße, um sich umfassend zu bilden und zu entfalten. Kein Projekt für Lohnabhängige, denen wie beschrieben die meisten Stunden des Tages für entfremdete Tätigkeiten in Lohnarbeit und Freizeitindustrie gestohlen werden. Limerenz ist vielleicht ein hormonelles Ereignis, das etwas von einem Zustand hat, aber eine reife, beständige und erfüllte Liebe braucht viel Mühe und Arbeit, Hinwendung und Zeit, Muße und Interesse, um das Schicksal der Einsamkeit – vor allem in einer von Egoismus und Wettbewerb geprägten bürgerlichen Gesellschaft – auf Dauer abwenden zu können.

Es geht auch nicht um die Befreiung des weiblichen Geschlechts, sondern vom Geschlecht überhaupt. Es darf letztlich überhaupt keine Rolle spielen, ob jemand Mann, Frau, Zwitter, Transsexueller, Intersextyp oder was auch immer ist. Eine Befreiung ist nur gemeinschaftlich möglich, als Befreiung von kapitalistischer Ausbeutung als Privateigentum, das eng mit dem Patriarchat verbunden erscheint. Wie in dem Beitrag zur Judenfrage bei Karl Marx und heutzutage im Spannungsfeld der konkurrierenden Weltreligionen noch immer aktuell, geht es nicht um Religionsfreiheit, sondern um die Befreiung von der Religion überhaupt. Erst wenn die Menschen in ihrem Erkenntnisfortschritt soweit vorgedrungen sind, dass sie der Krücke des Glaubens an einen persönlichen Gott und auch der Einteilung in Geschlechterrollen nicht mehr bedürfen, ist der gemeinsame, solidarische Kampf gegen die Ausbeutung und Ungerechtigkeit der bürgerlichen Ordnung möglich. Nicht der Mann ist der Feind der Frau, sondern das Patriarchat als Grundlage des kapitalistischen Staates. Die Befreiung von der bürgerlichen Gesellschaft mit ihren Klassengegensätzen ist der einzige Weg zur Befreiung aller und damit auch der Frauen, Homosexuellen, Lohnarbeiter, Knechten und der Kapitalisten selber, die auch befreit gehören, denn auch sie sind Menschen, die es zu lieben gilt am Ende.

Die systematische Liebesunfähigkeit unserer Zeit ist somit kein individuelles Versagen, sondern gewolltes Programm unserer Isolationsgesellschaft, in der jeder Mensch als quantifizierbare Ware fungiert und wahre Liebe, die über die Paarbindung hinaus zur Solidarität werden könnte, verboten ist. Alle Ratgeber zum Thema Liebe und Paarfindung sind somit samt und sonders eklige Herrschaftsideologie, die den kruden Subjektivismus propagieren, um weiterhin die individuellen Schuldgefühle zur Herrschaftsausübung nutzen zu können. Wenn der Mangel an Liebe in meinem persönlichen Versagen seine Ursache hat, dann hat die repressive Gesellschaft Ruhe, aber der Liebesmangel ist systemisch, eine Folge von Entfremdung.

Liebe ist verboten! Warum? Weil Liebe immer Freiheit will, die Menschen nicht als Objekte sieht, wie es der Arbeitgeber tut, weil Liebe immer solidarisch ist und Selbstbewusstsein, Selbstverwirklichung und damit Durchbrechen der Entfremdung bedeutet. Das ist nicht gut für die Herrschenden, denn die wollen funktionierende Abhängige, die für ihr kleines, bürgerliches Glück ihre Arbeitskraft und damit auch ihre Seele als Möglichkeit der freien Arbeit als spielerische Selbstverwirklichung verkaufen. Die Brocken des Genusses sind für Otto Normalverbraucher verblüffend unmittelbar und einfacher Art, da ist weniger höherer kultureller Genuss das Ziel, als vielmehr orgiastische Ablenkung. Auch die Erlangung höherer Kulturwerte bedeutet eben Arbeit, Muße und Mühe, die dem Lohnabhängigen nicht gegeben wird.

Wie oben schon angedeutet, Sublimierung ist nicht gemeint als Askese, im Gegenteil. Die meisten Kreativen, also Menschen, die ihre erotische Energie auf „höhere“, kulturelle Belange wie bildende Kunst, Musik, Literatur oder auch Wissenschaften richten, sind durchaus als sinnenfrohe und oft sogar erstaunlich virile Zeitgenossen in Erinnerung. Goethe hat zwar spät angefangen mit seinen Frauengeschichten, aber dann ordentlich zugelangt! Denken wir an Maler und bildende Künstler, dann gibt es etliche, die bis ins hohe Alter sexuell ausgesprochen aktiv waren. Man vergegenwärtige sich nur die späten Liebesgeschichten und Nachkommen Picassos. Die idealen „Asketen“, wie sie sich der kleine Bildungsbürger vorstellt, die sich in ihrem Kämmerlein einsperren, ohne die Liebe zu genießen, um ihre Potenz in Kunstwerke zu ergießen, sind meist ein Mythos, wie es zuletzt noch die Veröffentlichung der Tagebücher von Thomas Mann bestätigt hat. Ein braver Beamter, der Orchideen züchtet oder Briefmarken sammelt, „sublimiert“ nicht und ist kein verkanntes Genie, er hat einfach einen Stock im Arsch und versucht seine entfremdete Existenz durch einsame Tätigkeiten zu erotisieren, erfolglos in der Regel.

Es bleibt festzuhalten, dass das Ziel aller Liebe ist, dass das als
Subjekt erkannte Objekt meiner Liebe einen Idealzustand
erreicht: frei von Not, Krieg, Ungerechtigkeit, Unterdrückung
und Ausbeutung die Freiheit zu genießen, sich selbst
verwirklichen zu können, also unentfremdete Arbeit als Spiel mit
Apollon (Vernunft) im Dienste des Dionysos (Lust) leben zu
dürfen. Das wünschen wir unserem Geliebten, aber eben auch
uns selbst, wozu wir nun kommen, um am Ende zu sehen, wie
eng wir als scheinbar einzelne Subjekte an die anderen Subjekte
gebunden sind.

Selbstliebe: Narzissmus, Egomanie, Egoismus, Egozentrik

Das „Selbst" scheint bei der Frage nach Liebe eine zentrale Rolle
zu spielen. Es ist somit kein Zufall, dass das Liebespostulat der
westlichen Welt überhaupt, der Aufruf zur Nächstenliebe nicht
ohne den Verweis auf dieses „Selbst" auskommt. In der Thora,
der jüdischen Religionsschrift, finden wir:

„An den Kindern deines Volkes sollst du dich nicht rächen und
ihnen nichts nachtragen. Du sollst deinen Nächsten lieben wie
dich selbst. Ich bin JHWH."

Im Neuen Testament wird daraus:

„Das erste ist: Höre, Israel, der Herr, unser Gott, ist der einzige
Herr. Darum sollst du den Herrn, deinen Gott, lieben mit
ganzem Herzen und ganzer Seele, mit all deinen Gedanken und
all deiner Kraft.
Als zweites kommt hinzu: Du sollst deinen Nächsten lieben wie
dich selbst. Kein anderes Gebot ist größer als diese beiden."

Und auch der wunderbare Nestroy bemerkt fast 2.000 Jahre
später: „Die Nächstenliebe beginnt bei sich selbst!" Es ist
anscheinend jedem einsichtig, dass man den Anderen nur so viel
lieben kann wie man sich selbst liebt, niemand, auch der
strengste und furchtbarste Gott nicht, fordert, dass man seinen

Nächsten mehr liebt als sich selbst. Warum ist das so? Wir werden sehen, dass es letztendlich, wenn auch häufig nicht gewusst und reflektiert von den religiösen Menschen, daran liegt, dass es keine Nächstenliebe geben kann, wenn man sich nicht selbst liebt, aber es auch gar kein Selbst und damit auch keine Selbstliebe geben kann, ohne das Bewusstsein von sich selbst, dass man nur im Anderen, nur in der Gemeinschaft wirklich ein Individuum, ein Ich sein kann. Und dass die Liebe zu Gott zusammen mit der Nächstenliebe über allen anderen Geboten steht, quasi als eines, liegt daran, dass Gott nichts anderes als ein magisch besetztes Wort von Gattungswesen ist, also das Menschsein an sich, als vergesellschaftete Einheit ist die letzte Wahrheit aller Götter. Schauen wir uns die gängigsten Begriffe der Selbstliebe einmal an und überprüfen ihre Stellung in der gesellschaftlichen Realität unserer Zeit.

Neugeborene Babys sind die absoluten Super-Narzissten! Sie sind der festen Überzeugung, dass die ganze Welt nur zu ihren Diensten existiert. Sie manipulieren ihre Umgebung mit ihrem unwiderstehlichen Charme, geknüpft aus Kindchen-Appellen und biochemischen Vorgängen wie Hormonausschüttungen, respektive der Aktivität von Neurotransmittern. Und wenn dann nicht sofort „geliefert" wird, dann fängt der richtige Terror erst an, mit Foltermethoden, die in der Genfer Konvention für Kriegsgefangene geächtet werden: Schlafentzug und akustische Folterung durch nächtelanges Geschrei, öffentliche Demütigung der Eltern/Opfer durch Anpinkeln und Anspucken mit grünlichem Erbrochenen. Und all dies geschieht unwidersprochen, man verzeiht es dem eigenen Kind selbstverständlich. In seinem unreflektierten Größenwahn tut das Neugeborene so, als sei es ganz normal, dass alle und jeder in der Umgebung jede Anstrengung auf sich nehmen, um die Bedürfnisse des Nachwuchses zu befriedigen. So beginnt das Menschsein wie gesehen mit einem Zustand des Neugeborenen, bei dem dieses alles nur und ausschließlich auf sich bezieht, ja noch gar nicht zwischen Subjekt und Objekt unterscheidet und damit einem totalen und ursprünglichen Narzissmus und Egozentrismus unterliegt. Gleichzeitig bedeutet dies aber, dass der Säugling alle Dinge in der Umgebung liebt, weil er sie nicht als Objekte wahrnimmt, sondern als einen symbiotischen Teil seines noch nicht bewussten Selbst empfindet.

Bei Freud ist dieser primäre Narzissmus der Zustand der frühesten oralen Phase, in dem der Säugling, wie oben schon beschrieben, im Zustand des reinen Empfangens ist. Die Versorgung mit allen Dingen, die er sich wünscht, erscheint ihm noch ungebrochen als selbstverständlich, sowohl als Forderung, als auch als Willen. Primärer Narzissmus zeigt sich somit bei Triebaufschub als Zorn und unbedingtes Wollen, und keine Regel der Welt wird als Hemmnis anerkannt. Wenn man genau hinschaut, ist diese Haltung eigentlich gar kein echter Narzissmus, da hier keine Libido von Objekten abgezogen wird und dem Selbstbild zugetragen wird, sondern die Libido noch gar keine Objekte zum Lieben kennt, es liebt sich selbst, weil es sich als die ganze Welt empfindet und begreift. Die Objekte werden also zur Libido des unbewussten Selbst verschoben und damit zum Subjekt, nicht die Libido wird verschoben wie beim späteren erwachsenen Narzissmus. Diese Funktion eines ursprünglichen Narzissmus ist als revolutionärer Akt des Dionysischen zu etablieren und in aufgehobener Form wiederzuerlangen, nicht unschuldig und rein wie beim Baby, sondern Stellung beziehend und die herrschenden Verhältnisse hinwegfegend. Die All-Liebe eines Wesens, das nicht mehr in Subjekt und Objekt unterscheidet, das sich selbst im Allgemeinen der Umgebung entdeckt hat. Für Freud ist diese reine Lust negativ, da er bürgerlicher Denker war und damit die Askese dann doch letztes Ideal sein muss. In Wahrheit sollten die Unterdrückten der Welt von den Herrschenden sofort und unbedingt die Versorgung mit allen denkbaren Gütern einfordern, ebenso wie es das Neugeborene von den Eltern tut in seinem primären Narzissmus. Die Eltern erscheinen dem Baby ja auch als Beherrschende und trotzdem fordern sie die

totale Versorgung, das umfassende Kümmern um ihre
Bedürfnisse. Lasst uns diesen anarchischen Willen zur
Gerechtigkeit und zum Teilen wieder aufleben lassen als
revolutionäre Libido der Ausgebeuteten. Natürlich haben die
bürgerlichen Kräfte davor Angst, da es ihnen wie Anarchie
vorkommt, in Wirklichkeit wäre es ein Akt der Solidarität und
Liebe.

Der später entstehende sekundäre Narzissmus hat eine ganz
andere Form und Funktion als der primäre, der uns systematisch
aberzogen wird und den wir auch meist nicht wieder erlangen.
Dieser sekundäre Narzissmus zieht die Libido nach der
Trennung von Subjekt und Objekt von den geliebten Objekten
wieder ab und richtet sie als Übertragung auf sich selbst, bzw.
auf das Idealbild von sich selbst, meist als Folge von erlebten
Enttäuschungen in der Liebe, also einer Erfahrung, die unsere
lieblosen Zeiten für sehr viele Menschen parat hält. Der
namensgebende Narziss verliebt sich ja nicht in sich selbst,
sondern in sein Spiegelbild. Daher ist für den ausgewachsenen
Narzissten eine wirklich entwickelte starke Persönlichkeit, wenn
sie ihm gegenübertritt, auch so eine große Bedrohung, weil seine
Selbsttäuschung aufzufliegen droht. In seiner Regression auf die
Stufe eines Neugeborenen, nur ohne die Unschuld und Reinheit
von dessen dionysischem Wollen, erwartet der Narziss in seiner
Hybris, dass alle Menschen in seiner Umgebung
selbstverständlich alles für seine Befriedigung tun, was ihm bei
einer starken und unabhängigen Persönlichkeit nicht gelingen
wird. Sein eigenes Ego ist das Zentrum seiner Welt, alles dreht
sich um ihn. Das einzige Libidoobjekt, das der Narziss kennt, ist
er selbst, was zum Einen bedeutet, dass er sich selbst zum
Objekt macht, auf Kosten seines Subjektseins und zum Anderen
dazu führt, dass eine narzisstische Neurose durch einen
Psychoanalytiker kaum therapierbar ist, da es bei der Analyse
zwingend der Übertragung auf den Therapeuten bedarf. Wenn
der narzisstisch Gestörte aber jede Regung stets nur auf sich
selbst lenkt, so wird dieser sich niemals soweit öffnen, dass eine

Auseinandersetzung mit seinen Ängsten stattfinden kann. Er wird immer in seinem paranoiden Lügengebilde, in dem er das großartige Zentrum der Welt ist, gefangen bleiben und auch der Therapeut hat kaum Möglichkeiten hinter diese Fassade zu blicken.

Egoismus als Eigennutz, als Selbstsucht, ist eng verbunden mit dem repressiven Menschenbild, wie es im christlichen Abendland als Ideologie gepflegt wird. Vor allem seit der Reformation, in Ansätzen bei Luther, in aller Konsequenz aber bei Calvin formuliert, wird der Mensch als von Natur aus böse angesehen. Bei Calvin sogar so sehr, dass selbst das Konzept der Nächstenliebe gesprengt wird, da es nichts Liebenswertes an den Menschen zu finden gibt. Selbst für Gott ist der Mensch eigentlich nicht liebenswert, so dass die Liebe Gottes bei den Protestanten ein reiner Gnadenakt des Allmächtigen ist. Selbst bei äußerster Anstrengung kann man nichts „richtiges" tun, man bleibt immer sündig als Mensch. Von hier aus ist es nur konsequent, gleich jede Form von Liebe und Altruismus als unsinnige Schwäche abzutun, wie dies Nietzsche in seinen philosophischen Ausführungen macht. Die Biographie von Werner Ross über diesen Mann, die den bezeichnenden Titel „Der ängstliche Adler" trägt, zeigt ihn als ein Individuum voller Ängste und Zwänge, die dazu führen, dass er einen übersteigerten Egoismus als sadistische Triebäußerung in seinen provozierenden Formulierungen favorisieren muss. Doch Vorsicht vor zu schnellen Urteilen! Friedrich Nitzsche war ja alles andere als ein Brett, sondern durchaus ein schlauer Mann, dem es um Bildung ging und der zeit seines Lebens gegen seine Ängste gekämpft hat, unabhängig davon, dass er diesen Kampf am Ende verloren hat. Verloren hat er diesen Kampf auch, weil er sich nicht an progressiven Ideologien orientieren konnte, um deren befreiende Wirkung zu erfahren. Die reaktionären und finsteren Vorbilder seiner weltanschaulichen Prägung konnten den Widerspruch zwischen seinen Liebesbegriffen „Nächstenliebe" und „Egoismus" nicht aufheben. Dennoch wusste er um die Richtung der Lösung ganz genau, wenn er das Problem im Konzept der Nächstenliebe und des Altruismus darin sah, dass diese bürgerlich-christliche Version der Liebe nicht aus einer Position der Stärke, sondern der Schwäche erwuchs. Wenn er ausdrücklich feststellt, dass die Menschen sich nur deshalb in einen vermeintlichen Altruismus stürzen, weil sie es mit sich selber nicht aushalten können, weil sie sich selbst nicht lieben können, so kann er es in seiner wie immer sehr schönen, poetischen Sprache auf den Punkt bringen: „Eure Nächstenliebe ist eure schlechte Liebe zu euch selber." Ideologiekritisch betrachtet finden wir hier, bei einem vermeintlichen Philosophen des Nihilismus, einem scheinbaren Vorbereiter des Faschismus, die Kritik an der Ich-Schwäche bürgerlicher Subjekte verborgen. Nietzsche ahnt, dass es wahren Altruismus nur in der Solidarität starker Persönlichkeiten gibt und dass dieses Erstarken der Persönlichkeiten mit der Erkenntnis der gesellschaftlichen Bedingungen einhergehen muss.

Im kapitalistischen Wettbewerb, in der Entfremdung eines umfassenden Konkurrenzdenkens, zeigt sich Eigennutz und Egoismus vor allem als Vorteilnahme und Gier. Da Warenwerte alles sind in unserem Wertesystem gilt ein Mensch auch nur, insofern er Werte hat oder repräsentiert. So ist der moderne Egoist derjenige, der akkumuliert, der geizig ist, der Analcharakter als Raffer und Gierschlund. Dass ihm die Anlage zur umfassenden Liebe fehlt, sollte klar sein. Was nicht heißt, dass er alleine bleiben muss. Entweder er findet einen (meist depressiven) Partner, der sich für ihn und seine egoistischen Wünsche aufopfert, oder er pflegt den heute zum Modell gewordenen „Egoismus zu zweit", den die 1-Kind-Familie darstellt. Aus dieser entfremdeten Konstellation entstehen dann die modernen neoliberalen Auffassungen von Liebe als Vertrag zum gegenseitigen Gebrauch der Geschlechtsorgane. All diese Formen des Egoismus liegen letztlich in der mangelnden Selbsterkenntnis begründet. Denn wenn man die Dialektik des eigenen Selbst begriffen hat, dann weiß man, dass der eigene Vorteil, also der Eigennutz, der Motor des Egoismus, immer darin liegt, dass es den anderen Menschen gut geht. Nicht nur dem „Mit-Egoisten" in der einsamen Paarbindung und auch nicht nur dem Bekanntenkreis, damit die für das eigene Ego immer gute Laune mitbringen, nein, die ganze Menschheit muss am Ende für das Wohlergehen der eigenen Persönlichkeit glücklich sein. Für einen Humanisten ist es schon heute unmöglich unbeschwert und glücklich zu sein, wenn er begriffen hat, dass unser Wohlstand und Luxus nur für den Preis des Elends in weiten Teilen der Welt zu haben ist. Solange Kinder verhungern, ganze Landstriche von Krankheiten leergefegt werden und Kriege um Rohstoffe geführt werden, solange kann kein Mensch von Verstand ohne Melancholie, ohne Depressionen und ohne neurotische Symptome durch die Welt schreiten. In dieser Hinsicht sind die Verrückten, die unsäglich an dieser Welt leiden, die eigentlich Gesunden. Denn sie wissen um den Zusammenhang von ihrem egoistischem Glücklichsein und der Abschaffung des durch Klassenherrschaft hervorgerufenen Elends in Afrika, Asien und wo auch immer Ausbeutung stattfindet. Doch Vorsicht, der neoliberale Bürger unterscheidet gerne mal zwischen „gesundem Egoismus", vorzugsweise dem eigenen und der „ungesunden Selbstsucht". Diesen wirft er am liebsten seinem Konkurrenten im Wettbewerb vor und noch lieber den progressiven Kräften, die doch tatsächlich Gerechtigkeit einfordern! Also hinter dem Vorwurf selbstsüchtig oder egoistisch zu sein steckt häufig ein herrschaftlicher Manipulationsversuch, um berechtigte Forderungen abzuwehren. So spielt man in einem „divide et impera", also dem Prinzip „teile und herrsche" eine Gruppe gegen die andere aus, in dem man spezifische Opfer für die „Allgemeinheit" fordert, die in Wirklichkeit nur der Anhäufung von Gütern bei den Superreichen dient. Zudem ist eine Neurose oder Psychose immer ein Zeichen von fehlender Ich-Stärke, also ein zu überwindender Zustand. Allerdings nicht in dem Sinne, wie die meisten „normalen" Menschen in ihrer früh gelungenen totalen Anpassung ihr eigenes Selbst ganz aufgegeben haben, um es vollständig durch ein gesellschaftliches Selbst zu ersetzen, also unkritisch mit dem eigen Über-Ich zu verschmelzen. Hier gibt es keinen neurotischen Konflikt, weil es kein Selbst gibt, das mit der entfremdeten Außenwelt unzufrieden ist. Ziel muss es sein, mit Hilfe eines starken Selbstbewusstseins den Ungerechtigkeiten und Entfremdungstendenzen einer repressiven Gesellschaft rational und kritisch entgegenzutreten. Der starke Mensch ist sich seiner Entfremdung bewusst, ergibt sich aber nicht den Neurosen, sondern versucht damit umzugehen, damit sie ihn im Kampf nicht behindern. Also bitte nicht den Fehler begehen und seine eigenen Neurosen feiern, weil man ja damit seine kritische und erkennende Position beweist, das ist erst der halbe Weg! Jede Neurose, jede Psychose, ja jedes Verbrechen ist zwar ein Aufschrei des gequälten Dionysos unter der Knechtschaft eines Apollon im Dienste der gerade herrschenden Klasse, aber es ist ein ohnmächtiger Aufschrei, eine Rebellion mit untauglichen Mitteln und ohne das nötige kritische Bewusstsein. Nach der Erkenntnis der Selbstentfremdung muss der Weg aus dieser Selbstentfremdung angegangen werden, und das ist mal tatsächlich ein schwerer Weg, Herr Naidoo!

Die Egozentrik oder der Egozentrismus, der wie oben schon beschrieben etwas schwer vom Narzissmus abzugrenzen ist, bezeichnet ein Denken, das stets nur von der eigenen Position ausgeht, die nicht von dieser subjektiven Wahrnehmung absehen kann. Wie kleine Kinder, die sich die Augen zuhalten und dann glauben, dass sie nicht gesehen werden können, da sie ja auch nichts sehen! Erwachsene Egozentriker sind natürlich raffinierter und ihr Vorgehen ist so verschleiert, dass sie häufig selbst von dieser Regression in einen kindischen Zustand nichts mitbekommen. Ich unterscheide hier auch zwischen „positivem" und „negativem" Egozentrismus, womit ich nicht meine, dass das eine gut und das andere schlecht ist, sondern klarstellen möchte, dass es für das Subjekt etwas gänzlich anderes ist, wenn man meint die Welt sei nur für einen da, quasi als Ressource zum Vergnügen, oder wenn man es so empfindet, als sei die ganze Welt nur dazu da, einem das Leben schwer zu machen. Diese negative Egozentrik ist eher eine Form von Melancholie oder Depression, während die erste, positive Form dem sekundären Narzissmus ähnelt. Es ist zwar richtig, hier von einer Regression zu sprechen, aber es ist eine Regression, die bis in die gebildeten und philosophischen Kreise eindringt. In den Geisteswissenschaften nennt man einen Standpunkt, der von der eigenen, subjektiven Wahrnehmung ausgeht Solipsismus. Der berühmte Ausspruch von Descartes „ego cogito, ergo sum", „ich denke, also bin ich" ist letztlich nichts anderes als ein ausformulierter Solipsismus, da es in dem radikalen Urteil endet, dass die ganze Außenwelt ein bloßer Traum sein könnte. Auch bei Schopenhauer verweist schon der Titel seines Hauptwerkes „Die Welt als Wille und Vorstellung" auf eine Position hin, die den ja subjektiven und egozentrischen Willen und die Vorstellung von der Welt zur eigentlichen und einzigen Welt erklärt. Er grenzt sich zwar ausdrücklich davon ab, dass er solipsistisch sei, aber streng genommen ist dies ein Lippenbekenntnis. Nimmt man die Position von Sokrates respektive Platons ein, so dürften sich diese Subjektivisten und Weltanschauungsdenker gar nicht „Philosophen" nennen, denn für Platoniker ist die Fähigkeit jeden Tag im Angesicht des Todes zu leben das, was den Philosophen vom normalen Menschen unterscheidet. Das Allgemeine ergründen zu suchen und dabei von sich selbst absehen, das ist die Abstraktionsleistung, die philosophisches Denken ausmacht.

Die dialektische Bewegung von Ich und Wir, von Subjekt und Objekt, von Individuum und Gesellschaft, vom Selbst und dem Anderen, vollzieht sich onto- wie philogenetisch als vollendete Bewegung parallel und stellt sich ungefähr so dar:

1. Direkt nach der Geburt sind Subjekt und Objekt noch nicht bewusst getrennt, das Kind fühlt sich eins mit der

Umwelt, erfahren als totale Symbiose. In einer Art ursprünglichem Narzissmus, der im Wortsinne zwar keiner ist, da er noch nicht um Bilder weiß und damit auch nicht um das Spiegelbild, das geliebt wird, bezieht das Baby alle Lust, alles Wollen, den ganzen Dionysos auf sich, der totale Selbstbezug, weil es noch gar kein „Außen" gibt. Streng genommen gibt es so auch noch gar kein „Selbst" im reifen Sinne, denn dieser anarchische Selbstbezug ist unmittelbar, also noch nicht vermittelt. Entsprechend finden wir in der Urgesellschaft als die neugeborene menschliche Gemeinschaft, kein „Ich" in unserem Sinne heute, der Einzelne erfährt sich nur im „Wir", eng verbunden mit der umgebenden Natur als ebenfalls beseelte Wesen, die auch dem Wir zugehörig erfahren werden.

2. Im Verlauf der Entwicklung treten Subjekt und Objekt auseinander, das Subjekt erfährt die Umgebung und die Menschen in der Umgebung als das „Andere", als Objekte, als Gegenstand, also etwas, das „gegen ihn steht". Ein kleines Kind ist ein bisschen schon Subjekt, das sich aber einer Fülle, Masse und Menge von Objekten gegenüber sieht, die es nicht versteht und denen es ausgeliefert erscheint. Auch die umgebenden Subjekte, sprich Eltern, Familie, Mitmenschen, werden zunächst nur als Objekte, und zu Beginn auch nur zerstückelt als Partialobjekte vom Kind realisiert. Durch die allmähliche Aneignung der zu Beginn natürlichen Objekte, also durch Arbeit als Stoffwechsel mit der Natur, schafft sich der Mensch erst selbst. Nach und nach werden die Objekte erfahren, erlebt, verstanden und begriffen, was nichts anderes bedeutet, als dass man sich die Objekte aneignet. Denn ein erarbeitetes, begriffenes Objekt beherrscht einen nicht mehr, sondern wird Teil des eigenen Ichs. Das beherrschte und angeeignete Objekt lässt das nun erstmals herrschende Subjekt so als Entität wachsen. Das „Ich"

entwickelt sich, sowohl im einzelnen Leben, als Wachsen der Persönlichkeit durch Entwicklung von Fähigkeiten, Bildung, Erfahrung, Selbstverwirklichung, als auch im Sinne einer gesellschaftlichen, historischen Entwicklung des Zusammenlebens. Diese Entwicklung geschieht, bei allen Widersprüchen, immer im Bewusstsein der Befreiung von immer mehr Individuen aus der Knechtschaft. Nicht unbedingt tatsächliche Freiheit für alle anstrebend, aber die Möglichkeit der immer weiteren Befreiung für immer mehr Menschen schaffend. In der Sklavenhaltergesellschaft wenige Herren (Patrizier), einige freie Plebejer und viele unfreie Sklaven, die Eigentum sind, nicht anders als alle anderen Dinge auch, im Feudalsystem etwas mehr Fürsten und Herrscher, aber noch viele spürbar unfreie Leibeigene, die jedoch zumindest im Ausnahmefall Freie werden können und kein formales Eigentum mehr sind, sondern in einem Lehnsverhältnis stehen, das zumindest abstrakt gesehen gegenseitig ist. Im Kapitalismus wiederum eine herrschende Klasse von Eigentümern an Produktionsmitteln und viele nur scheinbar freie Lohnabhängige. Wir sehen, dass zum Einen das Zahlenverhältnis sich ein wenig zu verschieben scheint, dass es dann doch ein paar freie Menschen mehr gibt im Laufe der Geschichte, aber das Entscheidende ist, dass sich der Grad der Möglichkeiten der unfreien bzw. beherrschten Teile der Gesellschaft verändert. Ist der Sklave noch vollkommen unfrei und nichts weiter als Objekt im Besitz seines Herrn, so ist der Leibeigene zwar nahezu vollkommen abhängig, aber sein Körper ist zumindest nicht mehr alleiniges Eigentum des Lehnsherren und es gibt immerhin eine prinzipielle Möglichkeit der Abhängigkeit zu entkommen, die soziale Durchlässigkeit beginnt sich auszubilden. Im Kapitalismus schließlich ist die Unfreiheit des Lohnabhängigen nur noch verschleiert vorhanden. Die

Illusion der freien Wahl in einer vermeintlichen
Vertragsfreiheit ist die Grundlage der bürgerlichen
Herrschaft. Es gibt zwar de facto keine Freiheit, auch
keine Vertragsfreiheit, wenn der Lohnabhängige nur
eine einzige Ware anbieten kann, nämlich seine
Arbeitskraft und auch noch mit allen Mitteln verhindert
wird, dass diese Ware knapp werden könnte. Das
gesamte System der industriellen Produktion wird
immer dafür sorgen, dass eine industrielle Reservearmee
von Arbeitslosen bereitsteht, um jede Macht auf Seiten
der Anbieter von Lohnarbeit einzugrenzen.

3. Das zunächst also klein und verloren in all den
umgebenden Objekten versunkene Subjekt wächst
durch die tätige, bewusste und zielgerichtete Aneignung
dieser Objekte. Der Anteil der unverstandenen, nicht
angeeigneten Objekte wird im Laufe der Entwicklung
kleiner, der Anteil der begriffenen, zur eigenen
Persönlichkeit hinzugefügten Außenwelt wird größer.
Da Objekte, die man nicht begreift und damit auch
nicht beherrscht, einen abhängig machen und damit
unfrei, bedeutet jede Form von bewusster Aneignung,
was nichts anderes als Lernen ist, eine Befreiung, eine
Erweiterung des eigenen Freiraums. Man entwickelt
eine Persönlichkeit, weil man sich die Welt aneignet und
damit Freiheit von dieser gewinnt. In diesem Sinne ist
das Kofler-Zitat „Freiheit ist Persönlichkeit" zu
verstehen. Ein Mensch, der sein ganzes Leben von den
ihn umgebenden Objektivitäten beherrscht wird, von
Lohnarbeit, Freizeitindustrie, unhinterfragten
Institutionen und nicht begriffenen Zwängen und
Ängsten, die als schicksalhaft erfahren werden, wird
niemals als eine Persönlichkeit wahrgenommen, sondern
als das, was er ist, ein Knecht! Die Selbstverwirklichung
des Menschen als geistigem und (und?) sittlichem
Wesen *ist* Freiheit, wie Kofler schreibt.

4. Bei einigen Objekten, die diesem werdenden Subjekt über den Weg laufen, bemerkt der Mensch irgendwann, dass sie sich ganz ähnlich wie er selbst verhalten. Er muss nach einer Weile der Beobachtung und Erkenntnis feststellen, dass diese auch als Subjekte und nicht nur reine Objekte unterwegs zu sein scheinen. Er erkennt sie als Subjekte an, wie auch er beim Austausch von Gedanken sich als Anerkannter erfährt. Der Dualismus von Subjekt und Objekt hebt sich in dieser Liebesbeziehung der gegenseitigen Anerkennung auf. Selbsterkenntnis ist überhaupt nur auf diesem Wege denkbar, die eigenen Ängste, Mechanismen und Denkbewegungen sind nicht erfassbar, wenn man nur auf die eigene Nasenspitze schaut oder auch den Bauchnabel, erst der Blick auf den Anderen, der sich ähnlich verhält wie ich, lässt die nötige Distanz entstehen, um das eigene Verhalten zu begreifen. So kann man auch schreiben, dass eine Persönlichkeit immer auch den Anderen als Persönlichkeit sieht und zumindest Respekt bezeugt im Anerkennen der Subjektivität, was nichts anderes ist als der Beginn einer großen Liebe.

Wie bei Astronomie und der Quantenphysik, wenn man zum Größten und zum Kleinsten vordringt, dann stimmen die Gesetze und Regeln des einfachen Verstandes nicht mehr. Ein Bewusstsein von sich selbst kann man erst dann erlangen, wenn man sich ernsthaft mit den Anderen beschäftigt und diese anerkennt, mit ihnen zu leiden weiß und am Ende das eigene Leid zum gemeinsamen macht. Die Notwendigkeit der Dialektik, auch bei Subjekt-Objekt und Besonderem-Allgemeinen lehrt uns am Ende, dass der Einzelne nur ist, wenn er im Allgemeinen aufgegangen ist, wenn er sich als nur in der Gesellschaft seiendes versteht und die Gesellschaft nur wahrhaftig ist, wenn sie sich im freien Einzelnen verwirklicht hat. So wie Teilchen und Welle in der Quantenmechanik immer nur im jeweils anderen zu messen sind, so sind Individuum und Gesellschaft auch nur als zwei Momente ein und desselben Phänomens anzusehen, nämlich als das Gattungswesen der Menschen.

Auch hier kann die Bibel uns wieder ein bildliches Hilfsmittel sein, wo diese Erkenntnis vor langer Zeit bereits bei Mathäus formuliert ist:

> *Mt 7,1   Richtet nicht, damit ihr nicht gerichtet werdet!*

> *Mt 7,2   Denn wie ihr richtet, so werdet ihr gerichtet werden, und nach dem Maß, mit dem ihr meßt und zuteilt, wird euch zugeteilt werden.*

> *Mt 7,3   Warum siehst du den Splitter im Auge deines Bruders, aber den Balken in deinem Auge bemerkst du nicht?*

> *Mt 7,4   Wie kannst du zu deinem Bruder sagen: Lass mich den Splitter aus deinem Auge herausziehen! - und dabei steckt in deinem Auge ein Balken?*

> *Mt 7,5   Du Heuchler! Zieh zuerst den Balken aus deinem Auge, dann kannst du versuchen, den Splitter aus dem Auge deines Bruders herauszuziehen.*

Will die Seele, die Psyche sich selbst besehen, was erkennen heißt, so muss sie in eine andere Seele „blicken". Der wesentliche Teil der Seele ist die Vernunft, woraus folgt, dass sich die Seele im Blick auf das Vernünftige an einer anderen Seele selbst erkennt. Das eigene Selbst muss notwendigerweise im Anderen „gespiegelt" werden. Im anderen Menschen hat man zum Einen das Nicht-Ich, also dasjenige, was mich von ihm unterscheidet, gleichzeitig aber wird das Gemeinsame, das Wesenhafte des Menschen, deutlich, sein Gattungswesen als bewusst teleologisch tätiges Wesen. Konsequenterweise bedeutet das aber, dass Lieben immer etwas mit Erkennen, Verstehen und Begreifen zu tun hat. Was ich verstehe liebe ich in der Regel auch. Lieben heißt also Verstehen, aber Verstehen heißt auch Lieben. Dem Anderen muss ich diese Eigenschaft auch zuschreiben, also auch glauben, dass er mich lieben kann, weil er mich verstehen und begreifen kann. Also erkenne ich sein Subjektsein an, ich unterstelle ihm selbst ein Selbstbewusstsein und dies ist sogar die Bedingung, dass ich mir selbst eines unterstellen kann, weil der Andere mich wiederum anerkennt und damit als frei erklärt. Würde ich als Egomane allen anderen Menschen einen Wert, die Freiheit oder die Vernunft aberkennen, so fehlt es an dem Spiegel, den wir benötigen, um uns als Selbst abgrenzen und damit definieren zu können. Genau deshalb sind solche psychotischen, egomanischen Charakter auch so labil, schwach und meist in bipolaren Störungen gefangen. Das Unendliche wiederum ist das Andere des Endlichen. Daher muss ich das Endliche begreifen, um das Unendliche zu sehen und das Unendliche begreifen, um das Endliche zu fassen. Vom Besonderen zum Allgemeinen und vom Allgemeinen zum Besonderen muss die Bewegung der Liebe gehen. Das „Wir" aus Kianos Zeiten müssen wir wiedergewinnen, wiedererkennen, aber diesmal als aufgehobenes Ich, das sich über die Menschheitsgeschichte entwickelt hat. Hier muss ich wieder meinen marxschen Lieblingssatz zitieren, der vermutlich in jedem meiner Texte an irgendeiner Stelle auftaucht, wie Hitchcock in seinen Filmen:

> *„Setze den Menschen als Menschen und sein Verhältnis zur Welt als ein menschliches voraus, so kannst du Liebe nur gegen Liebe austauschen, Vertrauen nur gegen Vertrauen etc. Wenn du die Kunst genießen willst, mußt du ein künstlerisch gebildeter Mensch sein; wenn du Einfluß auf andre Menschen ausüben willst, mußt du ein wirklich anregend und fördernd auf andere Menschen wirkender Mensch sein. Jedes deiner Verhältnisse zum Menschen – und zu der Natur - muß eine bestimmte, dem Gegenstand deines Willens entsprechende Äußerung deines wirklichen individuellen Lebens sein. Wenn du liebst, ohne Gegenliebe hervorzurufen, d.h., wenn dein Lieben als Lieben nicht die*

Entfremdung

Wenn wir von Entfremdung sprechen, unterscheiden wir im
Wesentlichen fünf verschiedene Formen der Entfremdung, die
aber in einem dialektischen Zusammenhang stehen und nur
analytisch getrennt werden, in Wirklichkeit bedingt eine die
andere Form.

1. Entfremdung von der Arbeit: wir haben ja gesehen, dass
    menschliche Arbeit ursprünglich ein Mittel war, das
    eingesetzt wurde, um die Wünsche und Begierden der
    Menschen zu erfüllen. In den Zeiten vor der
    Arbeitsteilung erscheint diese Arbeit weitgehend als
    Spiel, sie mag zwar auch anstrengend sein, da sie aber
    im direkten Zusammenhang mit der Erfüllung der
    Bedürfnisse nach Erledigung der Arbeit steht, wird die
    Anstrengung nicht als Zumutung wahrgenommen. Die
    Arbeit erscheint dem einzelnen Tätigen als sinnvoll, da
    ihr Zweck, die Erfüllung eines bestimmten Begehrens,
    immer ersichtlich und somit sinnstiftend ist. Man freut
    sich während der Jagd z.B. schon auf das Festmahl, das
    mit Sicherheit den Mühen der Pirsch folgen wird. Das
    Verhältnis des Dionysischen und des Apollinischen ist
    harmonisch und noch ungestört. Heutzutage ist der
    Zusammenhang zwischen einer sinnentleerten
    Lohnarbeit und der Erfüllung von Wünschen, sowie der
    Befriedigung von Bedürfnissen nur noch indirekt und
    äußerst vermittelt herstellbar, immer den Umweg über
    das Geld, den Tauschwert und die Ware nehmend. Die
    tägliche Arbeit ist kein Spiel mehr, wird nicht als
    Selbstverwirklichung erfahren, sondern als Zwang, um
    die Not der Familie zu lindern und sich seinen
    bescheidenen Wohlstand zu erwirtschaften.

2. Entfremdung vom Produkt der Arbeit: die Werte und Güter, die der arbeitende Mensch während seiner ungeliebten Lohnarbeit schafft, darf er in einer Industriegesellschaft natürlich nicht behalten. Das Produkt seiner eigenen Arbeit gehört dem Chef, der über das Privateigentum an den Produktionsmitteln verfügt. Das heißt das Produkt der Arbeit ist dem Arbeiter entfremdet, ja es kann sogar sein, dass er es hasst. Ein Lohnarbeiter in einer Rüstungsfirma, die Waffen herstellt kann durchaus pazifistisch eingestellt sein, und das Produkt seiner Arbeit verachten, er ist unter Umständen dennoch gezwungen weiter dort tätig zu bleiben. Ein Mensch vor der industriellen Arbeitsteilung verfügte in der Regel selbst über die Dinge, die er hergestellt hat. Auch wenn er den Überschuss eventuell auf den Markt brachte, um ihn zu veräußern, so behielt er dennoch einen Teil immer für sich, seine Familie, enge Freunde und auf Reserve. Das Produkt seiner Arbeit gehörte ihm selber. Natürlich auch eine Motivation, die Arbeit gut zu machen, um am Ende gute Produkte, eben „Güter" zu besitzen. Damit erhält natürlich auch der gesamte Arbeitsprozess einen gewissen Sinn, so dass die Entfremdung aus Punkt 1 auch gleich relativiert ist.

3. Entfremdung vom Mitmenschen: war in früheren Zeiten das Leben geprägt von gemeinsamer Arbeit in der Gruppe als Schaffung der Grundlage der gemeinsam organisierten Existenz, so stellt sich im modernen Kapitalismus das Leben für den Einzelnen so dar, dass er in ständige Konkurrenz mit seinen Mitmenschen treten muss. Und das nicht nur auf dem Arbeitsplatz, der als knappes Gut „verkauft" wird, so dass die Menschen sich auch noch darum mühen müssen, freiwillig ausgebeutet zu werden. Die Vereinzelung als bürgerliches Subjekt ist weniger eine Ich-Bildung denn eine Isolierung, um Solidarität zu verhindern, die dem

Profitmaximierungsinteresse der Herrschenden zuwider
laufen würde. Wir Menschen sind keine Monaden,
sondern können gerade unsere Individualität, unsere
Besonderheit nur in freier Gemeinschaft als solche
entfalten.

4. Entfremdung von sich selbst: da der Mensch als
    bewusst teleologisch tätiges Wesen definiert ist, bewirkt
    ein Leben, in dem die Tätigkeit keine eigenen Ziele
    umsetzt, sondern in der Lohnarbeit als sinnlos
    empfundene Arbeit geleistet werden muss, Tag für Tag
    und Jahr für Jahr, dass er sich nicht mit sich selbst
    identifizieren kann, er wird sich selbst fremd. Nach acht
    Stunden sinnentleerter Arbeit gerät er in die Mühlen der
    Freizeitindustrie und der Medien, die ihm alle Inhalte
    vorkaut, die er als Meinung zu besitzen hat. Da ist nicht
    selbst Erarbeitetes und somit auch kein „Selbst". Der
    entfremdete Mensch existiert als Stereotype und
    Abziehbild, in der Regel ohne es zu bemerken. Die
    vorgegebene verzerrte Umwelt erscheint ihm als die
    Wirklichkeit, was sie dann in der Entfremdung auch ist.
    Die entfremdete Umwelt ist die Wirklichkeit des
    ausgebeuteten modernen Menschen, der somit in
    geistigem Pauperismus versinkt.

5. Entfremdung vom Gattungswesen: in dieser letzten und
    sozusagen abstraktesten Entfremdung sind bei
    richtigem Verständnis die vier anderen Arten
    subsumiert. Denn Entfremdung vom Gattungswesen
    bedeutet, dass wir von unserem Wesen, von unseren
    anthropologischen Wurzeln getrennt sind, von diesen
    entfremdet sind. Diese grundlegenden Bestimmungen
    des Menschen, die ihn letztlich erst als Menschen
    charakterisieren, werden von der Klassengesellschaft
    geleugnet und für den Normalmenschen unmöglich
    gemacht. Die wichtigsten Eigenschaften des
    Gattungswesens sind:

a. Der Mensch ist bewusst teleologisch tätig, als arbeitender Mensch, wobei die Arbeit nicht Zwang ist, sondern wesentlich Spiel.

b. Der Zweck aller menschlichen Arbeit ist dionysisch, also aus dem Begehren, der Lust und Liebe geschöpft. Die Mittel, die der Mensch aufwenden muss, um seine Bedürfnisse zu befriedigen müssen apollinisch, also vernünftig und rational sein, damit die Arbeit erfolgreich ist. Das Verhältnis von Apollinischem und Dionysischem muss aber harmonisch sein, ich werde nicht freiwillig unendliche Mühen auf mich nehmen für eine Sache, die ein unwichtiges Bedürfnis befriedigt und damit der Mühen nicht wert erscheint.

c. Der Mensch ist notwendigerweise vergesellschaftet, er verkümmert intellektuell, sozial und emotional, wenn er in Isolation und Einsamkeit existieren muss. Da der Andere heutzutage immer vor allem als Konkurrent und Wettbewerber in Erscheinung tritt, sind stabile und Freude schenkende Freundschaften selten geworden.

d. Der Mensch ist reflektierend, sich seiner selbst also bewusst, zumindest wenn man ihn lässt!

Das aus der Entfremdung resultierende repressive Menschenbild als die Ideologie der Entfremdung, ist so sehr Gemeingut geworden, dass es manchmal als solches gar nicht sofort zu erkennen ist, doch es gibt einige Hauptmerkmale, an denen man dieses Herrschaftsdenken ablesen kann und eine Theorie oder Aussage als reaktionär erkennen kann, sobald man etwas davon entdeckt:

- Das Leben überhaupt und vor allem Freiheit und
  Genuss bekommt der Mensch nur dann, wenn er sie
  vorab erkauft hat durch Mühsal und Opfer.

- Der Mensch ist „von Natur" egoistisch und daher böse.
  Dieses Bösesein des Menschen macht ihn schuldig, und
  das Schicksal, arbeiten zu müssen (hier nur als
  repressive, historisch vorherrschende Arbeit gesehen) ist
  Teil seiner eigenen negativen Natur: Er kann sich nicht
  beschränken und hat daraus die Konsequenz zu ziehen.
  (Daher Askese als Lösung, leider heute von vielen
  angeblich linken Bewegungen übernommen, dabei ist
  die zukünftige Gesellschaft eine der Fülle und nicht des
  Mangels)

- Das Glück erscheint als Versprechen in einem Strom
  von Leid, und es ist niemals sicher, ob sich dieses
  Versprechen erfüllt. Wo das Glückhafte mal ohne Leid
  erscheint, wird es dem Zufälligen angelastet.

- Die demütige Hinnahme des Leids im Alltäglichen und
  Normalen wird als Festigkeit des Charakters und als
  Heroismus gelobt und sogar als Tugend erwartet.

- Der Kampf aller gegen alle ist der natürliche Zustand
  des Menschen. Wer sich aus diesem Kampf heraushält
  ist der lebensfremde Heilige, in religiöser und profaner
  Gestalt. Er verhält sich letztlich unnatürlich.

- Das normale und eigentliche Indiz für den Wert des
  Individuums ist der Erfolg.

- Die „höheren Werte" wie Wahrhaftigkeit, Geduld,
  Einsicht, Pflichtbewusstsein, Gottesfurcht, Moralität,
  Bescheidenheit usw. sind nicht dieser Welt zugehörig.
  Sie sind lediglich als Ideale dazu da, das Individuum zu
  Disziplin, Unterwerfung und Opfer zu erziehen.

- Kontemplation und Genuss stehen außerhalb des
  eigentlichen Lebens, sind reine „Spielerei". Sie werden
  in die Freizeit verlegt oder in den Ruhestand des Alters.
  Sie sind dem Schlaf und dem Tod näher als dem Leben.

- Überhaupt verführt zu viel Freizeit nur zum Bösen, allzu große Freiheit wirkt lebenszerstörend.

- Die Diffamierung der Freizeit ist eng verbunden mit jener des Erotischen, des Lustvollen, insbesondere der Sexualität. Aber auch mit unbürgerlichen Varianten wie Drogengebrauch, Whiskysaufen oder Müßiggang, der in Wahrheit aller Einsicht Anfang ist!

- Der Tod wird nicht als die Möglichkeit des natürlichen Endes nach einem glückhaften Leben verstanden, sondern als bedrohlicher Endpunkt nach einem düsteren Leben. der Enterotisierung des Lebens entspricht die Enterotisierung des Todes.

Aufgabe jeder progressiven Bewegung müsste es hingegen sein, zur Erotisierung des Lebens beizutragen und eine kritische Position zu dieser gleichgeschalteten Ideologie des Repressiven einzunehmen.

Liebe als Weg zum Schönen, Guten und Wahren, am Beispiel der Gerechtigkeit

Jeder liebt das Schöne, Gute und Wahre, was aber als solches empfunden wird, hängt von der Zeit, den erlernten Normen und Institutionen ab. In Sachen Schönheit haben wir die Geschichtlichkeit von Moden schon behandelt, noch handfester wird die Relativität deutlich, wenn man Schönheitsideale fremder Kulturen betrachtet. Lotusfüße werden in China die eingebundenen Füße der Frauen genannt, die bis zum Beginn des 20. Jahrhunderts so sehr die Schönheit einer Frau bestimmten, dass den chinesischen Männern das Gesicht der Dame völlig gleichgültig war, wenn nur die Füße nicht größer als höchstens 14 cm waren. Als ideal galt Schuhgröße 17, was in etwa 10 Zentimetern entspricht! Für uns Mitteleuropäer ist diese Vorliebe nur schwer nachvollziehbar, auch wenn wir romantisierte Entstehungsgeschichten zu diesem Brauch hören, die von einer schönen Tänzerin handeln, die sich die Füße einbinden ließ, um besser auf einer winzigen Bühne in Lotusform für ihren Herren tanzen zu können. Oder es wurde kolportiert, dass die kleinen Füße ideal als „Haltegriffe" bei bestimmten sexuellen Handlungen dienen konnten. Der deformierte Klumpfuß hat wohl eine viel lapidarere Grundidee, die typisch patriarchalischen Zwecken dient. Die Frauen mit solchen Füßen konnten nur kleine Schritte machen und auch dies nur unter Schmerzen, sie waren also im Grunde ans Haus gefesselt, konnten die Familie nicht einfach so per pedes verlassen. Ich vermute ja, dass die Vorliebe der Männer für High Heels an Frauen keine andere Quelle hat, sie sollen vermeiden, dass sie weglaufen! Ein endgültiges Verbot des Lotusfußes kam erst 1949 unter Mao Zedong zustande, der keine verkrüppelten Frauen für sein Ideal eines solidarisch werktätigen Arbeiter- und Bauernstaates gebrauchen konnte.

Das heißt aber auch, dass jedes Individuum, das sich über die historisch gerade vorherrschende Form der Liebe erheben will, sich genau dieser Zusammenhänge von Mode und Herrschaft und Patriarchat bewusst werden muss. Das bedeutet aber natürlich, dass man arbeiten muss, dass man erkennen und begreifen muss, wie die Gesellschaft funktioniert. Man muss lernen, dass Selbsterkenntnis und damit Freiheit nur zu erreichen ist, wenn man um die reale Entfremdung der Lebensumstände weiß. Nehmen wir als letztes Beispiel das Ideal des Modells, wie wir es spätestens seit Twiggy in den 60-er Jahren kennen. Superschlank bis hin zur Magersucht, flacher Bauch, insgesamt eher knabenhafte, zumindest androgyne Erscheinung. Dieses Ideal stellt natürlich zunächst das Ideal der Modebranche dar, die von Männern dominiert wurde und wird, deren sexuelle Vorlieben eher im Gleichgeschlechtlichen zu finden sind. Es ist doch klar, dass damit Frauen nicht zu weiblich aussehen dürfen, um als attraktiv zu gelten. Ausladende Hüften, üppige Brüste und weiche Kurven entsprechen nicht diesem androzentrierten Schönheitsideal. Dabei gehört der vorwitzige Unterbauch, unter dem fast alle modernen Frauen leiden, weil er ihre

Idealvorstellung von ihrem Körper stört, tatsächlich zu den sekundären Geschlechtsmerkmalen der Frau. Dieser kleine Unterbauch bildet eine natürliche Fettschicht, die den Uterus und damit die Leibesfrucht vor Unterkühlung schützen soll. Das heißt, wenn eine Frau versucht sich das Bäuchlein wegzutrainieren, ist das im Prinzip so, als würde sie versuchen sich die weibliche Brust abzuarbeiten. Frauen, die sich nach allen erfolglosen Diäten das Fett dort absaugen lassen, könnten dann konsequenterweise gleich noch ihre Brüste entfernen lassen, was aber dem patriarchalischen Wunsch wiederum nicht entspricht und daher nicht gemacht wird. Was kommen bei diesem Konglomerat von Moden, Wünschen und Vorlieben für absurde Ideale heraus? Am besten ist eine Frau wie eine Barbiepuppe geformt, proportional zu große Brüste, so dass sie kaum gerade stehen könnte, vollkommen flacher Bauch, grotesk lange Beine und natürlich keinerlei Behaarung. Also unten wie eine 8-Jährige aussehen, um die bei den Männern so verbreitete Angst vor adulter Weiblichkeit nicht auszulösen und stattdessen die Sicherheit der pädophilen Unschuld zu vermitteln. Obenrum mit großen Brüsten den Wunsch der Männer nach der mütterlichen Geborgenheit erfüllen, ohne den Widerspruch zu erkennen. Im Gesicht dann noch alle Kindchenappelle betonen, Lippen aufspritzen, Augen vergrößern und Haare toupieren. Die moderne Frau als patriarchalisches Überraschungs-Ei, erfüllt drei Wünsche auf einmal, die homosexuellen, die pädophilen und die ödipalen, herzlichen Glückwunsch!

Eine Sache, die wohl tatsächlich jeder für etwas Gutes hält ist Gerechtigkeit. Niemand, selbst der größte Verbrecher, mag Ungerechtigkeit, es scheint ein universales Gefühl von vergesellschafteten Wesen zu sein, weshalb sie auch schon bei Platon zu den Kardinaltugenden gezählt wurde. Selbst Primaten besitzen bereits ein Gefühl für Gerechtigkeit, wie ein Experiment beweisen konnte. Gab man zwei Gruppen von Affen, jeweils sichtbar für die andere Gruppe, für eine gelungene Aktion als Belohnung unterschiedliches Futter, z.B. Trauben

und Gurken, wobei die süßen Trauben viel beliebter sind, so
reagierten die mit Gurken belohnten Tiere „beleidigt" und
verweigerten die weitere Arbeit. Aber die Bandbreite der
Situationen, die als gerecht gelten ist wieder einmal beim
Menschen von unendlicher Differenziertheit, je nachdem wie die
ideologische Vorauswahl der Tugend aussieht. Und diesmal
müssen wir nicht einmal in die Geschichte zurückgehen, der
Unterschied in der aktuellen Gerechtigkeitsfrage zwischen
verschiedenen Gruppen der Gesellschaft könnte nicht deutlicher
sein. Es gibt Personen, die es für eine himmelschreiende
Ungerechtigkeit halten, wenn Menschen aus Somalia oder
Syrien, die auf der Flucht vor Elend und Krieg sind, ein
Mobiltelefon gestellt bekommen, damit sie in der Diaspora
zumindest einen losen Kontakt mit ihren Familien in der Heimat
aufrechterhalten können. Sie schreiben Leserbriefe oder
protestieren gegen Flüchtlinge auf der Straße, wo sie für sich
auch kostenlose Handys fordern und die Gerechtigkeit des
ganzen Abendlandes gefährdet sehen. Die gleichen Menschen
haben aber in der Regel nicht das geringste Problem damit, dass
0,001 % der Weltbevölkerung, also gerade einmal etwa 90 000
Personen, ungefähr 30 % des Finanzvermögens des Planeten
besitzen! 0,1 % der Weltbevölkerung verfügt über etwa 80 % des
Finanzvermögens! Kein Problem, die werden es schon irgendwie
verdient haben! Hallo, geht es noch? Wo bleibt da der gerechte
Zorn? Aber die Gerechtigkeit ist in unserer westlichen,
warenorientierten Welt noch viel grundsätzlicher und subtiler
gestört. Die Wahrheit allen Wertes ist nur noch der Preis, das
Etikett.

Ich erinnere mich an unsere studentischen Fahrten nach Paris
Anfang der 80-er Jahre. Mit wenig Geld insgesamt machten wir
uns in jedem Juli auf, in den Straßen vom Quartier Latin oder
am butte Montmartre den Jahrestag der Revolution zu feiern.
Dabei kam es natürlich vor, dass die Clique nicht nur aus Paaren
bestand, sondern auch einmal jemand alleine unterwegs war, wir
also zu fünft oder zu siebt auf der Reise waren. Jeder, der schon

einmal in Hotels unterwegs war, weiß, dass Einzelzimmer relativ
gesehen sehr viel teurer sind als Doppelzimmer, heutzutage
kosten sie oft sogar den gleichen Preis, was heißt, dass der Single
mal locker das Doppelte zu zahlen hat pro Nacht. Damals war
es für uns noch nicht einmal eine Bemerkung wert, dass dies
ungerecht sei. In der Regel war der Single nicht einmal freiwillig
allein, vermutlich würde er gerne das eine oder andere Mitglied
der mitreisenden Paare liebend gern in seinem Zimmer
willkommen heißen, und da sollte er für die Einsamkeit und
Melancholie auch noch extra bezahlen? Niemals. Wir machten es
wie beim abendlichen Essen und Trinken, da wurde am Ende
geschaut, was die Gesamtrechnung ausmachte und dann durch
fünf oder sieben geteilt, ohne nun nachzurechnen, wer welche
Kosten konkret „verursacht" hatte. Solidarität war
selbstverständlich, man war ja schließlich zusammen unterwegs.

Am klarsten wurde diese Grundeinstellung einmal bei einer
Fahrt, auf der am ersten Tag einer Frau in unserer Gruppe die
Geldbörse mit dem gesamten Budget der Reise, 500 DM,
gestohlen wurde. Wir waren insgesamt zu fünft und jeder hatte
natürlich etwa 500 Mark in der Tasche. Kurzerhand zwackten
alle je 100 DM ab und gaben sie der Bestohlenen. So hatte jeder
Einzelne noch 400 Ocken in der Tasche und alle sind auch
damit gut ausgekommen am Ende, eine Hochzeit zu Kana oder
wundersame Brotvermehrung im Kleinformat, aber kein
Wunder, nur ein Akt menschlicher Solidarität. Niemand wäre
auf die Idee gekommen das ausgelegte Geld zurückzufordern,
man hatte uns beklaut und nicht das zufällige individuelle Opfer.
Es hat einwandfrei funktioniert und wurde von allen in der
Gruppe als selbstverständlich angesehen. Ich glaube so etwas
wäre heute kaum noch möglich, da schaffen die Leute es ja noch
nicht einmal ein gemeinsames Besäufnis zu finanzieren, ohne
genau nachzurechnen, dass der Cocktail aber viel teurer als das
Bier oder die Cola sei! Auf die revolutionäre Idee, dass es sogar
gerecht sein kann, wenn der wohlhabendste der Gruppe das
meiste zahlt, auch wenn er am wenigsten getrunken hat oder der

mittellose überhaupt umsonst mitgenommen wird, kommt heutzutage kein Mensch mehr, weil die Logik der Ware und des Geldes von den meisten Menschen völlig verinnerlicht wurde.

Auch ein weiteres, scheinbar harmloses Phänomen der Industriegesellschaft ist ein Indiz für die Perversion des Gerechtigkeitsgedanken, das Lottospiel. Natürlich ist es Teil einer repressiven Freizeitindustrie, die dem Ausgebeuteten den vermeintlichen Weg aus Elend und Entfremdung vor die Nase hält, wie dem Esel die Möhre. Jeder kann gewinnen und was für Summen! Aber gerade in diesen absurd hohen Gewinnsummen erkennt man die perfide und menschenfeindliche Logik dahinter. Es kann offensichtlich zwar jeder gewinnen, aber niemals alle und dafür wird gesorgt! Es hat ja auch jeder das Recht unter der Brücke zu schlafen, der Millionär ebenso wie der Obdachlose, aber das ist nicht Freiheit und Gerechtigkeit, denn der Obdachlose hat keine Wahl! Die bürgerliche Ideologie als subjektivistische Weltanschauung verengt den Blick auf den isolierten Einzelnen. Er als einer unter vielen Millionen kann die Rekordsummen gewinnen. Der höchste Lottogewinn, der bisher ausgezahlt wurde beträgt etwa 1,5 Milliarden $, eine durch und durch obszöne Summe. Warum verteilt man es nicht auf 1.500 Menschen, die mit jeweils 1 Million ihr ökonomisches Jammertal verlassen könnten? Es ist klar warum, es ist ja gar nicht gewollt, dass das Vermögen gerechter verteilt wird, weder bei der Lotterie noch in der Gesellschaft.

Fazit

Der Bereich des Dionysischen muss wieder der Zweck unserer Handlungen und Tätigkeiten werden, dies ist aber erst möglich, wenn die Monopolisierung des Genusses, also die Herrschaft Weniger über Viele abgeschafft wird. Liebe ist fürs Volk verboten, wer es dennoch wagt, wird ausgegrenzt, schon dadurch, dass ihm als Liebender die Zeit fehlen wird für eine bürgerliche Existenz, die ein full-time-job ist. Eine gerechtere

Verteilung der notwendigen gesellschaftlichen Arbeit bei einem garantierten Grundeinkommen, das die pure Existenz sichert, wäre ein erster wichtiger Schritt, um Zeit für die Liebe freizuschaufeln. Den Bereich des Eros, des Dionysischen wollen wir noch einmal auflisten, um zu erkennen, dass es eine einzige Bewegung des Fortschreitens im Bewusstsein der Freiheit ist:

Die sinnliche Liebe oder Sexualität:

- Limerenz als spontaner Affekt
- Nah an der Natur
- Spielerisch und anarchisch
- Diversifizierung sowohl als biologische Funktion, aber auch als Erlebnisbereich für den Einzelnen

Die soziale Liebe oder Geselligkeit:

- Sympathie, zu Beginn vor allem durch die Körpersprache vermittelt, wobei die individuellen Vorlieben aus der frühkindlichen Prägung durch Übertragung gefunden werden
- Bei Gelingen des Kennen-Lernens kann eine Beziehung entstehen, eine philia, Freundschaft
- Wenn sich die Wege der Menschen nicht zu weit auseinander bewegen, ist eine erstaunliche Langfristigkeit erreichbar, sei es im Verein, in der Nachbarschaft oder unorganisiert
- Das bestimmende Gefühl ist das des Vertrauens, um ein Wir ohne Wettbewerb zu erleben
- Leider in unseren Zeiten vor allem dynastisch, da unter der Bedingung „Eigentum" kaum eine freie Assoziation möglich ist.

Die kulturelle Liebe oder der eigentliche Eros:

- Solidarität ist das wahre Ziel der Liebe und der Kapitalismus tut alles, um das zu verhindern, Liebe ist gerade in diesem kontemplativen Sinne verboten!

- Das Gattungswesen ist erfahrbar in den seltenen Momenten kultureller Höchstleistung und Erlebnissen. Das macht den Unterschied aus zwischen künstlerischen Werken, die in ihrer Zeit „Mode" sind und danach zurecht vergessen werden und den Kulturleistungen eines Kanons, der die menschlichen Widersprüche dialektisch aufbereiten und damit zeitlos wirken

- Diese Universalität bietet uns den Schlüssel an, die ganze Welt und die Geschichte frei und gerecht zu gestalten, aber es bedarf dazu des Willens und der Chance zu Bildung und Entfaltung der Persönlichkeit in stetiger Arbeit an sich selbst

- Wie eine Revolution immer nur als weltweit funktionieren kann, so ist auch die Liebe nicht teilbar, wer nur einen Menschen liebt, sei es ein Partner oder sich selbst, der liebt gar nicht

- Das Prinzip der Liebe ist die Vereinigung, weshalb es eine Schande ist, dass es kaum Bereiche gibt, in denen sich Menschen massenhaft kulturell begegnen, das Internet bietet zumindest theoretisch die Chance, dass sich das ändert. Vorlesungen an den Universitäten, Kunstwerke, Filme, Performances, all das muss kostenlos geteilt werden, lückenlos und global, denn die Freiheit der Liebe ist auch die Freiheit der Information und Bildung

Die Übergänge dieser Bereiche sind natürlich fließend und nicht abrupt. So kann ein Tanz sehr nahe an der Sexualität und Sinnlichkeit sein, wie etwa der Klammerblues in den 70-ern oder der Lambada und andere lateinamerikanische Tänze. Wir sagten früher immer in den Tanzkursen, dass man einen Tango nicht

richtig getanzt hat, wenn man am Ende kein feuchtes Knie hat.
Andererseits ist der Tanz aber auch im kulturellen Bereich zu
Hause als klassisches Ballet. Die darin aufgehobene Sinnlichkeit
ist noch sichtbar, wenn auch als aufgehobene. Der Bereich der
Geselligkeit umfasst so unterschiedliche Bereiche wie den
Sportverein, einen Stammtisch, die politische Vereinigung und
den Kampfbund, wo wir dann wiederum die kulturelle Ebene im
engeren Sinne betreten.

So wie die Geschichte gezeigt hat, dass keine Revolution in
einem einzelnen Land möglich ist, so ist Liebe nicht ohne
Solidarität, ohne Liebe zur Menschheit, zum Gattungswesen
möglich. Eine reine Paarbeziehung ist vielleicht die Insel der
Liebe, die den Einzelnen das Dasein überhaupt erträglich macht,
aber indem sie von dem Elend der Anderen absieht und die
Augen verschließt, ist sie letztlich ein reaktionärer Akt der
Erhaltung der Unterdrückung. Daher ist eine Revolution die
notwendige Bedingung für ein Zeitalter der Liebe. Die
Bedingungen müssen geschaffen werden, dass die Menschen die
Zeit aufbringen können, um Lebensgemeinschaften zu
etablieren, die im Prinzip am Ende eine Weltgemeinschaft sein
kann. Letztlich müsste man bereit sein, jeden Menschen so
genau kennenlernen und begreifen zu wollen in seinen Ängsten,
Nöten, seiner Entfremdung und seinen Fähigkeiten, bis wir ihn
lieben gelernt haben. Liebe bleibt Arbeit, und die Arbeitszeit
dafür wird dem bürgerlichen Knecht von seiner Lohnarbeit
gestohlen. Erkenntnis, Selbsterkenntnis, Bildung, kulturelles
Interesse, vielseitige Selbstverwirklichung, was immer heißt, die
Gesellschaft zu verwirklichen, das sind die mühsamen Wege, um
die Entfremdung unserer Zeit zumindest zu erkennen, um mit
einem Finger das Reich der Liebe zu berühren. Im
anekdotischen Appendix findet ihr ein paar biografische Skizzen,
die hoffentlich unterhaltsam aufzeigen sollen, wie so etwas wie
Liebe in Ansätzen zu realisieren ist und so anzeigen, wie die
Umstände sich ändern müssen, um sie am Ende siegen zu lassen.
Viel Spaß dabei.

Dieses gesamte Buch ist im Prinzip nichts anderes als das Ergebnis meines über drei Jahrzehnte währenden Versuches eine in den frühen 80-er Jahren gelesene Textstelle bei Hegel zu verstehen. Ihr könnt sicher sein, in diesen vier Sätzen steckt der gesamte Inhalt meiner Ausführungen drin, sie müssen nur daraus entwickelt werden. Diese mühselige Arbeit habe ich versucht euch abzunehmen. Als ich diese Worte zum ersten Mal las, war ich überzeugt davon, dass ich sie nie begreifen werde. Ich bin mir immer noch nicht ganz sicher, aber ich kann nicht länger warten, meine Gedankenbewegung dazu weiterzugeben, weil mir die Zeit ausgeht. Die Liebe ist das Ganze, das Ganze ist die Liebe, aber in all ihrer Widersprüchlichkeit und historischen Gestalt, die sie manchmal bis zur Unkenntlichkeit verunstaltet. Diese Textstelle möchte ich zum Abschluss des Theorie-Teils zitieren, damit ihr seht, wie richtige Genies mit so einem Thema umgehen. Wer solche Sätze lieben kann, der kann alles und jeden lieben!

> *In der Liebe nämlich sind nach seiten des Inhalts die Momente vorhanden, welche wir als Grundbegriff des absoluten Geistes angaben: die versöhnte Rückkehr aus seinem Anderen zu sich selbst. Dies Andere kann als das Andere, in welchem der Geist bei sich selber bleibt, nur selbst wieder Geistiges, eine geistige Persönlichkeit sein. Das wahrhafte Wesen der Liebe besteht darin, das Bewußtsein seiner selbst aufzugeben, sich in einem anderen Selbst zu vergessen, doch in diesem Vergehen und Vergessen sich erst selber zu haben und zu besitzen. Diese Vermittlung des Geistes mit sich und Erfüllung seiner zur Totalität ist das Absolute, jedoch nicht etwa in der Weise, daß sich das Absolute als nur singuläre und dadurch endliche Subjektivität in einem anderen endlichen Subjekt mit sich selbst zusammenschlösse, sondern*

*der Inhalt der sich mit sich im anderen
vermittelnden Subjektivität ist hier das Absolute
selbst: der Geist, der im anderen Geist erst das
Wissen und Wollen seiner als des Absoluten ist und
die Befriedigung dieses Wissens hat. (G.W.F. Hegel,
Vorlesungen über die Ästhetik II)*

Anekdotischer Appendix

Meine persönliche Dialektik von Angst und Liebe

Wer von Liebe schreibt und die Forderung aufstellt, dass man
am Ende des Weges in der Lage sein müsste, selbst den
niedrigsten Verbrecher lieben zu können, weil Verstehen immer
auch Lieben bedeutet, der muss dem Leser die Chance geben,
den Autor zu begreifen. Er muss sich mitteilen und Dinge
preisgeben, die normalerweise in unserer individualistischen,
lieblosen Zeit nicht weitergegeben werden. Daher will ich
versuchen in ähnlicher Form wie ich die Geschichten von Kianu
und Kurt als Beispiele vorgestellt habe, auch die Geschichte von
Dieter zu präsentieren. Mit den gleichen Vorbehalten, dass es
nicht um die 1:1-Darstellung einer real erlebten Wirklichkeit
geht, sondern um die Konstruktion eines Fallbeispiels. Kianu für
die rudimentäre Ich-Entwicklung in einer nicht entfremdeten
vorgeschichtlichen Umgebung. Kurt als Exempel für das
Misslingen einer Ich-Entwicklung in einer autoritären bürgerlich-
konservativen Umgebung. Und dann nehme ich Dieter, also
mich, als Beispiel für ein Leben mit allen Urformen der Angst,
ohne dass eine davon das Leben auffällig bestimmen würde.
Dabei heraus kommt eine einigermaßen gelungene Ich-Stärke,
soweit dies in Zeiten der Entfremdung überhaupt möglich ist,
die dann auch mit öffentlichem Versagen im bürgerlichen Sinne
zu erkaufen war.

1961 als drittes Kind meiner Eltern Hetti und Dieter Matten
geboren, mit Haaren bei der Geburt versehen, was für meine

Mutter nach den beiden Kahlgeburten zuvor ein Herzenswunsch
gewesen war. „Entweder Zwillinge oder eins mit Haaren" hatte
sie sich gewünscht. Eine zusätzliche rudimentäre Brustwarze
und eine doppelte Kniescheibe links lassen vermuten, dass in
einer frühen Entwicklungsphase der Frucht vielleicht sogar beide
Wünsche angelegt waren. Auch eine Doppelniere war mal
diagnostiziert, erwies sich aber als Irrtum. Wahrscheinlich wird
erst meine Obduktion ergeben, was noch alles mehrfach
vorhanden ist.

Meine Mutter war während der Schwangerschaft 32 Jahre alt
und in der Blüte ihrer Lebenslust. Die beiden ersten Kinder, ein
Junge und ein Mädchen, Reinhard und Iris, waren durchaus
gelungen und mit acht und bald fünf Jahren aus dem Gröbsten
heraus. Wie das bei der dritten Schwangerschaft so ist, man wird
ein wenig lockerer und hört nicht mehr unbedingt auf alle guten
Ratschläge der Tanten und Mütter. So ließ es sich meine Mutter
nicht nehmen, ihr geliebtes Zigarettenrauchen auch während der
Schwangerschaft fortzusetzen und beim wöchentlichen
geselligen Kegeln das eine oder andere Glas Alkohol zu sich zu
nehmen. Damals war es noch nicht so, dass der gesellschaftliche
Druck so stark war wie heute, wo einer werdenden Mutter
Gefängnis droht, wenn sie ihre Leibesfrucht durch Rauchen
oder Trinken während der Schwangerschaft gefährdet. Heute
sieht es ja so aus, dass bald Eltern ihr Sorgerecht verlieren, wenn
sie im Kinderschlafzimmer oder mit dem Kleinkind im Auto
rauchen wollen. Natürlich hat dieses Verhalten meiner Mutter
vermutlich Auswirkungen auf meine Existenz gehabt, aber
damals gehörte diese Variation zu dem, was man Schicksal
nannte, das es heute weitgehend zu vermeiden gilt. Trotz
Nikotin und Alkohol schon im Mutterleib bin ich zwar vielleicht
nicht die hellste Kerze auf der Torte geworden, aber ganz sicher
auch nicht die dunkelste! Ich war recht klein bei der Geburt und
körperlich tatsächlich ein „Spätzünder", immer etwas
hinterherhinkend, was Größe, Feinmotorik und Aussehen
anging. So war ich in der Grundschule immer der Kleinste, auch

kleiner als das kleinste Mädchen in der Klasse. Bei der
Erstkommunion das gleiche Bild und da wir nach Größe
aufgestellt wurden, war ich der Erste an der Hostie. Ich habe
mich dafür gefeiert! Wir werden im Verlauf der weiteren
Geschichte sehen, wie genau diese Eigenschaft vor allem in der
Pubertät eine für mein folgendes Leben entscheidende Rolle
gespielt hat und zwar alles andere als eine nachteilige!

Gestillt wurde zu dieser Zeit, in der Miluvit, der Vorläufer vom
gekörnten Milumil, Furore machte, eher selten. Da meine Mutter
zudem sehr empfindliche Brustwarzen hatte, bin ich ein
hundertprozentiges Flaschenkind, was ja, wie wir gesehen haben,
auch heißt, dass gleich schon die frühe orale Phase nicht mit den
ganz optimalen Vorzeichen angegangen wurde. Meine spätere
positive Besetzung von allen Ereignissen, die sich im Bereich des
Oralen abspielen, wird vermutlich hier seine Wurzeln finden.
Eine spektakuläre „Kissenzipfel“-Schnuller-Karriere, die fast
meine verfrühte Einschulung verhindert hätte, sehr frühes
Zigarettenrauchen ab dem elften Lebensjahr, orgiastisches
Bierzischen bis ins hohe Alter, eine Verfeinerung der
Geschmackssinne durch regelmäßige Restaurantbesuche und
schließlich eine deutliche Affinität zu und Präferenz von
Cunnilingus als Höhepunkt der sexuellen Wunschvorstellung:
alles deutet darauf hin, dass der Mund immer meine
entscheidende erogene Zone geblieben ist.

Das Essen überhaupt bleibt als Lusterlebnis aus früher und
später oraler Phase immer präsent. Das Verschlingen nimmt
späterhin nicht nur beim Cunnilingus leidenschaftliche Formen
an, auch die „normale“ Nahrungsaufnahme ist deutlich mehr
von Lust als von diätetischen Überlegungen bestimmt, was einen
Hang zur Adipositas zur Folge hat. Das (inzwischen aus
Geldmangel aufgegebene) Rauchen ist auch keine Nikotinsucht
bei mir, mir kann eine Zigarette gar nicht schwach genug sein,
sondern wirklich die reine Lust am Saugen. So macht mir auch

das Aufhören überhaupt keine Schwierigkeiten, aber das
Verlangen nach oraler Betätigung bleibt.

Die anale Phase scheint relativ spurenlos an mir
vorübergegangen sein, es fehlen auch dramatische oder auch nur
unangenehme Erinnerungen aus dieser Zeit. Ich denke, dass dies
die Zeit mit der engsten Bindung an meine Schwester ist, die
sich meiner da angenommen hat. In Sachen Sauberkeit gab es
bis fast ins Schulalter hin und wieder das Problem, dass ich diese
Dinge ignoriert und vergessen habe, wenn mich eine Sache, ein
Spiel oder ein Ereignis sehr fasziniert haben. Wenn ich mir dann
meiner Not bewusst wurde, gefangen im Moment, war es
manchmal zu spät. Dieses gelegentliche gedankenverlorene
Einnässen zuverlässig zu verhindern, war dann auch das
vorrangige Ziel der Erziehung vor meiner Einschulung, die ein
Jahr vor der regulären Zeit stattfand.

Die phallische Phase wurde bei mir vermutlich etwas vor der
Zeit initiiert und dann auch noch mit durchaus negativen
Vorzeichen. Ein kleiner Eingriff wegen einer sich andeutenden
Phimose und dessen Folgen sind meine ersten Erinnerungen an
das eigene Genital. Ein brennender Schmerz beim Wasserlassen
hat das gute Stück überhaupt erst ins Bewusstsein gebracht. Die
fundamentale Phallus-Erfahrung ist also eine zumindest rituelle
Kastration. Diese eher negative Besetzung des Geschlechtsteils
blieb dann auch latent immer aktiv, die obligatorische
Penetration war nie das Ziel meiner sexuellen Handlungen und
wenn es auch noch drohte heftig zu werden und sogar
Schmerzen denkbar schienen, habe ich stets versucht aus der
Nummer herauszukommen. Also nichts mit brutalen
Analpenetrationen oder sonstigen MS-Dingen mit Beteiligung
der Geschlechtsorgane, dann eher ein ruhiges Löffelchen beim
Fernsehgucken, wo die Vereinigung eher aus Versehen und still
geschieht. Blümchensex statt Männlichkeitspose war meine
Devise.

Die Latenzphase ist in meiner Biografie nicht latent, sondern sehr präsent. Die Tatsache, dass ich körperlich und optisch hinter Gleichaltrigen zurück war, im geistigen Bereich aber durch die optimale Förderung in Person einer liebevollen, geduldigen älteren Schwester durchaus als frühreif anzusehen war, hat die normale pubertäre Amnesie komplett verhindert. Stellt euch einen 8-Jährigen vor, der so aussieht, als sei er noch nicht in der Schule, beobachtet einen 12-Jährigen, der in den Zeiten der langen Haare regelmäßig für ein 7-jähriges süßes Mädchen gehalten wurde. Und das gepaart mit einer Altklugheit, die der fünf Jahre älteren Schwester imponieren will und den acht Jahre älteren Bruder größenwahnsinnig zu übertrumpfen sucht. Die entwicklungsmäßige Rückständigkeit, vermutlich in pränataler Intoxikation durch die hedonistische Mutter begründet, ist also, wie wir im Weiteren sehen werden, die Ursache für viele Merkwürdigkeiten meines späteren Lebens. Am Ende habe ich als Erwachsener mit 1,74 m eine zumindest nicht auffällig kleine Körpergröße erreicht, bin aber tatsächlich erst mit über 20 Jahren noch einmal fast 10 Zentimeter gewachsen, bezeichnenderweise als ich eine Pause mit dem exzessiven Rauchen eingelegt habe, weil meine damalige Freundin diese Angewohnheit nicht mochte. Wie auch immer, das Interessante an dieser meiner Latenzphase ist der Übergang zur Pubertät, den man als misslungen bezeichnen muss, was nur erklärbar ist, wenn man sich erinnert, dass die Pubertät keine „Phase" des Kindes ist, sondern eine Initiationsfolter der umgebenden Erwachsenenwelt. Doch davon mehr im weiteren Verlauf dieses Kapitels.

Als meine Schwester eingeschult wurde war ich etwa 2 Jahre alt. Ich erinnere mich noch sehr intensiv an das Gefühl des Verlassenseins, als Iris auf einmal morgens für sechs Stunden einfach weg war, wie war das möglich? Meine Mutter musste die ersten Tage den halben Vormittag am Fenster verbringen, wo ich Ausschau halten wollte, wann meine Iris endlich wiederkommt. Es stellte sich schnell heraus, dass sie eine leichte

Leseschwäche hatte, was man damals noch nicht Legasthenie nannte und auch keine weitere Förderung nach sich zog. Für meine vor allem geistige Entwicklung war diese Tatsache jedoch von großer Bedeutung. „Die kleine Hexe" von Otfried Preußler wurde mein Lieblingsbuch. Sie muss mir daraus viele dutzende Male vorgelesen haben, denn ich konnte es etwa ein Jahr später von vorne bis hinten auswendig vortragen! Was muss sie für eine Geduld aufgebracht haben, nur, um mir meinen Wunsch zu erfüllen! Da ihr nun das Lesen nicht wirklich leicht fiel, war ihr Vortrag langsam und eher schleppend, während ich auf ihrem Schoß saß und die unbekannten Buchstaben betrachtete. Vermutlich ist sie auch mit dem Finger den Text entlang gefahren, um es richtig hinzubekommen, was mir die Möglichkeit gab Gehörtes mit Gesehenem zu verbinden. So kann ich mich noch heute des Heureka-Momentes und des Wortes erinnern, mit dem ich begonnen habe das Lesen prinzipiell zu begreifen: Abraxas! So hieß der Rabe der kleinen Hexe und es fällt natürlich sofort die mehrfache Alliteration mit dem „A" auf, das der Initiation des Begreifens behilflich war. Auch das zweite identifizierte und wiedererkannte Wort machte sich durch die Buchstabenwiederholung fassbar: „Rumpumpel", der Name einer Wetterhexe, die als Gegenspielerin der kleinen Hexe fungierte. Nach meiner Erinnerung hat die kleine Hexe selbst komischerweise gar keinen Namen. Auf jeden Fall lernte ich so im Arm meiner großen Schwester, gerade wegen ihrer Legasthenie, quasi nebenbei das Lesen, ohne wirklichen Unterricht oder echte Anleitung. Völlig spielerisch und unbemerkt, auch von meiner Schwester und meinen Eltern. Als ich gerade fünf Jahre alt war, fuhr ich mit meiner Mutter in der Straßenbahn an einem Werbeplakat mit der Seife „Fa" vorbei, das mir ob seiner auffälligen Freizügigkeit damals schon gefiel. Ich las in der Vorbeifahrt den begleitenden Text zu der schönen duschenden Frau laut mit, was meine Mutter doch sehr wunderte. Als sie begriff, dass meine scheinbar sinnlosen Worte tatsächlich dort standen, war sie mehr als erstaunt und ließ mich auch die weiteren Werbebotschaften entlang der Straßenbahnstrecke vorlesen, was ich ohne jede Mühe tat.

So wurde ich dann konsequenterweise „mit Antrag" eingeschult, wobei ich die Prüfung zur Feststellung der Schulreife noch lückenlos erinnere. Es ist eine besondere Gabe, dass ich in extrem wichtig empfundenen Momenten wie Prüfungen eine fast unheimliche Konzentration und Fokussierung erreichen kann, die fast bis zur Deja Vu Erfahrung geht. Bei meinen späteren Abiturprüfungen sind mir im richtigen Moment Textstellen in den Sinn gekommen, wo ich eine Stunde vorher selbst gedacht hätte, dass ich die Bücher gar nicht kenne. Obwohl es nicht kalt war an dem Tag der Einschulungsuntersuchung wurden mir drei dicke Pullover angezogen, damit ich die geforderten 20 Kilo Gewicht erreichen konnte, was dennoch nicht ganz gelang. Den Beruf meines Vaters, nach dem man gefragt wurde, hatte ich auswendig gelernt, ohne die geringste Vorstellung zu haben, was ein „kaufmännischer Angestellter bei der Essener Verkehrs AG" zu tun hatte. Meine Mutter hatte mir eigentlich noch ein Jahr des reinen Spiels gegönnt, aber da meine gleichaltrige Cousine, mit der ich fast jeden Tag spielte, auffallend weit entwickelt war, sollte sie auf jeden Fall eingeschult werden, was ich dann wohl nicht verstanden hätte, wo ich doch einen Monat älter war! Der erste Schultag hatte mir gefallen, es gibt noch ein Foto mit meiner Cousine und mir mit Schultüte, wo man sieht, dass sie damals einen Kopf größer war als ich und mindestens drei Jahre älter aussah. Am zweiten Schultag aber schon wurde darüber gesprochen, was wir in der ersten Stunde gelernt hatten und nach wenigen Minuten langweilte mich diese Wiederholung so, dass ich meine Tasche packte und mich auf den Weg nach Hause machen wollte. Ich verstand nicht, dass ich nicht gehen durfte, wo ich die Sachen doch schon wusste! Insgesamt war es sehr schwer, mich auf meinem Sitz zu halten während der ersten drei Schuljahre, heute würde das vermutlich mit ADHS

diagnostiziert und mit Psychopharmaka behandelt. In
Wirklichkeit war mir nur langweilig.

Aber kommen wir zur Pubertät, weil dies für unsere Abhandlung
von Bedeutung ist, da ich hier die vermutlich einzige Methode
dokumentiere, mit der die Pubertätsamnesie verhindert wird. Ich
war also etwa elf Jahre alt, sah aus wie ein Siebenjähriger und
war schon seit einigen Jahren durch meine ja inzwischen 16
Jahre alte Schwester hinlänglich und umfassend aufgeklärt.
Nichts Menschliches war mir fremd, zumal ich auch jeden Tag
die Gelegenheit hatte einigermaßen anstößige Blätter wie Praline
und Wochenend zu lesen, die meine Mutter sehr gerne las. Mit
etwa acht oder neun Jahren las ich gerade in der Praline einen
Artikel mit der Überschrift „Hure beim Schaufensterbummel“.
Da mir das Mädchen auf dem Foto gefiel, fragte ich meine
Mutter was denn eine Hure sei. Bevor sie sich eine passende
Antwort zurechtlegen konnte schimpfte meine Schwester mit
mir „das weißt du doch, das ist eine Frau, die für Geld mit
Männern ins Bett geht!“ Worauf ich erstaunt ausrief: „ach so,
eine Nutte!“ Meine Mutter hat über diese Geschichte noch bis
zu ihrem Tod immer wieder gelacht. Im Alter von elf oder zwölf
hatte ich dann auch die ersten Erektionen an mir beobachtet,
obwohl ich körperlich so unreif wirkte, regte sich das bei jeder
passenden und unpassenden Gelegenheit. Einmal dann auch
beim abendlichen Fernsehen als die Eltern zum Kegeln aus
waren im Dabeisein meiner Schwester. Sie ging damit
ausgesprochen souverän und liebevoll um, nahm mir das
aufkommende Gefühl der Verlegenheit komplett und erzählte
mir so allerlei, was ich nun alles noch so wissen müsste. Als ich
dann auch noch meine erste Freundin erobern konnte, das
einzige Mädchen in der Klasse, das so klein war wie ich, war mir
meine Schwester wieder eine unersetzliche Hilfe, denn nach den
ersten leidenschaftlichen Küssen war meine kleine Gefährtin gar
nicht glücklich. Als ich meiner Schwester davon berichtete,
wurde gegenseitig auf dem Handrücken im Kinderzimmer geübt,
bis ich wusste, wie es sich anfühlen musste, damit es angenehm

für beide Seiten sein konnte. In der Klasse wurde das „Zwergenpaar" ein wenig verlacht, vor allem wurde mir vorgeworfen, dass meine Auserwählte ja noch gar keine Brustansätze hatte. Ich war aber sicher, dass sich das von alleine ändern würde und im Moment war es nicht wichtig für mich.

Meine Cousine war in diesem Alter körperlich bereits eine fertige Frau, volle Schambehaarung, schwere Brüste, weibliche Formen, so dass sie mindestens für 14, bei voller Kriegsbemalung auch für 16 Jahre durchging. Also das komplette Kontrastprogramm zu mir. Ihre Freunde waren dann auch reichlich älter und ihre Erfahrungen gingen schnell weit über meine hinaus. Aber auch sie berichtete mir wegen unseres starken Vertrauensverhältnisses alles im Detail, so dass ich durch sie und meine Schwester, gemeinsam mit meiner Mutter komplett weiblich geprägt sozialisiert wurde in dem Bereich. Erst viel später hatte ich männliche Freunde, die sich über so etwas Intimes mit mir austauschten, doch da war es schon zu spät, ich war so gut informiert durch meine weiblichen prägenden Gestalten, dass ich kein Wort der männlichen Aufschneidereien geglaubt habe. Es war manchmal sogar komisch, wenn ich vom älteren Freund meiner Cousine seine Potenzprotzereien hörte und sie mir kurz davor gerade erst anvertraut hatte, wie blöd er sich angestellt hat. Diese Erfahrung mit den tollen Frauen an meiner Seite hat es mir unmöglich gemacht eine normale männliche Sozialisation zu durchlaufen. Ich sehe alles immer, auch mich selbst, aus der Sicht der Frauen.

An meinen Bruder habe ich aus meiner gesamten Kindheit nur genau drei Erinnerungen, obwohl wir alle in einem Zimmer die ganzen Jahre schliefen, es gibt einfach nicht mehr. Die Urlaube im Westerwald oder Teutoburger Land erinnere ich komplett „bruderfrei", obwohl er ja nun sicher dabei war. Ich habe keine Ahnung, ob da viel Verdrängtes hervorzuholen wäre, oder ob er sich einfach nicht um den kleinen Bruder gekümmert hat. Ich zähle diese drei Erinnerungen auch mal auf, da sie vielleicht von analytischem Interesse sind, denn es stellt sich die Frage, warum ich gerade diese drei Dinge erinnere:

1. Wieder einmal ein Kegelabend, Iris und ich spielen mit einem Fieberthermometer, das zerbricht und das Quecksilber tritt aus. Reinhard bekommt das mit und auf einmal ist eine große Unruhe und Aufregung, da er wohl wusste, dass das Zeug giftig ist. So hatte ich ihn noch nie gesehen, denn er war eher ein ruhiger Vertreter, so eine Art früher Nerd. Ich fand das Quecksilber schön, wie es so als Kugel unfangbar über den Boden flutschte. Nach einer Weile hat mein Bruder das toxische Teil dann mit einer Streichholzschachtel eingefangen, was ich ausgesprochen raffiniert fand und wofür ich ihn sehr bewundert habe.

2. Die zweite Erinnerung kann ich sogar ziemlich genau datieren, da es um eine neue Schallplatte von seiner Lieblingsband „Dave Dee, Dosy, Beaky, Mick & Tich" ging, das auch heute noch bekannte „The Legend of Xanadu" aus dem Jahr 1967. Das ist die einzige Situation, an die ich mich erinnere, wo er mir tatsächlich mal etwas erklärt hat, vermutlich weil er selber so aufgeregt über die neue Platte war. Zunächst brachte er mir mit viel Geduld den elend langen Bandnamen bei, bis ich ihn wirklich auswendig wusste. Bei der Gelegenheit erklärte er mir auch gleich das kaufmännische „und" im Namen, vermutlich der einzige Fakt aus dem Bereich des Kaufmannswesens, den ich überhaupt je behalten habe! Und schließlich ließ er mich bei der Platte hören, wo ein Peitschenknall als Element eingesetzt wurde, damals geradezu avantgardistisch und progressiv!

3. Und auch die letzte vorpubertäre Erinnerung ist genau datierbar, nämlich zwei Jahre später, 1969, und ist wieder verbunden mit einer Platte. Zu meinem Geburtstag bekam ich die Single „Song of Joy" von

Miguel Rios von ihm geschenkt, was mich unfassbar stolz machte, dass ich Winzling nun tatsächlich meine erste eigene Platte hatte!

Es fällt auf, dass es alles Erinnerungen sind, die meinen acht Jahre älteren Bruder als Helden zeigen, was um so erstaunlicher ist, da wir bis heute kein sehr enges Verhältnis haben und uns oft gestritten haben über die Jahre. Aber anscheinend wollte ich ihn nur als Helden erinnern und habe die vermutlich vielen anderen Situationen einfach vergessen.

Doch zurück zur Pubertät, die mich verpasst hat, da ich sexuell und intellektuell mit elf Jahren äußerst frühreif war, während ich körperlich weit zurück war. Meine Schwester hatte häufig Freundinnen über Nacht zu Besuch, sogenannte Pyjama-Partys. Ich wurde von den 16-jährigen Mädchen als Kleinkind wahrgenommen, was ich schamlos ausnutzte, indem ich mich sexuell „bediente", da sie es einfach nur putzig fanden, wenn der „Kleine" ihnen an die Brust fasste oder ihnen im Spaß die Höschen auszog. Wenn die gewusst hätten, was das für Orgien für mich waren, sie würden mir heute noch schallende Ohrfeigen verpassen! Für mich war es das Paradies, ich durfte ungestraft Dinge tun, von denen die älteren Jungens nur aufschnitten, ohne die geringste Ahnung zu haben.

Doch zurück zu dem Punkt, der mir wichtig erscheint, nämlich die misslungene Pubertätsamnesie. Bei meiner Cousine, die ja sehr früh entwickelt war, hat die gesellschaftliche und elterliche Autorität gnadenlos zugeschlagen mit Strenge bis hin zu Handgreiflichkeiten, wenn sie sich z.B. schminken oder zu „nuttige" Sachen tragen wollte. So geschah es mir, der immer noch wie ein Kleinkind behandelt wurde, dass ich mit ihr über Dinge sprach, die wir letztes Jahr gemacht hatten, und sie wusste es nicht mehr! Das hat mich natürlich total irritiert, aber sie schaute mich fast noch verstörter an, weil sie meinte, dass ich sexuelle Dinge halluzinieren würde, die nie geschehen seien. Als ich dann einige Jahre später mit 15 Jahren doch noch fast wie ein

Pubertierender aussah, mit Flaum auf der Lippe und Stimmbruch, da war es längst zu spät für den gesellschaftlichen Druck. Ich habe daher auch gar nicht rebelliert, weil es mich nicht mehr betroffen hat, ich war längst gereift, aber sozusagen im Keller der körperlichen Unterentwicklung. Ich kenne außer mir noch zwei Menschen, die sich auch an alle „Perversionen" der Latenzphase erinnern können (eine davon ist meine Frau) und bei beiden ist es wie bei mir gewesen, kognitive Frühreife und körperliche Spätentwicklung.

Die vier beschriebenen Angstformen kenne ich aus meinem Leben alle und mindestens drei davon waren zu bestimmten Phasen sogar mal ziemlich dominant und ausgeprägt. Als Jugendlicher hatte ich stark schizoide Züge, die zum Teil bis heute geblieben sind. So kann ich kein Klammern oder Einengen durch einen symbiotischen Partner ertragen, da ergreife ich noch immer sofort die Flucht. Als junger Mensch konnte ich mir aber auch nicht vorstellen, dass jemand mich auch nur mögen könnte, geschweige denn lieben. Um Enttäuschungen zu vermeiden, war ich gerade zu Mädchen, die mir gefielen, besonders frech, böse und zynisch, so dass ich am Ende, wenn sie mich nicht mochten, sagen konnte, dass ich es von Anfang an gewusst habe! In den mittleren Zwanziger Lebensjahren hatte ich eine mehrjährige hysterische Phase, in der ich mich in jede Kellnerin in jeder Studentenkneipe verliebte und auch sonst jede Orientierung vermissen ließ. Ich kann noch heute eine Kneipentour durch Essen Rüttenscheid machen, um mich auf dem Weg in mindestens fünf Kellnerinnen für ein paar Stunden zu verlieben! Mein ursprünglicher Wunsch ins Lehramt zu gehen war zu dieser Zeit mit dem Hospitieren an der Schule zerstört worden und sowieso wurde mir alles Bürgerliche immer fremder. Seit den Dreißigern übernimmt daher zunehmend eine depressive Grundstimmung das Kommando, meist in Form von Melancholie oder abstraktem Weltschmerz. Anders als früher sehne ich mich auch immer mehr nach Geborgenheit und Nähe, die ich früher gar nicht aushalten konnte. Seit wenigen Jahren

entdecke ich außerdem Züge an mir, die ich gar nicht vermutet
hätte, eine gewisse Zwanghaftigkeit, die mich im Alter befällt.
Ich mache Dinge, wofür ich meinen Vater gehasst habe nun
selber, etwa im Kühlschrank nachschauen, welche Lebensmittel
„weg müssen", um diese dann bevorzugt zu essen, ob ich
Hunger darauf habe oder nicht. Oder eine Empfindlichkeit
gegenüber Veränderungen, die ganz plötzlich aufgetaucht ist.
Inzwischen rege ich mich auf, wenn ein gewohntes Produkt eine
neue Verpackung bekommen hat. Keine Ahnung, wo das noch
hinführen wird, vermutlich zu schlimmem Altersstarrsinn! Ein
Leben ohne Angst ist vermutlich gar nicht denkbar und wohl
auch nicht erstrebenswert, aber man sollte halt schauen, dass
man nicht beherrscht wird, sondern seine Freiheit so weit wie
möglich behält bzw. erringt.

Beispiele für prominente Liebende

Besonders bei den realen und modernen biografischen Notizen
werden wir leicht erkennen, dass ein echtes Leben in Liebe in
Zeiten des Patriarchats und der Entfremdung nur sehr schwer
zu verwirklichen ist. Liebe ist nicht das Allheilmittel gegen
Entfremdung und hebt diese auch nicht automatisch auf. Es ist
eher so, dass die Entfremdung die Liebe zu verhindern hilft und
dass es eine ungeheure Anstrengung bedeutet, trotzdem einen
Zipfel Eros zu realisieren. Also nicht im christlichen Sinne der
Nächstenliebe „liebt euch alle und das Reich Gottes entsteht",
sondern eher „kämpft gegen Entfremdung, geistigen
Pauperismus und Ungerechtigkeit in der Klassengesellschaft, um
die Chance zur allumfassenden Liebe zu erlangen".

Wir werden auch sehen, dass wir uns auf die Frauen zu
konzentrieren haben, denn den Männern fällt es unsagbar
schwer, ihre Privilegien aufzugeben und das Patriarchat hinter
sich lassen. Nur in der Auseinandersetzung mit starken Frauen
beginnen sie vielleicht zu ahnen, dass das Aufgeben der
männlichen Vorteile im Patriarchat den Gewinn aller
menschlichen Privilegien für beide Geschlechter bedeuten

könnte. Im Gegensatz zum Märchen ist es also an den Frauen, die Männer zu retten und nicht auf den Prinzen mit dem weißen Pferd zu warten.

Don Juan und Casanova

Es gibt zwei große Gestalten, die für den Frauenhelden an sich stehen, Don Juan bzw. Don Giovanni auf der einen Seite und Giacomo Girolamo Casanova auf der anderen Seite. Wir wollen uns diese beiden Figuren, wobei der erste eine Fiktion ist, während Casanova eine historische Gestalt ist, etwas genauer anschauen, um darin zwei ganz verschiedene Formen der Verführung und Lust entdecken zu können.

Don Juan ist eine Sagen- und Mythengestalt, vergleichbar mit unserem Faust, vielleicht etwas „dämlicher", vor allem aber sexuell aktiver als dieser. Dieses Sagenmotiv, in Spanien entstanden, gilt so auch als südeuropäische Ergänzung des nordischen Faustmotivs. Ja, sie ist sogar älter als die Ursprünge des Fausts und soll auf einen Höfling des kastilianischen Königs Pedro I. im 14. Jahrhundert zurückgehen. Im 17. Jahrhundert gelangt der Stoff nach Italien, wo er von Cicognini 1650 als Komödie aufgeführt wurde und den Namen „Don Giovanni" erhält, den wir als berühmteste Umsetzung aus der Oper von Mozart kennen, die Ende des 18. Jahrhunderts entsteht. Molière liefert die bekannteste französische Version bei, die 1665 unter dem Titel „Dom Juan ou le Festin de pierre" erscheint. In der vergleichenden Literaturwissenschaft, der Komparatistik, ist der Stoff auch deshalb von großer Bedeutung, weil er die Regeln der klassizistischen Poetik missachtet und weder eindeutig der Tragödie noch der Komödie zuzuordnen war. Da der Held ein Adliger ist, hätte das Stück zwingend eine Tragödie sein müssen, da nach der Ständeklausel die Hauptfiguren in diesen stets von hohem Stand zu sein hatten, während in Komödien nur Bürger und Bauern vorkommen durften. Inhaltlich mit den derben sexuellen Szenen stellt die Geschichte aber nun einmal eine Komödie dar.

So wie Faust die grenzenlose Erkenntnis anstrebt und dafür
seine Seele dem Teufel verkauft, sucht Don Juan den totalen
Lebensgenuss in der sexuellen Lust. Beide Geschichten handeln
vom Egoismus und der letztlichen Endlichkeit jedes
verwerflichen Tuns. Das Motiv der Vanitas als Eitelkeit, die zu
spät um ihre Vergeblichkeit und Nichtigkeit weiß. Rücksichtslos
verführt Don Juan zahllose Frauen, und geht dabei buchstäblich
über Leichen. Als er am Ende den Gouverneur der Stadt Sevilla
ermordet, weil er seine Tochter heiß begehrt und sich nach einer
Version der Sage sogar wie Faust mit dem Teufel verbündet,
erfüllt sich sein Schicksal. Er verspottet eine Statue des getöteten
Gouverneurs und lädt sie zum Nachtessen ein, woraufhin die
steinerne Figur, wie in Pygmalion, nur ungewollt, tatsächlich
zum Leben erweckt wird und mit Don Juan zur Hölle fährt. Wir
sehen eigentlich in allen Varianten in Don Juan einen Mann mit
einer narzisstischen Persönlichkeitsstörung, der sein schwaches
Konstrukt seiner Großartigkeit durch andauernde und wahllose
Eroberungen aufrecht erhalten muss. Er treibt die Frauen ins
Verderben und häufig mit ihnen deren ganze Familie. Ihr
weiteres Schicksal ist ihm völlig egal, es geht ihm nur um seinen
Erfolg und Genuss. Don Juan ist ein patriarchalisches Arschloch
und jede Frau sollte sich hüten in seine Fänge zu geraten.

Giacomo Casanova ist ein ganz anderes Kaliber, er ist der
Gegenentwurf zum skrupellosen Don Juan. Auch er eroberte
viele Frauen, aber im Unterschied zu seinem spanischen
Widerpart liebte er jede Einzelne davon so sehr, als sei sie
tatsächlich die einzige Frau auf der ganzen Welt. Und dieses
Gefühl gab er auch seinen „Gefährtinnen auf Zeit", wofür sie
ihm wiederum ihre Liebe schenkten. Casanova liebte in jeder
Frau zugleich alle Frauen, und damit quasi die ganze
Menschheit. Natürlich eckte er mit dieser gewaltigen
Liebesfähigkeit an vielen Stellen des rigiden Feudalsystems an,
das sich im letzten Stadium des Kampfes gegen seine Auflösung
befand. So wurde er gleich zweimal in die Bleikammern
geworfen, das berüchtigte Gefängnis des venezianischen

Dogenpalastes und konnte beide Male fliehen, was für sich allein schon ein solches Husarenstück war, dass es ihn unsterblich machen würde. Casanova ist ganz und gar ein Mann der Freiheit, sie geht ihm über alles. Da er nicht alle Frauen lieben konnte und somit seine Taten weitgehend im Privaten verblieben, nennt man ihn einen Abenteurer. Hätte er es zu mehr gesellschaftlicher, allgemeiner Relevanz gebracht, er wäre einer der größten Freiheitskämpfer der Geschichte! Ein Mann, der explizit für die Lust der Frauen kämpfte, ein Widersacher des Patriarchats, gerade weil er ein echter Mann war, ein schönes Beispiel für die Omnipräsenz der Dialektik. Das Joch der Ehe lehnte er ab, weil er darin ein Gefängnis für die Frauen und ihr Begehren erkannte. Ein wahrer „Frauenheld", im Wortsinne, ein heldenhafter Verfechter der Befreiung des Weiblichen. Eigentlich müssten die Feministinnen ihm ein Denkmal setzen, selten hatten sie einen stärkeren und klügeren Mitstreiter an ihrer Seite, oder meist auf sich drauf. Ich finde es ausgesprochen schön, dass in diesem Fall einmal die historische Figur das Ideal darstellt und die Fiktion das Böse repräsentiert.

Casanova lebte von 1725 bis 1798 hauptsächlich in Venedig und war der Sohn einer Schauspielerin und vermutlich eines Schauspielers, der starb, als Giacomo acht Jahre alt war. Er war der älteste Sohn und hatte fünf Geschwister, darunter zwei Schwestern, die allesamt innerhalb von fünf Jahren zur Welt kamen. Wir sehen hier also eine nahezu ideale Umgebung mit Geschwistern, die ein soziales Gefüge abgeben, in dem sich Giacomo entwickeln konnte. Die künstlerische und vermutlich relativ freie Stimmung in einem Schauspielerhaushalt lassen das schriftstellerische Talent des Jungen entstehen. Er ist allerdings sehr viel krank und droht mehr als einmal sein Leben zu verlieren. Ich vermute daher, dass dieses Kränkeln seine körperliche Entwicklung so verzögert hat, dass er auch von der Pubertätsamnesie verschont geblieben ist, weil der gesellschaftliche Druck erst auf ihn eingewirkt hat, als sein Geist längst eine erwachsene Identität aufgebaut hatte. Überhaupt

verfügte er über einen ausgesprochen regen Geist, am Ende
seines Lebens hatte er trotz seiner zahlreichen Reisen,
Eskapaden und Abenteuer eine ganze Reihe von literarischen
Werken hinterlassen, einige historische Notizen, einen
utopischen Roman, Bühnenstücke, Libretti für Opern,
Polemiken und sogar mathematische Abhandlungen, mehr als so
mancher asketische Stubenhocker vorweisen kann. Also wenn
jemand heutzutage ein Casanova genannt wird, tritt er in
ziemlich große Fußstapfen.

Nadja Tiller, Walter Giller & Co., die „kleine Lösung" in privater Innerlichkeit

Kommen wir nun zu einem eher unspektakulären, einigermaßen
bürgerlichen und durchaus erreichbaren Beispiel einer
vermeintlich gelungenen Paarbindung, nämlich die der
Schauspielerin Nadja Tiller und ihrem 2011 verstorbener Mann
Walter Giller. Ich dachte als Kind immer, die wären nur
verheiratet wegen des schönen Reims ihrer Namen, da muss
man ja zuschlagen: Tiller/Giller! Aber es sieht so aus, als sei hier
eine Partnerschaft entstanden, die von gegenseitigem Respekt
geprägt war. Nadja Tiller, 1929 in Wien geboren, ist den meisten
Menschen vermutlich nur als Miss Austria 1949 und als
Lustspiel- oder Boulevard-Darstellerin bekannt. Wer sie jedoch
in „Das Mädchen Rosemarie" als Verkörperung der ermordeten
Edelhure Rosemarie Nitribitt gesehen hat, der weiß, was für eine
großartige Schauspielerin hier herangereift war. Im Ausland
machte sie damit immerhin so sehr Furore, dass sie in den
Jahren danach, also den späten 50-ern bis in die mittleren 60-ern
mit internationalen Schauspielgrößen wie Jean Gabin, Yul
Brunner, Rod Steiger und Robert Mitchum zusammenarbeitete.
In Deutschland allerdings blieb sie die hübsche, lustige
Nebendarstellerin, die „Locker vom Hocker", wie eine TV-
Sendung ihres Mannes hieß, Spaß verbreitete. Ihrem Mann
Walter Giller, den sie 1956 heiratete, war ein ähnliches Schicksal
beschieden. Natürlich waren seine Auftritte als Betrunkener

neben Peter Frankenfeld in dessen Musik-Shows großartig, aber
Walter Giller hatte auch das Zeug zu einem respektablen
Charakterdarsteller, wie er in den wenigen richtig guten Rollen
seiner langen Karriere bewiesen hat: „Der Hauptmann von
Köpenick" und „Spion für Deutschland" im Jahr 1956, „Rosen
für den Staatsanwalt" 1959 und „Zwei unter Millionen" mit
Hardy Krüger aus dem Jahr 1961. Für die beiden letzten
Produktionen gab es zu Recht den Bundesfilmpreis verliehen.
Nadja Tiller stellte in einem Interview nach dem Tod ihres
Mannes klar, dass in den 55 Jahren ihrer Ehe eine Trennung
niemals Thema war, aber sie beide auch immer wieder einmal
jemand anderen nebenbei gehabt hätten. Ein immer
wiederkehrendes Freiheitsprinzip, das allgemein wenig
akzeptiert, aber dann doch ein Schlüssel für eine langjährige und
befriedigende Beziehung ist. Eifersucht ist das erotische Pendant
zum Geiz und ganz sicher kein Zeichen für Liebe, so wie Geiz
kein Zeichen für Großmut ist.

Ganz ähnlich äußerte sich auch Dagmar Koller, eine andere
unterschätzte Österreicherin, nach dem Tod ihres Ehemanns
Helmut Zilk, der zehn Jahre lang Bürgermeister von Wien war
und durch ein 1993 vom Rechtsradikalen Franz Fuchs auf ihn
verübtes Briefbombenattentat weltweite Bekanntheit erlangte.
Sie eröffnete in einem Interview, dass sie einige Jahre lang ein
Verhältnis neben der sehr glücklichen Ehe mit Zilk pflegte und
mit ihrem Mann die letzte Zeit wie Bruder und Schwester
zusammengelebt hatte. Aber auch hier alles in großer Harmonie
und mit gegenseitigem Respekt. Die Ehen ohne oder fast ohne
Sex sind ganz offensichtlich nicht die schlechtesten. Neben ihrer
Karriere als Schauspielerin sowie Operetten- und Musical-
Sängerin engagierte sie sich als Herausgeberin im öffentlichen
Zeitschriftensektor der Stadt Wien. Ihr Mann hat eine
abwechslungsreiche Karriere hingelegt, die er als Lehrer
begonnen hatte. In den frühen 60-er Jahren arbeitete er fürs
Fernsehen und war schnell ein beliebter Moderator
verschiedener Sendungen, wobei er vor allem durch seine

Präsenz und große Schlagfertigkeit auffiel. Als Helmut Zilk an einem Krebsleiden im Jahr 2008 verstarb, waren die beiden seit 30 Jahren verheiratet.

Eine weitere außergewöhnliche Partnerschaft war wohl die von Traudl und Hans-Joachim Kulenkampff. Wenn man seinen launigen Berichten in Interviews glauben will, dann haben die beiden nach wenigen Tagen der Bekanntschaft geheiratet und er wusste bei der Trauung noch nicht einmal ihren Nachnamen! Anders als die beiden ersten Beispiele, bei denen sich zwei, auch in der Außenwahrnehmung ebenbürtige Persönlichkeiten zusammentaten, scheint hier der Ehemann auf den ersten Blick dominant. Man weiß nicht so viel über Gertraud Schwarz, aus der dann Traudl Kulenkampff wurde, aber das Wenige lässt sie als starke und selbstbewusste Person erscheinen. Man darf nicht vergessen, dass auch das Erziehen von Kindern durchaus eine persönlichkeitsprägende, selbstverwirklichende Aufgabe sein kann, vor allem wenn die Familie einen Schicksalsschlag erleiden muss, wie dies bei den Kulenkampffs der Fall war. Bei einem schweren Verkehrsunfall auf einer Urlaubsreise verstarb eines der drei gemeinsamen Kinder, Till, genannt Burli, in den Trümmern des Autos, das von Traudl gesteuert worden war. Mit so einem Drama muss man erst einmal fertig werden und die überlebenden Geschwister wie auch sich selbst vor schwerer und nachhaltiger Traumatisierung bewahren. Hans-Joachim Kulenkampff behandelte diese Angelegenheit wie ein Tabu und sprach so gut wie nie davon, während Traudl die Bewältigung dieses Schicksals offensiv anging. Kuli neigte eh dazu seine traumatischen Erlebnisse zu verschließen. Auch seinen Wehrmachtseinsatz ab 1941 tabuisierte er ziemlich konsequent, dennoch weiß man, dass er sich bei der Aktion Barbarossa in der Sowjetunion eigenhändig abgefrorene Zehen amputierte und weitere traumatische Erlebnisse zu bewältigen hatte. Noch in den 60-er Jahren konnte er keinen Kriegsfilm im Kino oder Fernsehen anschauen, ohne in Tränen auszubrechen. Vermutlich hatte er auch dort in Traudl die einzige Vertraute, die ihn durch

235

diese Täler der schmerzlichen Erinnerungen begleitete. Sie verfasste zunächst für die eigenen Kinder zahlreiche Geschichten, die auch veröffentlicht wurden und ihren liebevollen wie einfühlsamen Charakter offenlegen. Eine außergewöhnliche Frau, wie sie so ein außergewöhnlicher Mann auch braucht, wenn er Wurzeln schlagen will. Dass so ein Charmeur wie Kulenkampff sein ganzes Eheleben lang jeder Versuchung aus dem Weg gehen konnte, wird ja wohl niemand annehmen, aber er wusste sicher, was er in seiner Ehefrau hatte und es gab niemals Berichte über eine wirkliche Krise in der Beziehung der beiden.

Helmut und Loki Schmidt schließlich stellten auch ein bürgerliches Ehepaar dar, das sich augenscheinlich vertrauter und enger geworden war als es die Norm ist. Hier sehen wir aber ganz eindeutig eine starke Frau, die sich für die Karriere und Selbstverwirklichung des Mannes geopfert zu haben scheint. Wer je in Interviews ihren wachen Geist erlebt hat, kann sich schwerlich vorstellen, dass sie nicht in exponierterer Position auch ihren Weg gegangen wäre. Als ihr Mann krank wurde und viel Pflege brauchte, machte sie extra eine Ausbildung zur Krankenpflegerin, um ihm zur Seite zu stehen. Und als sie von einer wohl ernsteren Affäre erfuhr, die über das normale Maß hinausging, da war sie auch bereit um ihre Gemeinschaft zu kämpfen und nicht das Terrain zu räumen. Wer die beiden im hohen Alter zusammen gesehen hat, weiß, wie klar Helmut Schmidt die Tiefe ihrer Gemeinschaft war. Nach ihrem Tode wirkte er ebenso erschüttert, wie man es bei Michail Sergejewitsch Gorbatschow beobachten konnte als seine Raissa gegangen war. Eine leere Hülle schien da umherzuwandeln mit einem Gesichtsausdruck, der tiefste Trauer offenbarte. Dass Sich der Altkanzler nicht lange allein durch die Welt schlug nach dem Tod von Loki, zeigt nur, wie abhängig dieser Mann von der Gegenwart einer starken Frau war. Wenn eine Frau nicht die Stärke einer Loki Schmidt geborene Glaser hat, dann kann dieses Aufopfern für den Mann auch sehr tragische Züge annehmen, wie das Beispiel des Martyriums der Frau eines anderen Altkanzlers der BRD zeigt. Hannelore Kohl war sicher auch kein Hascherl, aber eben in ihrem Ausgeliefertsein chancenlos, zumal Helmut Kohl viel mehr Tyrann war als ein zwar dominanter, aber vermutlich nicht bösartiger Schmidt oder Kulenkampff.

Als letztes historisches Beispiel für diese Kategorie gelungener Paarbindungen sei das Ehepaar Curie angeführt. Bei diesen beiden leidenschaftlichen Wissenschaftlern sieht es tatsächlich so aus, als seien sie füreinander bestimmt gewesen und eine andere Kombination gar nicht denkbar. Als Naturwissenschaftler des frühen 20. Jahrhunderts waren sie alles andere als Bohemiens, ihr Hang zum Zweckrationalismus und ihre Vorbehalte gegen „zu viel Gefühl" waren offenkundig. So war ihre Beziehung auch tatsächlich zu Beginn ein fast lupenreines Arbeitsverhältnis, das sich dann erst ganz allmählich in eine Liebesbeziehung verwandelte. Als Pierre Curie 1906 bei einem tragischen Unfall ums Leben kam, war dies das viel zu frühe Ende einer bemerkenswerten Partnerschaft. Maire versuchte später durch eine Verbindung mit einem Schüler ihres Mannes, dem fünf Jahre jüngeren Paul Langevin, das Muster ihrer Ehe mit Pierre Curie zu kopieren. Der Versuch scheiterte auch am öffentlichen Skandal, den die Beziehung heraufbeschwor. Dass eine Witwe ihr Schicksal selbst in die Hand nahm und sich einen Partner aussuchte, ohne auf Stand und Alter Rücksicht zu nehmen, war in der damaligen Zeit noch weniger vorgesehen als heute. Es zeugt von ihrer unfassbaren Begabung und ihrem Geist, dass sie als Frau eine enorme Anerkennung in einer männlichen Wissenschaftswelt erringen konnte. Sie ist die einzige Frau, die zwei Nobelpreise erhalten hat und natürlich auch die einzige Frau unter den nur vier Gewinnern zweier Nobelpreise in verschiedenen Kategorien! Ihren ersten Nobelpreis für Physik erhielt sie gemeinsam mit ihrem Mann Pierre und Henri Becquerel im Jahr 1903 für die Entdeckung der Radioaktivität, wobei sie auch den Begriff „radioaktiv" für das Verhalten von Uran und anderen Elementen geprägt hat. 1911 bekam sie den zweiten Nobelpreis, diesmal im Fachbereich Chemie, zugesprochen für die Entdeckung der radioaktiven Elemente Radium und Polonium (mit dessen Namen sie ihre Heimat Polen verewigt sehen wollte, das sich damals in einem blutigen Unabhängigkeitskampf befand). Ein vielleicht nur kleines, aber wichtiges Detail aus der Biographie der Curies möchte ich noch erwähnen, weil es zeigt, welcher Grad von Respekt und Interesse am Leben des Partners notwendig ist, um eine liebende Verbindung aufzubauen. Als Pierre Curie gemeinsam mit seinem älteren Bruder über Kristallographie forschte, wobei er 1880 die Piezoelektrizität entdeckte, die wir alle aus Feuerzeugen kennen, machte sich Marie unverzüglich daran, sich intensiv mit Mineralogie und Geologie zu beschäftigen und sich alle Standardwerke der Teilwissenschaft zu eigen zu machen, um die Arbeiten ihres Mannes optimal unterstützen zu können. Dabei kann man sicher sein, dass das nicht ihr Lieblingsgebiet war, aber es erwies sich bei ihren eigenen späteren Arbeiten als nützlich, auch in diesem Gebiet studiert zu haben. Es sollte selbstverständlich sein, dass man sich für die Interessen des Partners auch ein wenig begeistert und sich zumindest so viel Fachwissen aneignet, damit man ein erkenntnisversprechender Gesprächspartner bleibt.

Wir wollen an dieser Stelle einmal die wesentlichen Merkmale aufzeigen, die alle diese Bindungen gemeinsam haben und die zwingende Bedingungen sind, damit so etwas wie Liebesglück auch in unseren finsteren Zeiten gelingen kann:

- Beide Partner üben eine Tätigkeit aus, die nicht vollständig der Entfremdung unterliegt. Der Beruf oder noch besser die Berufung muss weitgehend selbstbestimmt sein und den Geist wie die Kreativität anregen, damit eine wirklich starke Persönlichkeit entstehen kann.
- Damit beide Partner eine starke Persönlichkeit entfalten können, was wir als Bedingung für die Liebe erkannt

haben, müssen sie frei sein, denn Freiheit ist Persönlichkeit, wenn wir uns an Leo Koflers Satz erinnern. In keiner dieser Beziehungen können wir beiderseits von strenger Monogamie ausgehen und auch ansonsten lassen sich die Protagonisten gegenseitig alle Freiheiten der Welt. Da kann Kuli ohne großen Beziehungsstress mal ein paar Monate in die Welt hinaus segeln und sein Ego aufpolieren, oder Helmut Schmidt sich als Zeitmitherausgeber feiern lassen und die meiste Zeit in Hotels verbringen. Bei den anderen Beispielen wird der Grad der gegenseitig zugestandenen persönlichen Freiheit nicht wesentlich geringer gewesen sein.

- Das Verhältnis untereinander ist von großem Respekt gekennzeichnet. Man interessiert sich zumindest für die Angelegenheiten des Anderen, wenn man nicht sogar, wie bei den Giller/Tillers und den Curies, den Beruf teilt. Das ist keine Bedingung, vielleicht sogar eher schwierig, wenn beide die gleiche Leidenschaft haben. Aber kompatibel muss es sein, das gegenseitige Interesse, die Aufmerksamkeit für die Arbeit des Partners muss vorhanden sein.

Was all diesen sicher bemerkenswerten Beziehungen aber auch gemeinsam ist: Ihr Gelingen ist gleichzeitig ihr Scheitern! Der Lebensweg bleibt bürgerlich, ist damit so gerade noch erlaubt, der Mitbürger schüttelt vielleicht den Kopf, wie libertär diese Künstler, Politiker oder Wissenschaftler doch sind, aber man lässt es durchgehen, weil es die Ordnung letztlich nicht tangiert, wenn Walter Giller und Nadja Tiller fremdgehen. Ihr Glück ist eine Insel, eine zwar seltene, aber doch noch im bürgerlichen Bereich beheimatete Nische, ein Rückzug in eine private Innerlichkeit. So bleiben die Lebenswege letztlich affirmativ, sie stellen das ursprüngliche Konzept nicht in Frage, sie überwinden die patriarchalisch-bürgerliche Paar-Ideologie nicht, sie schaffen nicht den Sprung zur leidenschaftlichen Kritik, zum gesellschaftlich relevanten, revolutionären Solidaritätsgedanken. Sie sind sozusagen die SPD-ler der Liebe, beinahe auf dem richtigen Weg, aber letztlich doch zu feige und zu bürgerlich, um den entscheidenden Schritt zu wagen, was meint, die Versöhnung mit der Repression und den Umständen abzulehnen. Wem es unter der Ungerechtigkeit der Klassengesellschaft zu gut geht und wer dort auch noch erfolgreich ist, der hat irgendetwas falsch gemacht.

George Sand (1804 – 1876), Rahel Varnhagen (1771 – 1833) und Lou Andreas Salomé (1861 – 1937), der lange Marsch durchs Patriarchat

Im 19. Jahrhundert waren die Produktivkräfte so weit fortgeschritten, dass die beginnende Industrialisierung nicht mehr auf die Hälfte der Bevölkerung als potentielle Lohnabhängige verzichten konnte. Die Aufgabe der Frau als Hüterin der heimischen „Ökonomie" im Haushalt genügte den Ansprüchen nicht mehr, sie mussten systematisch in die Welt des Arbeitsmarktes entlassen werden. Wie immer in solchen Epochen der Neuerung gehen die hervorragendsten Protagonisten der neuen Zeit weit über die rein wirtschaftlichen Erfordernisse der veränderten Umstände hinaus, denn nur für die Freiheit, als Frau ebenso wie die Männer einen unattraktiven Arbeitsvertrag unterschreiben zu dürfen, wird niemand gegen das Patriarchat und die alten Herrschaftsstrukturen ankämpfen. Wir wollen stellvertretend drei von ihnen hier kurz vorstellen, die angetreten waren, das Patriarchat zu unterlaufen, aufzumischen und ein neues Frauenbild zu erschaffen. Die Biographien dieser hervorragenden Damen sind allesamt mehr als lesenswert und vorbildhaft, wir behandeln hier nur ganz oberflächlich ihren Lebensweg, wie er exemplarisch für unser Thema ist.

George Sand ist vermutlich die berühmteste dieser Frauen, wenn auch viele sie dem Namen nach für einen Mann halten würden. Die Autorin zahlreicher Romane und sozialkritischer Artikel, die

240

eigentlich Amantine Aurore Lucile Dupin de Francueil hieß, war schon zu Lebzeiten ausgesprochen populär. Neben den Skandalen, die ihre Schriften auslösten, war auch ihr Auftreten in der Öffentlichkeit so exzentrisch, dass sie in aller Munde war. Bereits 1822, also mit 18 Jahren, bewies sie ihren unbändigen Freiheitsdrang, als sie gegen den Willen ihrer Mutter, der Vater war gestorben, als Aurore vier Jahre alt war, einen mittellosen Leutnant heiratete. Bereits ab 1827 war sie den eher tumben Gesellen an ihrer Seite leid, der keine ihrer Leidenschaften für Schrift und Kultur teilen konnte und gab sich zahlreichen Affären hin. So ist die Vaterschaft des zweiten Kindes, das in dieser Ehe zur Welt kam, der Tochter Solange, mehr als zweifelhaft. 1831 begann ihre Laufbahn als Schriftstellerin, zunächst gemeinsam mit ihrem Liebhaber Jules Sandeau, aus dessen Namen sie ihr späteres Pseudonym ableitete. Als sie in diesem Jahr ein Testament im Sekretär ihres Mannes fand, das in beleidigender und demütigender Art über sie urteilte, trennte sie sich endgültig von dem als Trottel empfundenen Soldaten und ließ sich 1836 rechtsgültig scheiden. Nachdem sie mit ihrem ersten Roman Indiana, unter dem Namen George Sand veröffentlicht, vor allem wegen des skandalösen Inhalts Furore machte, gewöhnte sie sich an, von sich selbst in der maskulinen Form als „der George" zu sprechen. In dem Roman rebelliert eine junge Frau gegen die Ehe und verliebt sich leidenschaftlich und unglücklich in einen Nachbarn. Für die damalige Gesellschaft ein echter Affront. Nun begann George Sand ein unabhängiges und von Konventionen weitgehend freies Leben zu führen, mit verschiedenen Künstlern und Freigeistern der Zeit. Dabei vernachlässigte sie aber niemals ihre schriftstellerische Arbeit, wobei sie einen Arbeitseifer und Fleiß an den Tag legte, der sprichwörtlich wurde. Ihr Geliebter Alfred de Musset, ein Schriftstellerkollege, lernte sie dafür zu hassen, weil sie so viel produktiver war als er. Überliefert wurde sein Satz: „Ich habe den ganzen Tag gearbeitet. Am Abend hatte ich zehn Verse gemacht und eine Flasche Schnaps getrunken; sie hatte einen Liter Milch getrunken und ein halbes Buch geschrieben." Diese neidische Atmosphäre war dann auf Dauer auch nichts für George und als Alfred auf einer Reise krank wurde, machte sie sich mit dem behandelnden Arzt aus dem Staub. Musset schrieb ihr noch über ein Jahr lange und verzweifelte Briefe, deren Ton sie auch aufgriff, da ihr so etwas anscheinend gefiel, ein bisschen Drama-Queen. Diese Korrespondenz endete erst 1835 und Aurore kultivierte ihren unkonventionellen Lebensstil weiter. Sie konnte dies tun, da sie ein einträgliches Anwesen in Nohant-Vic von ihren Eltern geerbt hatte und ihr Leben lang ohne große Geldsorgen war. Sie kleidete sich gerne wie ein Mann, rauchte Zigarren und empfing alle Kreativen der Zeit auf ihrem Gut, darunter Honoré de Balzac, Alexandre Dumas, aber auch Maler wie Delacroix und Komponisten wie Franz Liszt und Frédéric Chopin. Die Liaison mit Chopin ist vielleicht dem einen oder anderen Mallorca-Urlauber bekannt, wenn man die wunderbare Anlage des Kartäuserklosters Valdemossa besichtigt hat. Hier verbrachte George Sand mit Chopin den Winter 1838/1839 und verfasste über diese Erfahrung den bekannten Reisebericht „Ein Winter auf Mallorca", eine Pflichtlektüre für jeden Liebhaber der Insel. Bei der Lektüre der Berichte über George Sand fällt zum ersten Mal ein Vorwurf auf, dem alle starken Frauen im Bürgertum sich ausgesetzt sehen: sie seien keine „richtigen" Frauen, seien egoistisch und selbstsüchtig und darüber hinaus so eiskalt wie gefühllos. Wir werden diese Einschätzung eigentlich bei allen Frauen, die wir noch vorstellen wollen, wiederfinden. Wir hatten oben ja schon klargestellt, dass der Vorwurf des Egoismus' oder der Selbstsucht häufig ein billiger Versuch der Herrschenden ist, legitime Forderungen einer unterdrückten Klasse oder Gruppe zu diskreditieren. Wenn diese starken Frauen Töchter haben, die im Unterschied zu ihren Müttern die Dominanz des Patriarchats anerkennen, so sind häufig gerade diese als Kronzeugen gegen die unkonventionelle Mutter am Start. Das finden wir bei Solange, der Tochter von George Sand, ebenso wie bei Maria Riva, der Tochter von Marlene Dietrich. Bis heute wird einer Frau, die sich nicht vollständig in ihrer Mutterschaft erschöpft der Vorwurf der Kälte und der Divenhaftigkeit gemacht. Das Patriarchat erlaubt nur unter Protest, dass Frauen sich wirklich emanzipieren, was auch bedeutet, sich vom Diktat der unbedingten Mutterliebe und der zwanghaften Aufrechterhaltung der Ehe zu befreien. George Sand auf jeden Fall hatte die Kraft, ihr Ding durchzuziehen und den Weg bis zum Ende zu beschreiten. Folgerichtig engagierte sie sich für die aufkommende sozialistische Bewegung, begrüßte die Februarrevolution von 1848 und setzte sich für das Leben vieler verurteilter Sozialisten unter Napoleon III., der sie verehrte, ein. In einem opulenten Doppelroman entwickelte sie eine durchaus kommunistisch gefärbte Utopie einer klassenlosen Gesellschaft, in der es keine Geschlechterunterschiede mehr gibt. Am Ende ihres recht langen Lebens hatte sie 180 Bände veröffentlicht, was ihr den missgünstigen Spott übelwollender, chauvinistisch geprägter Zeitgenossen wie Nietzsche oder Baudelaire einbrachte. Nietzsche nannte sie eine „fruchtbare Schreibe-Kuh, die etwas Deutsches im schlimmen Sinne an sich hatte". Männer mit weniger Dünkel bewunderten sie hingegen gerade wegen ihrer Disziplin und ihres Fleißes, so etwa Heinrich Heine und Fjodor Dostojewski, die zu ihren Bewunderern zählten.

In literarisch interessierten Kreisen ist die zweite Frau unserer kleinen Revue mindestens so bekannt wie George Sand, da sie die bedeutendste Salonnière der Zeit war, ihr Name ist Rahel Varnhagen von Ense. Rahel wurde als älteste Tochter eines wohlhabenden jüdischen Bankiers und Juweliers 1771 geboren und kämpfte ihr Leben lang sowohl für die Emanzipation der Juden in Deutschland, wie der Frauen weltweit. Hannah Arendt erwies ihr die Ehre einer politischen Biographie mit dem Titel „Lebensgeschichte einer deutschen Jüdin aus der Romantik". Als sie ihren Mann heiratete, der 14 Jahre jünger war als sie, war sie bereits 43 Jahre alt. Die Verbindung ist weniger von Leidenschaft als von rationalen Erwägungen getragen. Sie konvertierte zum Christentum und hoffte so, den Diskriminierungen, denen sie als Jüdin ausgesetzt war, zu

entgehen. Diese Wahl einer Zweckheirat ist ein wiederkehrendes
Motiv und eine gangbare Strategie für Frauen, die das Patriarchat
sozusagen damit unterlaufen. Als unverheiratete Frau, die dann
auch noch eine starke Persönlichkeit zeigt, wäre man schnell eine
persona non grata und gesellschaftlich isoliert. Als offiziell
verheiratete Frau wahrt man den Schein und kann relativ
unbehelligt ein weitgehend freies Leben gestalten, solange man
es nicht übertreibt und den Zorn des Patriarchats
heraufbeschwört. Rahel war auch als Schriftstellerin aktiv,
beschränkte sich dabei aber auf die damals üblichen Genres für
Frauen, sprich auf kleine, eher private Formate wie Briefe,
Aphorismen und Tagebücher. Ihre eigentliche Bedeutung
erlangte sie durch ihre Salons, die sie in Berlin von 1790 bis 1806
und als „zweiten Salon" ab 1819 abhielt. Hier traf sich alles, was
im Kulturbetrieb des 19. Jahrhunderts Rang und Namen hatte:
Heinrich Heine, Mendelssohn, Ludwig Tieck, Friedrich Schlegel,
die Humboldtbrüder, Jean Paul, Friedrich de la Motte Fopuqué
und viele andere Kulturtreibende aus allen Bereichen. Ihre
Beziehung zu Goethe war intensiv und ihr unermüdlicher
Einsatz für seinen Ruf darf nicht unterschätzt werden.
Konventioneller als George Sand war Rahel Varnhagen dennoch
ein Beispiel für eine engagierte und gebildete Frau der Zeit, die
sich zu einer anerkannt starken Persönlichkeit bilden konnte,
sozusagen unterhalb des Radars der männlich-chauvinistischen
Herrschaft.

Wieder etwas extrovertierter und provokativer in ihrer Lebensart
stellt sich die nächste Frau dieser Reihe dar: Lou Andreas-
Salomé. Als Frau aus einer russisch-deutschen Familie verstand
sie es vor allem durch ihre persönlichen Beziehungen zu einigen
der hervorragendsten Männern der Zeit auf sich aufmerksam zu
machen. Besonders ihre Bekanntschaften mit Friedrich
Nietzsche, Rainer Maria Rilke und Sigmund Freud sind legendär.
Sie war eine ausgesprochen begabte Schriftstellerin und
Psychoanalytikerin und ganz sicher eine der beeindruckendsten
Frauen ihrer Epoche, niemand schien sich ihrem Geist und

rauen Charme entziehen zu können. Ein berühmtes Foto zeigt sie auf einem Pferdewagen, vor den Nietzsche und Paul Ree gespannt zu sein scheinen. Lou trägt in der Hand eine Peitsche, was uns dazu bringen könnte ein berühmtes Nietzsche-Zitat aus dem Zarathustra völlig neu zu interpretieren: „Du gehst zu Frauen? Vergiss die Peitsche nicht!" Wird dieser Satz für gewöhnlich so interpretiert, dass der Mann bei seinem Gang zum Weibe die Peitsche mitnehmen sollte, so suggeriert uns das gestellte Foto der drei Freunde eher die Deutung, dass man immer daran denken sollte, dass Frauen immer eine Peitsche dabei haben, vor der man sich entweder in acht nehmen sollte oder als Masochist zu genießen hat. Ihre Ehe mit dem 15 Jahre älteren Orientalisten Friedrich Carl Andreas war von ganz speziellem Charakter und war noch extremer als die von Varnhagen und ihrem Mann Karl August. Zunächst lehnte Lou den Antrag des sie leidenschaftlich liebenden Verehrers kategorisch ab. Erst als Friedrich Carl vor ihren Augen einen Selbstmordversuch unternahm, willigte sie 1887 in eine Eheschließung ein, stellte aber nicht nur für die damalige Zeit revolutionäre Bedingungen. Die Hauptforderung war, dass die Ehe niemals mit einem sexuellen Akt vollzogen werden darf. So blieben sie 43 Jahre, bis zum Tode des Mannes verheiratet, ohne ein einziges Mal miteinander geschlafen zu haben. Mit dieser bürgerlichen Fassade, die sie als Hausherrin auch einige Zeit bediente, war es Lou daneben möglich ein freies Leben zu etablieren, in dem sie sich um Konventionen nicht scherte und zahlreiche Affären pflegte. Nach einigen Eifersuchtsszenen arrangierten sich die beiden Eheleute immer besser und auch Friedrich Carl pflegte eine eheähnliche Zweitbeziehung mit der Haushälterin. Die aus dieser Beziehung entsprungene Tochter wurde sogar von Lou Andreas-Salomé als Universalerbin eingetragen, was zeigt, dass sie damit gut umgehen konnte. Für alle Männer, die ihren Weg kreuzten, spielte sie eine durchaus große Rolle und ihr Einfluss ist kaum zu überschätzen. Vor allem Rainer Maria Rilke wäre nicht der Dichter geworden, als der er unsterblich wurde, ohne die persönlichkeitsbildenden

Maßnahmen der 14 Jahre älteren Frau. Rilke, der eigentlich René mit erstem Namen hieß, kam aus einem zerrütteten Elternhaus mit einer sehr schwierigen Beziehung zu seiner Mutter. Da ihr erstes Kind, eine Tochter, früh verstarb, was sie nie überwinden konnte, geriet der nachgeborene Junge in die Rolle eines Tochterersatzes, was schon mit der Namensgebung „René" eingeläutet wurde. Dieser nicht eindeutig einem Geschlecht zuzuweisende Name, der im Französischen „der Wiedergeborene bedeutet", war so bereits mit Bedacht ausgesucht. Der kleine Junge wurde bis zu seinem sechsten Lebensjahr wie ein Mädchen aufgezogen. Er musste Kleider tragen, hatte langes Haar und fühlte sich vermutlich auch wie eine kleine Prinzessin. Umso dramatischer muss dann das Trauma gewesen sein, als dieser verzärtelte Tochterersatz mit zehn Jahren in eine Militärrealschule geschickt wurde, also einer reinen Männerwelt, in die der kleine René so gar nicht passen sollte. Diesen Grundwiderspruch sollte auch der Erwachsene nie ganz überwinden können. Lou machte aber immerhin einen Mann aus ihm, schlug ihm den Wechsel des Vornamens vor, damit er eindeutig männlicher identifizierbar war. Bei seinen zunächst schwülstigen und pathetischen Gedichten war sie eine gnadenlose Kritikerin, die gerade bei Liebesgedichten nur diejenigen gelten ließ, die den wahrhaftigen Stil zeigten und frei von Eitelkeit waren, die sein spätes Werk in den Höhepunkten auszeichnet. Selbst auf Sigmund Freud machte sie als über Fünfzigjährige noch gehörigen Eindruck und er lobte ihre psychoanalytischen Arbeiten, was bei ihm nicht oft vorkam. Ihr Text über „Narzißmus als Doppelrichtung" stellt für mich die Grundlage für das Verständnis der narzisstischen Persönlichkeit überhaupt dar. Das Urteil Nietzsches zu Beginn ihrer Freundschaft scheint hundertprozentig zu stimmen: „Lou ist scharfsinnig wie ein Adler und mutig wie ein Löwe" und es zeugt eher von seiner Charakterschwäche, wenn er nach der Trennung von ihr ihren Geist und ihre Bildung vernachlässigt und ein billiges, neues Urteil, gespeist aus gekränkter Eitelkeit fällt: „Diese dürre, schmutzige, übelriechende Äffin mit ihren

falschen Brüsten – ein Verhängnis!" Ihr Leben war so
ungewöhnlich und einzigartig, dass man leicht vergisst, welch
umfangreiches Werk sie hinterlassen hat, in dem es auch für die
heutige Zeit noch viel zu entdecken gibt. Schriften zur gerade
erst entstehenden Soziologie, ihre schon angesprochenen
Beiträge zur ebenso damals hypermodernen Psychoanalyse,
sowie ihr Engagement für die Emanzipation der Frau, wobei sie
eine deutliche Distanz zur politischen Frauenbewegung wahrte,
zeugen von ihrer umfassenden Bildung und reifen
Persönlichkeit.

Diese Frauen haben alle den Versuch gewagt, im Patriarchat ein
freies, unabhängiges Leben zu führen, wenn auch zum Teil unter
dem Schutz eben genau patriarchalischer Institutionen. Das war
das, was man zu der Zeit als Frau überhaupt erreichen konnte,
mehr Freiheit war nicht drin. Vor allem George Sand ging sehr
weit mit ihrer Leugnung der Geschlechterrolle und einem für die
damalige Zeit sehr offenen Bekenntnis auch zu ihren weiblichen
Verehrerinnen. Der Mut und vor allem der unbedingte Wille zur
Bildung kann auch heute noch allen Frauen nur ein Vorbild sein.

Camille Claudel, Marlene Dietrich, Björk, Arundhati Roy, noch unentschiedene Varianten der Moderne

In unserer Epoche stellt sich die Frage nach starken
Frauengestalten natürlich weiterhin, aber unter den Bedingungen
des industriellen Zeitalters mit seiner Pseudoliberalität und der
Einverleibung jeder Subversion zum affirmativen Dienst am
Status Quo fällt hier ein Urteil schwer. Camille Claudel ist eine
bekannte Figur, spätestens seit der Verfilmung ihres Lebens mit
Isabelle Adjani in der Hauptrolle, wenn sie auch leider immer
noch eher als Schülerin Rodins gilt, was ihrer Bedeutung für die
Bildhauerei nicht gerecht wird. Sie ist ein Beispiel dafür, wie eine
Frau am Patriarchat scheitern muss, wenn ihr die Mittel zum
selbstbewussten Kampf fehlen. Gerade weil ihr Vater sie
zeitlebens unterstützt hat und für sie damit der Patriarch eher
eine positive Figur darstellte, scheint ihr bei der

Auseinandersetzung mit ihrem „Zweitvater" Rodin, der 24 Jahre älter war als sie, die notwendige Distanz und der angemessene Zorn gefehlt zu haben. Natürlich hat der damals schon weltbekannte Bildhauer Auguste Rodin sie unterstützt und sich auch nach der Trennung darum bemüht, für sie Ausstellungen und Galerieauftritte zu besorgen. Aber andererseits ließ es seine Eitelkeit nicht zu, ihre tatsächlichen Leistungen und ihren Einfluss auf sein Schaffen zu würdigen. Seine größten Erfolge hatte er mit Ausführungen und Ideen, die wohl tatsächlich von Camille stammten, so die Hände und Füße der Skulptur „Bürger von Calais", für die Rodin sich feiern ließ, ohne darauf hinzuweisen, dass gerade sie das originäre Werk seiner Schülerin waren. Auch die Anordnung der „Galatea" Rodins ist so auffallend ähnlich der Claudelschen Skulptur „Sitzendes Mädchen", dass es beinahe an ein Plagiat grenzt, und als neues Element ist es mehr als wahrscheinlich, dass die Jüngere dieses eingeführt hat. Camille Claudel entwickelte aufgrund dieser Erfahrungen mit Rodin eine Paranoia, sie fürchtete, dass er auch noch nach ihrer Trennung weiterhin alle ihre Ideen und Arbeiten für seine eigenen Werke ausgeben würde, was schließlich zu ihrer Internierung in ein Irrenhaus führte. Ich möchte mir kein abschließendes Urteil erlauben, aber ich gehe sozusagen privat davon aus, dass sie gar nicht verrückt war, sondern die Vorwürfe alle stimmen. Der ebenfalls berühmte schriftstellernde Bruder sorgte gemeinsam mit der Mutter dafür, dass Camille gerade einmal sechs Tage nach dem Tod des sie immer beschützenden Vaters in eine Nervenheilanstalt eingewiesen wurde, die sie bis zu ihrem Tod 30 Jahre später nicht mehr verlassen durfte. Die Beteuerungen nicht verrückt zu sein und alles tun zu wollen, um die Mauern der Anstalt verlassen zu dürfen, die sie in unzähligen Briefen an Bruder und Mutter verfasst hat, lassen einen fassungslos vor so viel Verzweiflung stehen. Als dann zu ihrer Unterstützung schließlich sogar die Anstaltsleitung sich dafür aussprach, dass Camille das Haus verlassen könne und solle, um im Schoße der Familie ein normales Leben zu führen, legte die Mutter vehement Einspruch ein und verhinderte die Freilassung ihrer Tochter. Was für ein Schicksal für eine so hochbegabte Künstlerin! Die Mutter als Erfüllungsgehilfin des Patriarchats, wobei die Mithilfe des Bruders sicher auch nicht unterschätzt werden darf. Auch wenn sie vielleicht als Gescheiterte zu betrachten ist, so zeigt Camille Claudel gerade in diesem Scheitern heldenhaft, welche Fratze sich hinter der bürgerlichen Maske verbirgt.

Deutlich souveräner im Umgang mit den Männern und der Männerwelt zeigte sich da die deutsche Schauspielerin und Sängerin Marlene Dietrich. Fast als Reinkarnation einer George Sand spielte auch sie gerne mit den Geschlechterrollen, zeigte sich rauchend und in Anzügen, als Vamp und Mannweib gleichzeitig, alle Geschlechter begehrend und anziehend. Natürlich muss auch sie mit dem Vorwurf leben, dass sie eiskalt sei, ihre Tochter vernachlässigt habe und egoistisch gewesen sei. Ich glaube nichts davon, alle Berichte von Menschen, die ihr begegnet sind, zeugen von einer großen Herzlichkeit und Aufmerksamkeit. Natürlich war sie preußisch-diszipliniert und mehr Patriarch als so mancher Chauvi, aber sie hat eben auch für alle am Set Essen gekocht und Kuchen gebacken wie eine Supermami. Dass sie ihre Tochter meist mit an die Sets ihrer Filmaufnahmen nahm, kann man sicher nicht als Vernachlässigung sehen. Die Ehe mit Marias Vater Rudolf Sieber wurde 1923 geschlossen und nie geschieden, auch wenn man sich bereits 1930 getrennt hatte. Sie blieb ihrem Mann auch immer freundschaftlich verbunden und als er einen Schlaganfall erlitt, setzte sie sich mit all ihren Mitteln dafür ein, sein Haus so barrierefrei wie damals möglich zu gestalten, damit er auch im Rollstuhl jede Freiheit hatte. Dass sie ihren moralischen und politischen Idealen immer treu geblieben ist, zeugt auch von der Festigkeit ihres Charakters. Selbst ein unfassbar hohes Gagen-Angebot von Goebbels lehnte sie konsequent und entrüstet ab. Stattdessen engagierte sie sich während des Krieges sogar in der amerikanischen Truppenbetreuung, was ihr bei der Rückkehr

nach Berlin den Vorwurf des Verrates einbrachte. Bei aller
Widersprüchlichkeit hat diese aufrechte Frau eine schöne
Tradition der starken Frauen des 19. Jahrhunderts fortgesetzt
und ich wünschte man fände heute Frauen dieses Kalibers in
Deutschland.

Aber vielleicht in anderen Ländern? Ich möchte kurz über Björk
Guðmundsdóttir sprechen, eine isländische Musikerin, die
vielleicht einst als große Frau unsere Zeit erkannt werden wird.
Leider ist es in unseren (freizeit-)industriellen Zeiten so, dass uns
ein klarer Blick auf die Protagonisten verwehrt bleibt, alles wird
zum Image und zur Werbekampagne, die Wahrheit kann man
nur erahnen. Aber so wie es aussieht, haben wir hier einen ganz
besonderen Menschen vor uns, der sich nicht vom Kommerz
ganz vereinnahmen lässt, was ihr Umgang mit dem Erfolg als
Schauspielerin zeigt. Für den Film „Dancer in the dark" wird sie
mit Preisen und Auszeichnungen überschüttet, macht aber
unmissverständlich klar, dass dies ihr einziger Film bleiben wird,
egal wie hoch die Angebote auch sein werden. Das Filmemachen
entspricht nicht ihrer Idee von Teamarbeit, wie sie es bei der
Arbeit an ihren musikalischen Werken wohl vorbildlich
praktiziert. Alle Musiker, mit denen sie zusammengearbeitet hat,
bestätigen, dass sie eine grandiose Teamplayerin ist, die aus
jedem das Beste herausholt, weil sie eine perfekte Atmosphäre
der freien Assoziation freier Kräfte schaffen kann. Überhaupt
scheint immer wieder durch, dass sie nicht die elfenhafte
Kindfrau ist, als die sie im Zeitalter der latenten Pädophilie stets
von den Medien verkauft wird. Im Gegenteil ist sie eine
akribische Arbeiterin, die ihrer Leidenschaft, der Musik, all ihre
Aufmerksamkeit schenkt, auch was die Theorie angeht.
Dass sie daneben eine sehr sinnliche und leidenschaftliche Frau
ist, gibt sie offen zu und lebt diese sexuelle Freiheit wohl auch.
Dass ihr Selbstsucht unterstellt wird, wundert uns ja inzwischen
nicht mehr. Und der Zorn, den sie versprühen kann wurde
deutlich, als eine Journalistin ihre Tochter in dieser Richtung
angesprochen hat („es muss ja schrecklich sein, so eine Pop-

Diva als Mutter zu haben, bei der alles nach ihrer Nase laufen muss"), und sie von der zierlichen, aber temperamentvollen Person körperlich angegangen wurde. Ich will einfach mal glauben, dass Björk einen Weg gefunden hat und auch noch den Schritt zur gesellschaftlichen Relevanz hinbekommen wird, dann sehen wir, wie groß sie tatsächlich werden kann.

Als letzte Frau der Gegenwart möchte ich die Aufmerksamkeit auf Arundhati Roy lenken, bei der ich aber auch nur aus ihrem Werk Schlüsse ziehen kann, weil ich über ihr Privatleben nicht viel weiß. Ihr Umgang mit dem literarischen Ruhm nach dem Roman „Der Gott der kleinen Dinge" war auf jeden Fall außergewöhnlich. Sie nutzte diese Berühmtheit für eindeutige politische Stellungnahmen von ungeheuer Schärfe, Brillanz und Klarheit. In den folgenden Jahren schrieb sie entgegen aller Erwartungen der Leser und Verlage keine Romane, sondern gesellschaftskritische Essays. Sie positionierte sich gegen den US-Imperialismus in einer denkwürdigen Rede zu 9/11, polemisierte unerbittlich gegen IWF und Weltbank als Ausbeutungswerkzeuge, die in ihrer Heimat gegen die Ärmsten der Armen eingesetzt werden. Auch ihr neuer Roman „Das Ministerium des äußersten Glücks" zeugt von einer kritisch-aufklärerischen Geisteskraft, die man ansonsten heutzutage selten findet. Eine Frau ihres Kalibers stellt für mich eine der wenigen Hoffnungsschimmer für die Überwindung der Repression und Ausbeutung dar. Wir werden sehen, ob sie am Ende scheitert oder die Fackel weiterreichen kann.

Frida Kahlo, die zu groß ist, um irgendwo reinzupassen!

Frida Kahlo ist für mich die wohl großartigste Frau des 20. Jahrhunderts. Künstlerisch mindestens so begabt wie Camille Claudel, politisch und gesellschaftlich so engagiert wie Arundhati Roy und in ihrer unerschöpflichen Vitalität so lebendig wie Björk und George Sand zusammen! Schon die Mischung ihrer Herkunft ist Dialektik pur: ein lutherisch-deutscher Vater aus Pforzheim und eine indigene Mutter, die Analphabetin war.

Frida hat sich der deutschen Wurzeln immer etwas geschämt und ihre Abstammung väterlicherseits zu ungarisch-jüdisch korrigiert, was man ihr als marxistische Künstlerin aber verzeihen kann, dass sie nicht mit Hitlerdeutschland in Beziehung gebracht werden wollte. Überhaupt war sie im Umgang mit Fakten eher kreativ als pedantisch, so änderte sie ihr Geburtsjahr gerne von 1907 auf 1910, damit dieses mit dem Jahr der Mexikanischen Revolution zusammenfällt. Also nicht, um sich jünger zu machen, sondern um eine symbolische Verbindung herzustellen zwischen sich und dem Schicksal ihres Landes. Frida Kahlo blieb in ihrem Leben auf jeden Fall nichts erspart, was es umso bemerkenswerter sein lässt, wie tiefe Spuren sie dann doch hinterlassen konnte. Mit sechs Jahren erkrankte sie an Polio, also Kinderlähmung, wovon sie ein verkürztes und geschwächtes rechtes Bein zurückbehielt. Trotz dieser Beeinträchtigung trieb sie viel Sport, vor allem in Form von Schwimmen und Radfahren.

Vom Vater, der selten da war, lernte sie das Fotografieren, das sicher stilbildend für ihre spätere Malkunst wurde. Zum Malen kam sie überhaupt erst durch einen weiteren Schicksalsschlag, wie er schlimmer kaum sein könnte. Mit 18 Jahren wurde sie das Opfer eines Busunfalls, bei dem sich eine Haltestange durch Becken und Vagina bohrte, was traumatischer, aber auch symbolischer kaum sein könnte. Als Folge musste sie ihr ganzes Leben immer wieder in Gips- oder Stahlkorsetts im Bett verbringen, wobei die Ärzte nicht glaubten, dass sie je wieder laufen würde. Wenn diese Weißkittel sie mit all ihrer Lebenskraft Jahre später beim Tango in dunklen Kneipen gesehen hätten, wie sie auf Tischen getanzt hat und voller Leidenschaft das Leben genossen hat! Aber zunächst hieß es monatelang auf dem Rücken liegen, wo sie sich schließlich die Zeit mit Malen zu vertreiben begann. Eine erfolgreiche Schwangerschaft und Geburt war ihr durch den Unfall auch zeitlebens verwehrt, was als Thema in einigen ihrer ausdruckstärksten Bilder anklingt. Als sie den damals schon weltberühmten mexikanischen Maler

Diego Rivera kennenlernte, mit dem sie zeitlebens eine intensive Beziehung mit allen Höhen und Tiefen lebte, überzeugte sie ihn am Ende mit der Wucht ihres Talentes. Zunächst erschien sie eher als Schülerin des 20 Jahre älteren Mannes, was noch verstärkt wurde als Urteil, nachdem die beiden optisch so ungleichen Menschen heirateten. Diego versuchte immer wieder sie als eigenständige Künstlerin anzupreisen, aber wie Rodin bei Camille Claudel konnte auch Rivera nicht über seinen eitlen Schatten springen und ihren Anteil an seiner eigenen Arbeit gerecht hervorheben. Allerdings ging er dann gemeinsam mit ihr sogar so weit, dass sich das Paar zeitweise scheiden ließ, damit Frida nicht immer als sein Anhängsel wahrgenommen wurde. Später, als sie ihre ersten Ausstellungen erfolgreich bestritten hatte, heiratete man eben wieder. Heute kennt jeder Frida Kahlo, aber nur Eingeweihte Diego Rivera, so kommt es manchmal. Sexuell ging es bei dem Ehepaar hoch her, da Diego ein unverbesserlicher Schürzenjäger war, wobei ich glaube, dass er leider mehr Don Juan als Casanova war. Zunächst kämpfte Frida mit Eifersucht ob seiner unzähligen Affären, wobei sie sicher sein konnte, dass er jedes modellsitzende Fräulein in die Kissen zerren würde. Erst als sie selber begann ihre reichlich vorhandene sexuelle Energie mit Partnern beiderlei Geschlechts auszuleben, schien sich ein einigermaßen stabiles Gleichgewicht einzupendeln. Eine ernste Krise gab es noch einmal, als Diego auch von der Schwester Fridas die Finger nicht lassen konnte. Ein emotionaler Ausbruch epischen Ausmaßes folgte, aber am Ende hatte sie die Größe ein solches Erlebnis den beiden Protagonisten zu vergeben. Bis zu ihrem Tod lebte sie Haus an Haus mit Diego, während ihre Schwester sie in den letzten Jahren aufopferungsvoll pflegte. Frida war wie ihr Mann Mitglied der kommunistischen Partei Mexikos und eine Weile fand sogar Leo Trotzki bei ihnen Unterschlupf, wobei sich bei dieser Gelegenheit auch eine kleine sexuelle Affäre zwischen Frida und Leo abspielte. Frida Kahlo war so voller Leben und dabei auch so voller Mut und Disziplin, dass es einem schon beim Zusehen den Atem verschlägt. Nach ihrem Tod bekannte

Diego Rivera, dass sie das Wichtigste in ihrem Leben gewesen war und sie hatte ihre Beziehung zu ihm zuvor dadurch geadelt, dass sie bemerkte, dass nur die Liebe von und zu Diego Rivera ihr die Kraft gegeben hatte, die vielen Schicksalsschläge ihres Lebens zu überstehen. Ihr Lebenswille und ihr Temperament war durch nichts zu stoppen, sie konnte fluchen wie ein Bierkutscher und saufen wie ein Ostbelgier, was einen merkwürdigen Kontrast zu ihrem fragilen Körper darstellte. So ist es dann auch kein Zufall, dass sie dem letzten Bild, das sie im Angesicht des sicheren Todes anfertigte, den Namen „Es lebe das Leben" gibt! Eine Frau, die man einfach lieben muss.

Viva la vida!

To be continued: zukünftige Frauen, Paare, Transgender und irgendwann auch Männer mit kritischem Bewusstsein und progressiver Liebe in sich, seht zu! Bitte bald auffüllen! Auch dein Name könnte dabei sein, wenn du nur zu kämpfen und zu arbeiten bereit bist.

.
.
.
.
.

Inhalt